기독교문서선교회 (Christian Literature Center: 약칭 CLC)는 1941년 영국 콜체스터에서 켄 아담스에 의해 시작되었으며 국제 본부는 미국 필라델피아에 있습니다.
국제 CLC는 약 650여 명의 선교사들이 59개 나라에서 180개의 서점을 운영하며 이동 도서 차량 40대를 이용하여 문서 보급에 힘쓰고 있으며 이메일 주문을 통해 130여 국으로 책을 공급하고 있는 국제적 문서선교 기관입니다.

추천사 1

최 지 승 박사
백석대학교 구약학 조교수

잭 레비슨(Jack Levison) 교수의 『구약의 성령론: 무한하신 하나님』(*A Boundless God: The Spirit According to the Old Testament*)은 비교적 짧은 분량 안에서 구약성경에 나타난 하나님의 '루아흐'에 대해 깊이 있게 탐구한 귀중한 저작이다.

이 책은 하나님의 루아흐가 단순히 구원이나 영적 은사에 국한된 것이 아니라, 피조 세계 전체에 생명을 불어넣고 새롭게 하시는 창조주 하나님의 능력임을 일깨워 준다. 특히, 신약의 신학적 비전에만 경도되기 쉬운 기독교계의 사상적 편향성을 꼬집으며, 구약의 언어와 사상 중 핵심 개념인 루아흐의 폭넓은 의미의 세계로 우리를 초대한다.

저자는 정통 기독교 신학의 성령론이 신약 중심적이고 구원 중심적인 한계를 가지고 있음을 지적하면서, 구약성경에 나타난 하나님의 루아흐의 다양한 모습을 조명한다. 하나님의 루아흐는 광야에서 이스라엘 백성을 인도하시고, 사사들과 선지자들에게 능력을 부어 주시며, 궁극적으로는 메시아를 통해 하나님 나라를 이루어 가신다. 그뿐만 아니라 예술과 기술, 지혜와 통찰력의 원천이 되기도 한다.

레비슨의 논의는 구약성경에서 "루아흐"가 지배적 어휘라는 주장으로부터 시작되는데, 이러한 관점이 약점이 없는 것은 아니다. 예를 들어, 구약성경에 매우 빈번하게 나타나는 또다른 주요 어휘들인 "에레츠"(땅), "쩨다카/짜디크"(의), "호크마/하캄"(지혜) 등은 정당하게 다루어지지 않고 있기 때문이다. 그렇지만 루아흐가 구약성경의 "핵심 명사"라는 그의 주장에 대해 이견을 제시할 사람은 많지 않을 것이다.

 이 책은 영성과 일상, 신앙과 삶을 통합적으로 바라보게 해 준다. 하나님의 루아흐는 우리를 구원하실 뿐만 아니라 우리의 삶 속에서 다양한 방식으로 역사하시는 분이라는 사실을 일깨워 준다. 따라서 모든 피조물의 생명과 회복을 위해 하나님의 루아흐가 어떻게 일하고 계신지 주목할 필요가 있다.

 부흥을 사모하는 한국 교회에 이 책이 신선한 도전이 되기를 바란다. 하나님의 루아흐가 우리 안에, 우리 가운데, 우리를 통해 어떻게 역사하실 수 있을지 묵상하며, 우리의 신앙과 삶 속에서 루아흐를 더욱 풍성하게 경험하는 기회가 되기를 소망한다.

추천사 2

존 J. 콜린스(John J. Collins) 박사
미국 Yale Divinity School 구약학 교수

잭 레비슨은 명쾌하고 유려한 필체로 기독교 신학의 근본적인 중요성을 밝혀 준다. 즉, 영에 대한 기독교적 이해는 반드시 히브리 성경의 "루아흐"(숨, 바람, 영)의 다면성에 근거해야 한다는 것, 그리고 하나님의 구원하시는 영은 생명을 주시는 영/숨과 별개로 여겨질 수 없다는 것이다. 이 책은 탁월하고 절묘하게 성경신학에 기여한다.

존 골딩게이(John Goldingay) 박사
미국 Fuller Theological Seminary 구약학 교수

"영"을 뜻하는 히브리 단어가 '바람'과 '숨'을 뜻할 수도 있다는 것은 잘 알려져 있다. 그러나 나는 잭 레비슨이 이 책에서 보여 준 연구, 그 이상의 것을 떠올릴 수 없다. 그는 "루아흐"라는 단어가 영적인 것과 물질적인 것에 대해 말하는 방식을 보여 주며, 두 가지를 분리시키지 않고 활력이 넘치는 하나님께서 이 세상에 관여하는 방식으로 연관시킨다. 영에 관한 이 책이 영감을 주어야 함은 마땅하다. 이 책은 학문과 신앙 성장의 아름다운 조화를 이루며, "루아흐"가 나오는 전체 구절에 대한 신중하고 세심하며 생기를 주는 연구를 통해 깊이 있고 균형 잡힌 이해로 초대한다.

루시 페피아트(Lucy Peppiatt) 박사
영국 Westminster Theological Centre 대표

『구약의 성령론』은 유대인 성경에 나오는 "루아흐"에 대한 세심한 연구를 통해, 독자로 하여금 숨, 바람, 영, 또는 하나님의 성령에 관한 이야기가 의미하는 넓은 이상으로 이끈다. 성령으로서의 하나님, 인간을 생명의 충만함으로 이끄시는 하나님과 영에 관한 풍성하고 충만한 경험의 광대함을 보여 준다.

이에 독자는 낡은 패러다임과 이분법을 내려놓고 이전보다 훨씬 더 다양하고 세밀한 의미를 가진 영에 대한 이해를 얻을 수 있을 것이다. 그러면서 영 안에서, 영으로서 피조물 가운데 활동하시는 하나님에 대한 활기차고 신선하며 생명으로 충만한 이상을 마주하게 될 것이다.

프랭크 D. 마키아(Frank D. Macchia) 박사
영국 Vanguard University 기독교 신학 교수
Centre for Pentecostal and Charismatic Studies 원장

레비슨은 히브리 성경 자체의 목소리에 귀를 기울임으로써, 고대 이스라엘이 목격한 영은 오늘날 우리가 깔끔하게 정리한 신학적 경계를 넘쳐 흐른다는 것을 보여 준다. 그 결과는 모든 만물과 우리가 공유하는 삶의 신비에 대한 새로운 신학적 이상이다. 이 책은 풍성한 영감을 준다.

브라이언 잔드(Brian Zahnd) 목사

미국 Word of Life Church 담임목사

*Postcards from Babylon*의 저자

일반적인 기독교인들의 이해로는 성령이 신약에서 위대하게 등장하기 전까지는 구약에서 주로 대기하고 있었던 것으로 여기기 쉽다. 그러나 잭 레비슨은 『구약의 성령론』을 통해 그것이 완전히 틀렸다는 사실을 보여 준다. 창세기의 심연 위를 운행하는 영에서부터 말라기에 나타나는 영의 흔적에 이르기까지, 구약은 거룩한 숨, 바람, 하나님의 영으로 가득하다. 이 책 『구약의 성령론』은 독자에게 구약에 가득한 성령의 편재하고 변혁적인 임재를 알려 주는 놀라운 성취를 이뤄 냈다.

구약의 성령론
무한하신 하나님

A Boundless God: The Spirit According to the Old Testament
Written by Jack Levison
Translated by Sunghyun Yoon

Copyright © 2020 by Jack Levison
Originally published in English under the title
A Boundless God: The Spirit According to the Old Testament
by Baker Academic,
a division of Baker Publishing Group,
PO Box 6287, Grand Rapids, MI 49516-6287
All rights reserved.

Translated and printed by permission of Baker Publishing Group.
Korean Edition Copyright © 2025 by Christian Literature Center, Seoul, Korea..

구약의 성령론: 무한하신 하나님

2025년 3월 14일 초판 발행

지 은 이 | 잭 레비슨
옮 긴 이 | 윤성현

편   집 | 전희정
디 자 인 | 서민정
펴 낸 곳 | (사)기독교문서선교회
등   록 | 제16-25호(1980.1.18.)
주   소 | 서울특별시 동대문구 천호대로 71길 39
전   화 | 02-586-8761~3(본사) 031-942-8761(영업부)
팩   스 | 02-523-0131(본사) 031-942-8763(영업부)
이 메 일 | clckor@gmail.com
홈페이지 | www.clcbook.com
송금계좌 | 기업은행 073-000308-04-020 (사)기독교문서선교회
일련번호 | 2025-22

ISBN 978-89-341-2795-6 (93230)

이 한국어판 저작권은 Baker Academic과 독점 계약한 (사)기독교문서선교회가 소유합니다. 신저작권법에 의하여 한국 내에서 보호를 받는 저작물이므로 무단 전재와 무단 복제를 금합니다.

A Boundless GOD: THE SPIRIT according to the OLD TESTAMENT

구약의 성령론
무한하신 하나님

잭 레비슨 지음 | 윤성현 옮김

2021년
올해의 책
「크리스채너티 투데이」
성경신학 부문

CLC

목차

추천사 1   최지승 박사 | 백석대학교 구약학 조교수   1
추천사 2   존 J. 콜린스 박사 | 미국 Yale Divinity School 구약학 교수 외 4인   3

저자 서문   11
역자 서문   14

약어표   17

서론   18

제1장 불어오고 숨 쉬는 영   33

제2장 임하는 영   58

제3장 강림하는 영   85

제4장 전달되는 영   110

제5장 부어지는 영   133

제6장 충만한 영   153

제7장 정결하게 하는 영   177

제8장 서서 안내하는 영   199

결론   223

저자 서문

잭 레비슨(Jack Levison) 박사
미국 Southern Methodist University 학과장

나의 아내 프리실라는 웨슬리신학회 학회장 연설이 있던 전날 밤, 출판사 베이커아카데믹(Baker Academic)의 밥 호색(Bob Hosack)을 만났다. 프리실라는 테네시주 클리블랜드에서 있었던 그날의 저녁 식사 자리에 나를 초대했고, 거기서 나와 밥은 무척 즐거운 식사를 하며 처음으로 이 책에 대해 논의했다. 밥은 지칠 줄 몰랐으며 해박했다. 요즘의 출판계 분위기상 출간 계약을 맺는 일은 암담한데도, 밥은 두 건의 계약을 해 주었다. 출간 초기 단계를 순조롭게 진행해 주고 이 일을 이뤄 준 밥에게 깊이 감사한다.

그 외 베이커아카데믹 분들, 곧 홍보에 제레미 웰스, 메이슨 슬레이터, 쉘리 맥나흐톤, 카라 데이, 편집에 제니퍼 헤일, 존 심슨, 표지 디자인에 폴라 깁슨도 맡은 일을 깔끔히 해냈다. 출간일이 다가옴에 따라 할 일이 더 생기겠지만 이분들은 한결같은 열정과 전문성으로 그 업무를 해내리라고 확신한다.

나의 이전 저서들, 곧 『성령충만』(*Filled with the Spirit*, Eerdmans, 2009), 『성령, 그 신선한 바람』(*Fresh Air: The Holy Spirit for an Inspired Life*, Paraclete, 2012), 『성령과 신앙』(*Inspired: The Holy Spirit and the Mind of Faith*, Eerdmans, 2013), 『성령과 동행하는 40일』(*40 Days with the Holy Spirit: Fresh Air for Every Day*, Paraclete, 2015)에 기술한 일부 아이디어를 반영할 수 있게 허락해 준 파라클레테(Paraclete Press)와 어드만스(Eerdmans)출판사에 감사한다.

가르치는 일을 잠시 쉬고 연구에 전념하도록 학술연구지원상을 준 퍼킨스신학교(Perkins School of Theology)에도 감사한다. 특히, 1년 동안 안식년을 허락해 준 남감리교대학교(Southern Methodist University)의 퍼킨스신학교 학장(dean) 크레이그 힐(Craig Hill)에게 감사한다. 이러한 여건이 주어지지 않았다면 이 일들을 수행하지 못했을 것이다. 이번 안식년은 특별히 여유를 누린 시간이 아니라 생산적인 시간이었다.

나는 구약해석학과 성경 히브리어 학과장(W. J. A. Power Chair)이라는 이유로 이탈리아 바르가의 고대 성벽을 따라 높게 자리한 투스카나 빌라에서 꼼꼼히 이 책을 최종 검토할 수 있었다. 이 빌라는 『성령, 그 신선한 바람』과 『성령과 동행하는 40일』을 출간한 파라클레테출판사를 설립한 예수공동체(Community of Jesus)의 소유로, 예수공동체의 일부 회원이 운영하고 있었다. 이 친절하고 선량한 여섯 영혼이 상상을 초월한 환대를 베풀어 주어 고된 최종 검토의 과정이 큰 기쁨이 되었다.

로렌 스투켄브루크(Loren Stuckenbruck)에게도 감사한다. 그 덕에 우리 부부는 알렉산더 폰 훔볼트 연구원 자격을 다시 누리며 뮌헨의 루트비히막시밀리안대학교(Ludwig-Maximilians-Universität)에서 연구했다. 잉글리시가든에 인접해 있으며 개인적으로는 내가 좋아했던 비머베이커리 코앞에 있는 그곳에서 이 책의 출간 준비를 마쳤다.

멋진 동료이자 컴퓨터 박사인 바트 패튼(Bart Patton)이 이 책에 나온 그래프를 그렸다. 누구나 막대그래프 그리는 법을 배울 수야 있겠지만 상상력과 기술을 모두 지닌 사람은 드물 것이다.

마지막으로, 가족에게 감사한다. 내가 2015년 남감리교대학교의 보직을 맡은 후, 클로이와 제레미는 댈러스로 이사를 와서 나를 놀라게 했다. 이들은 내가 정직할 수 있게 해 주고, 늘 웃을 수 있게 해 주며, 내 말을 아주 진지하게는 들어주지 않기에 나를 겸손하게 만들어 준다.

그리고 프리실라가 있다. 그녀의 60번째 생일 토요일 밤에 우리는 비치 발리볼과 미로 속에서 스코틀랜드 컨트리 댄스를 추며 축하했다. 그녀와 눈을 맞추며 춤을 췄을 때, 나는 바람이 후몰아치는 세인트앤드루스에서 숨이 멎을 듯했던 시간을 함께 보낸 서른 살의 시절로 돌아간 것 같았다. 그토록 아름답고 온화한 여성과 나, 우리가 함꼐한 여정, 우리가 함께한 모험에 감사하고, 또한 '그녀에게' 감사한다.

역자 서문

윤 성 현 목사
런던한인교회 부목사

　교단적 배경을 막론하고, 성령론의 대가인 잭 레비슨의 책을 소개하게 되어 기쁘고 뿌듯하다.
　성 삼위일체의 균형과 조화의 중요성을 새삼 강조할 필요는 없겠지만, 우리의 모든 예전과 고백과 실천 속에서 소외되는 성령을 끌어낼 방법에 대해서는 막막한 심정을 토하는 것이 교회의 현실이다. 그만큼 성령론은 조직신학에 치우쳐 있고('론'이라는 명칭 자체가 그런 의도가 있다), 더욱 빈곤하게는 축도 시간의 "성령의 교통하심"과 사도신경의 "성령을 믿사오며"가 성령의 전부일 때가 있다. 아니면 성령론의 극히 지엽적인 은사론을 붙들고 늘어지기 마련이다. 방언이 이러니저러니, 성령의 충만이 이러니저러니, 딱 그 정도다.
　히브리어 '루아흐'라는 단어를 모르는 목회자가 없을 정도이지만 성령에 대한 본문은 의례 신약이다. 그 이유는 구약의 영은 힘이나 세력인 반면, 예수 그리스도의 약속으로 말미암은 성령은 '인격'이라는 틀린 근거에서 비롯된다. 교리적으로는 태초부터 영원까지 삼위로 존재하시는 하나님을 믿지만, 실천적으로는 무시한다. 성령은 예수님의 재림 다음으로 우리 삶의 구석으로 밀려난다.
　주제의 심도에 비해서는 간결하고 쉬운 표현으로, 저자는 이런 빈곤하고 잘못된 이해를 바로 잡아 준다. 책의 첫 부분에 나오는 도표는 인상적이다. "샬롬", "헤세드", "토라"와 같이 익숙한 단어의 빈도에 비교하면 "루아흐"의 빈도수는 압도적이다. 수치상의 빈도로만 따진다면, 우리는 루아흐를 두 배 가까이 더 들어야 하고, 더 중요하게 여겨야 한다. 구약은 샬롬, 헤세드, 토라보다 루아흐를 훨씬 더 많이 언급한다.

그런데 우리가 루아흐를 샬롬보다 두 배 가까이 듣지 못했다면, 일부러 회피한다는 혐의를 어떻게 벗을 수 있겠는가!

"영", "숨", "바람"으로 번역되는 루아흐는 사실 그 이상으로 다양하고 애매하다. 그리고 미세하게 다르다. 몇 안 되는 본문을 제외한다면, 구약에서 루아흐는 숨인 듯하지만 숨은 아니며, 바람인 듯하지만 바람이 아니고, 영인 듯하지만 영이 아니다. 저자의 표현대로 히브리어 루아흐가 이렇게 독특하기에 다른 언어로 번역할 방법이 없다. 심지어 영이 분명해 보이는 순간에도, 그 영이 a spirit인지, the spirit인지, the Spirit인지, divine spirit인지, spirit of God인지는 확실하지 않다. 그리고 한 가지만 고집할 수는 없지만, 그 모두는 가능하다.

그러니 이 책의 제목에서 말하듯, 영은 무한하다. 영어 infinite이나 unlimited보다는 boundless라는 표현이 안성맞춤이다. 말 그대로 경계(bound)가 없다. 숨으로 번역을 하자니 그 경계를 넘어선다. 바람으로 번역을 해도, 영으로 번역을 해도 마찬가지다.

창세기 1장의 시작부터 등장한 루아흐는 인간뿐만 아니라 온 만물을 살아 있게 하는 영이기도 하며, 메추라기를 몰아온 바람이기도 하며, 멀쩡한 인간 모습을 다 갖추게 된 마른 뼈에 필요한 화룡점정이기도 하다. 어떤 순간은 떠나기도 하고(사울), 어떤 장면에서는 일생토록 머물기도 한다(다니엘). 어떤 곳에서 루아흐는 악령이며, 어떤 곳에서는 하나님의 영이지만 비신자에게 임하신 성령이다. 어떤 곳에서 루아흐는 지혜의 원천(브살렐과 오홀리압)이지만, 어떤 곳에서는 그렇지 않다(엘리후).

이런 혼란스러운 장면을 있는 그대로 받아들인다면, 루아흐는 말 그대로 '조직'신학을 거부하는, 정확히는 조직신학을 뛰어 넘는 존재이다. 어떤 교리도 루아흐를 묶을(bound) 수 없다. 그래서 이 책의 제목은 *A Boundless God: The Spirit According to the Old Testament*이다(역서 제목은 『구약의 성령론: 무한하신 하나님』).

그러므로 기존의 관습적 성령론에 사로잡힌 독자라면 이 책을 통해 다시금 하나님의 무한하심을 맛보게 될 것이다. 이 책의 결론에서 말하듯, 내 영성을 넘어, 우리 공동체의 고백을 넘어, 성경 공부 시간이나 예배 시간 같은 그 어떤 시간을 넘어, 그 어떤 교단이나 심지어 종교를 넘어 지금도 여전히 생동감 있게, 활기차게 역사하시는 하나님의 성령을 맛보게 될 것이다. 신약에서는 그 본성이 조금도 변하지 않은 구약의 영을 만나게 될 것이다.

마지막으로, 신학 서적을 번역하다 보면, 내가 원하는 책보다는 여러 사정으로 출판사에서 권하는 책을 맡게 될 때가 흔하다. 이번에 내가 번역해서 소개하고 싶은 책의 판권을 선뜻 계약해 주신 기독교문서선교회(CLC)의 대표 박영호 목사님과 여러 가지로 수고해 준 직원들께 감사드린다.

또한, 내 일생의 멘토이신 신국원 선생님께 감사드린다. 이 책의 표현을 빌린다면 나는 그분의 갑절을 받지 못한 제자(protégé)일 것이다. 다듬어지지 않은 초고를 먼저 읽고 기꺼이 추천사를 써 주신 최지승 교수님께도 감사드린다. 그리고 목사로서의 소임을 다할 수 있도록 격려와 지원을 아끼지 않으신 국제장로교 IPC 동역자들께 감사를 전하며, 사랑하는 아내 박예경과 딸 모원에게도 작은 기쁨이 되기를 소원한다.

비 내리는 성탄절, 런던에서

약어표

General

alt.	altered
ed.	edition; edited by
esp.	especially
ET	English Translation
MT	Masoretic Text (Hebrew and Aramaic)

Bible Versions

CEB	Common English Bible
NETS	New English Translation of the Septuagint
NIV	New International Version
NRSV	New Revised Standard Version

Old Testament Pseudepigrapha

Jub.   *Jubilees*

Dead Sea Scrolls

1QS   *Community Rule*
1QSb   *Rule of the Blessing*

서론

1. 언어유희

  기독교인들이 구약이라 부르는 유대인 성경에는 연상적인 단어들이 있다. "샬롬"과 "안식일", "토라", "언약" 또는 "서약", "복"과 "자비" 같은 단어이다. 이 단어들은 그저 단순한 단어에 그치지 않는다. 이스라엘 세계의 일부가 되는 독특하고 중대한 세계를 가리키는 암호, 기표, 지시체이다. 이런 단어들은 예스러운 열쇠 구멍과 같아서 이를 통해 감춰진 방의 내부를 엿볼 수 있다. 요즘말로 그것들은 의미의 저수지로 통하는 하이퍼링크 같은 역할을 한다. 이 핵심 명사들은 유대인 성경의 페이지마다 줄곧 나타난다.

- "베라카"(*bərākâ*): 복, 71회 출현
- "사바트"(*šabbāṯ*): 안식일, 111회 출현
- "카보드"(*kāḇôḏ*): 영광, 200회 출현
- "토라"(*tôrâ*): 토라, 교훈, 율법, 223회 출현
- "샬롬"(*šālôm*): 샬롬, 평화, 평온, 인사말 '안녕', 237회 출현
- "헤세드"(*ḥeseḏ*): 자비, 언약적 성실, 249회 출현
- "베리트"(*bərîṯ*): 언약, 합의, 287회 출현
- "루아흐"(*rûaḥ*): 숨, 바람, 영, 378회(히브리어)/11회(아람어) 출현[1]

---

[1] Ludwig Koehler and Walter Baumgartner, *The Hebrew and Aramaic Lexicon of the Old*

이 명사들 가운데 가장 많이 출현한 것은 "루아흐"이다. "복"에 비해 5배, 안식일에 비해 3배, "토라"에 비해서는 거의 2배에 가깝게 나타난다.

영어 성경에서는 히브리어 루아흐가 여러 다른 단어로 번역되기 때문에 그렇게 많은 횟수를 찾아볼 수 없다. 389회 나타나는 루아흐는 영어에서 "숨", "바람", "영", "성령"으로 세분화된다. 히브리 어구 "지혜의 영"이 그저 기술로 번역된 경우처럼, 이따금 루아흐는 아예 그런 단어로조차 번역되지 않기도 한다.²

히브리어에서는 그렇지 않다. 루아흐는 영어로 번역된 어떤 단어보다도 그 품이 훨씬 넓다. 쉽게 말해, 루아흐는 영어 번역이 전달할 수 있는 것보다 더 큰 의미가 있다.³

 Testament (Leiden: Brill, 1994)을 찾아보긴 했지만, 이 숫자들은 소프트웨어 어코던스(Accordance)에서 근거했다. 상대적으로 믿을 만한 숫자이지만 사본상의 차이에 따라 약간의 변형들이 있을 수 있다. 나는 사본 전체에 있어 NRSV를 사용했고, 필요에 따라 수정하기도 했다.

2 이는 NRSV의 출애굽기 28:3에 나타난다. NIV는 "지혜"라는 어구를 살려서 번역하고 CEB는 "특출한 능력"이라고 번역한다.

3 대체로 이 책에서 spirit("영")이라는 단어를 대문자로 표기하지 않는다는 사실을 알게 될 것이다. 주된 이유는 언제 봐도 새로운 유대인 성경의 특성상 대문자 표기를 쉽게 결정할 수 없기 때문이다. 예를 들어, 1장에서 즉시 바다에서부터 "바람이 여호와에게서" 나오는 것을 보게 될 것이다.
여호와에게서 나왔기 때문에 "바람"은 대문자로 표기되어야 하는가?
혹은 숨은 어떤가?
모든 숨이 하나님에게서 나왔다면 "숨"도 대문자로 표기되어야 하는가?
같은 맥락에서 루아흐는 아주 강력한 단어이기 때문에 신과 인간, 영과 육 사이의 명백한 이분법을 허용하지 않는다. 그러므로 나는 하나님의 성령을 가리키는 것으로 추정된다는 이유로 어떤 것은 대문자로 표기하고, 어떤 것은 사람의 영이나 숨 혹은 바람을 가리키는 것으로 추정된다는 이유로 소문자로 두는 선택을 하기보다는 차라리 일관성을 지키기로 했다. 이로써 번역자인 나보다는 독자들이 루아흐의 의미를 판단할 수 있을 것이다.
이런 점은 훨씬 더 분명하게 드러날 것이다. 구약에서 르아흐는 조악한 이분법을 부숴 버린다. 아니, 초월한다는 말이 더 적합할 수도 있겠다. 그렇지 않다면 그런 이분법은 너무 쉽게 영향을 끼친다. 구약에서 거의 400회에 걸쳐 나오는 루아흐는 숨, 바람, 영, 성령으로 손쉽게 쪼개질 수 없다. 꼭 내 주장이 필요한 것은 아니다. 1장을 필두로 우리 앞에 놓인 이 영역의 상당부가 그런 까닭을 보여 줄 것이다. 이 결정에 대한 훨씬 더 자

20 구약의 성령론

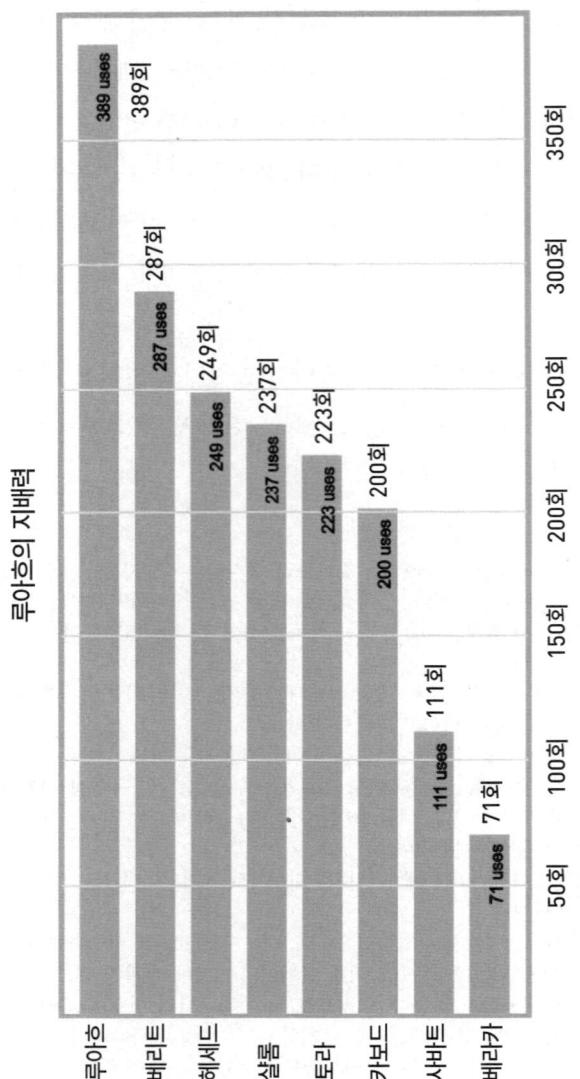

세한 논의를 보기 원한다면 다음을 보라. Eerdmans, *Filled with the Spirit*, 2009, 36-41. spirit("영")을 대문자로 표기하지 않기로 한 내 결정에 몹시 동의하기 어렵다면 이 논의를 볼 것을 강력히 추천한다.

우리는 간단한 막대그래프로 루아흐의 지배력을 표현할 수 있다. 여기서 루아흐의 출현 횟수는 유대인 성경의 다른 주요 단어들을 무색하게 만든다(표 1). 이보다 더 극적으로는, 세계의 상징적 랜드마크로 표현해 볼 수도 있다(표 2).

루아흐 출현 1회를 3피트 약간 넘는 길이로 환산하여 계산하면 총 389회의 루아흐는 엠파이어 스테이트 빌딩의 높이에 달한다.

"언약"을 뜻하는 히브리어 단어는 에펠탑의 높이에 준하며, "자비"를 뜻하는 히브리어 단어는 샌프란시스코에 있는 트랜스아메리카 피라미드의 끝에 이른다. 얼핏 매우 흔할 것 같은 단어 "샬롬"은 고작 금문교 꼭대기에 달하는 정도이다. 물론, 충분히 높다고도 할 수 있지만 엠파이어 스테이트 빌딩에 비할 바가 못 된다. "토라"는 세인트루이스의 게이트웨이 아치 높이이고, "영광"은 시애틀의 스페이스 니들의 꼭대기에 이르며, "안식일"은 자유의 여신상 횃불에, "복"은 타지마할의 가장 높은 지점에 달한다.

루아흐가 히브리어로 나타나는 횟수 378회에, 다니엘서에서 아람어로 나타나는 횟수 11회를 추가한 횟수는 루아흐를 히브리 성경의 중대한 다른 단어들을 무색하게 하는 지배적인('인상적인'이 한결 나은 표현일 수도 있다) 명사가 되게 해 준다. 루아흐의 지배력 없이 구약을 이해하려는 시도는 엠파이어 스테이트 빌딩 없는 뉴욕시를 상상하는 것과 같다.

그러나 루아흐는 '지배적'이라는 데서 그칠 수 없다. 그것은 '상징적'이어야 한다. 그러나 여전히 역설적이고 안타까운 현상 속에는, 실제로 구약에서 루아흐가 중요하다는 사실과 성령론에서 구약이 거의 부재하다는 사실 간의 당혹스러운 격차가 있다. 거기서 단절된 성령론이 나온다. 이는 유대인 성경의 기저에 있는 400회 정도 나오는 루아흐에 대한 심사숙고함 없이 신약과 같은 후대 문학으로 손쉽게 형성된 것이다.

루아흐의 지배력
1,250 ft.
1,000 ft.
750 ft.
500 ft.
250 ft.
루아흐
엠파이어 스테이트 빌딩
1,250 ft.
(roof height)
389 uses
x 3.21 ft. =
1,250
베리트
에펠탑
984 ft.
(roof height)
287 uses
x 3.21 ft. =
921
(margin of 63 ft.)
헤세드
트랜스아메리카 피라미드
853 ft.
249 uses
x 3.21 ft. =
799
(margin of 54 ft.)
샬롬
금문교
746 ft.
237 uses
x 3.21 ft. =
761
(margin of 15 ft.)
토라
게이트웨이 아치
630 ft.
223 uses
x 3.21 ft. =
716
(margin of 86 ft.)
카보드
스페이스 니들
605 ft.
200 uses
x 3.21 ft. =
642
(margin of 37 ft.)
사바트
자유의 여신상
305 ft.
111 uses
x 3.21 ft. =
356
(margin of 51 ft.)
베라카
타지마할
240 ft.
71 uses
x 3.21 ft. =
228
(margin of 12 ft.)

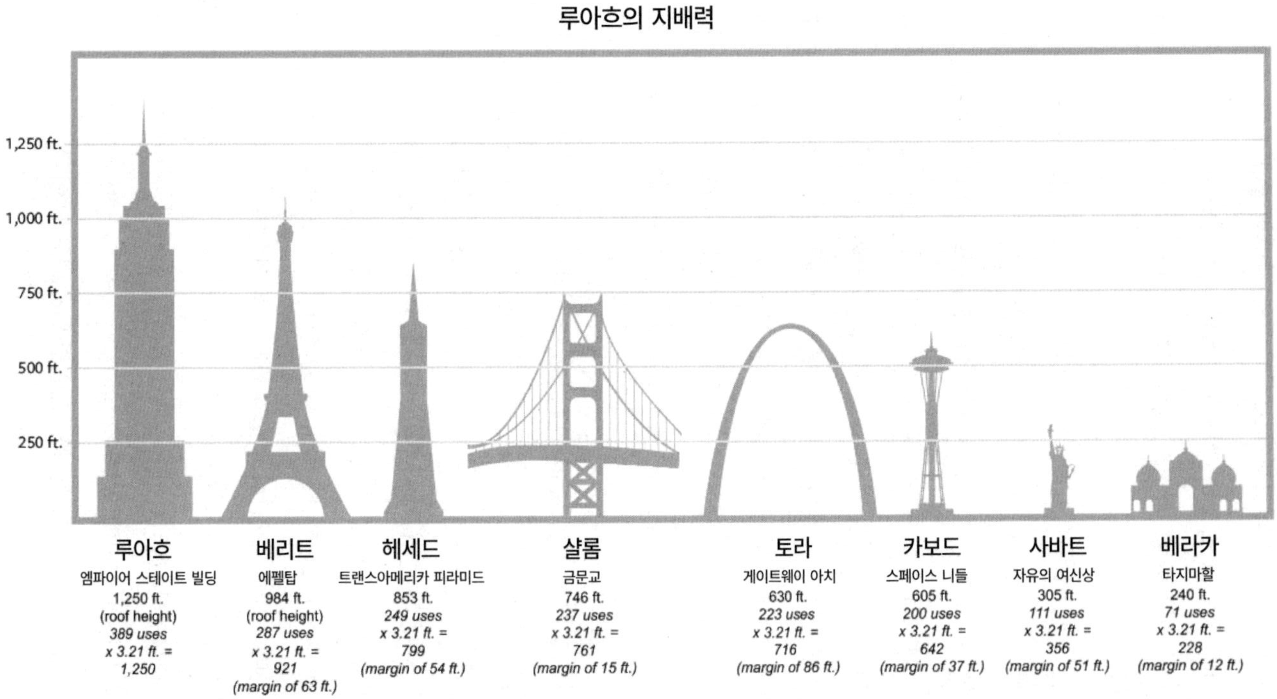

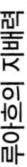

2. 적대적 영역

유대인 성경에서 "루아흐"가 389회씩이나 출현한다는 것을 간과한 채 영을 이해하려는 시도는 적절하지 않다. 실제로 유대인 성경이 아닌 다른 어디에서 출발하는 것은 이 성경이 유대교와 기독교의 형성에 토대 역할을 했다는 사실로 보건대 말이 안 된다. 그러나 대부분의 기독교 성령론[4]은 유대인 성경[5]을 그저 잠시 훑는 데서 그치며, 영어권에서 유대인 성경의 영을 주제로 다룬 책은 고작 몇 권에 불과하다.[6] 유대인 성경신학에서 루아흐를 경시하는 일은 비극과 다름없다.

이는 위험한 일이기도 하다. 경고성의 이야기를 통해 살펴보자. 국가사회주의가 지배하던 1930년대, 독일 학자들과 신학자들의 핵심 그룹(또 그들과 함께한 다수의 독일인들)은 기독교를 유대인 유산으로부터 분리시켰다. 1939년에 공표된 고데스베르크 선언(Godesberg Declaration)은 기독교를 "유대교에 대한 타협할 수 없는 종교적 반대"로 묘사했다.

정말 모든 측면에서 예수님의 유대성(Jewishness)은 제거되었다.

---

4 기독교 신학자들은 영에 대한 연구를 '영'이나 '숨'을 뜻하는 헬라어에 기초하여 성령론(pneumatology)이라 부른다.
5 예를 들어, 이브 콩가르(Yves Congar)는 방대한 저서 『나는 성령을 믿나이다』에서 구약에 12면을 할애한다. *I Believe in the Holy Spirit* (New York: Crossroad, 1999), 3-14. 세르기우스 불가코프(Sergius Bulgakov)는 두껍고 심오한 저서 『위로자』에서 구약에 4면을 할애한다. *The Comforter* (Grand Rapids: Eerdmans, 2004), 156-59.
6 Lloyd Neve, *The Spirit of God in the Old Testament* (Cleveland: CPT, 2011, 『구약의 성령론』[새물결플러스 刊]); Wilf Hildebrandt, *An Old Testament Theology of the Spirit of God* (Peabody, MA: Hendrickson, 1995, 『구약의 성령 신학 입문』[이레서원 刊]); Christopher Wright, *Knowing the Holy Spirit through the Old Testament* (Downers Grove, IL: IVP Academic, 2006, 『구약의 빛 아래서 성령님을 아는 지식』[성서유니온 刊]). 성령에 대한 책들 중 일부는 신구약 모두를 분석한다. 예를 들어, George Montague, *Holy Spirit: Growth of a Biblical Tradition* (Peabody, MA: Hendrickson, 1976); Michael Welker, *God the Spirit* (Minneapolis: Fortress, 1994); Levison, *Filled with the Spirit*. David Firth and Paul Wegner, *Presence, Power, and Promise: The Role of the Spirit of God in the Old Testament* (Downers Grove, IL: InterVarsity, 2011).

예를 들어, 어떤 교수들은 예수님 당시 갈릴리의 다양한 인구를 근거로 예수님의 부모가 인종적으로 유대인이었을 리가 없다고 주장했다. 대중 작가들도 이런 싸움판에 뛰어들었다.

1944년까지 25만부 이상이 팔렸으며 40개 언어로 번역된 한 우화에서는 예수님을 슐레스비히홀스타인(Schleswig-Holstein)에서 태어난 구세주로 재구성했다.

심지어 예술가들도 나치 이념에 굴복했다. 1937년 나치가 기획한 '퇴폐미술전'에서 십자가 위에서의 그리스도의 고통은 용납될 수 없는 것으로 여겨졌다. 그는 공격적이고 남성적으로 묘사되어야 했다. 심지어 십자가 위에서도 강한 아리아인이어야 했다. 예를 들어, 오펜바흐비버(Offenbach-Bieber)의 루터교회 벽화에서 예수님은 아리아인의 특징을 가진 반면, 그 옆에 달린 굽은 자세의 도둑은 유럽의 유대인으로서 과장된 특징을 가지고 있다.[7]

학자, 작가, 예술가, 목사들이 예수님의 유대성을 버렸을 때 어떻게 되었는가?

우리는 이 질문에 대한 대답을 알고 있다. 우리는 그리스도의 문화적 역량과 그것이 어디로 인도했는지를 알고 있다.

같은 맥락에서 영을 이스라엘의 문헌과는 별개로, 주로 신약을 통해 오직 '기독교적' 존재로만 이해하는 것은 위험한 영역으로 들어서는 셈이다. 이는 영(그리고 영성)이 현시대 문화의 목적, 어쩌면 사악한 목적에도 부합할 수 있도록 길을 터 주는 셈이다. 유대인 성경이 제시하는 전체 그림에 대한 관점이 없다면, 영의 차원 중 자신이 경험하거나 강조하고 싶은 부분만을 선택하여 그것이 전부인 양 포장하는 것이 너무 쉽고, 너무 '유혹적'이다.

---

[7] 수산나 헤셸(Susannah Heschel)은 이 벽화를 싣는다. *The Aryan Jesus: Christian Theologians and the Bible in Nazi Germany* (Princeton: Princeton University Press, 2008), 51. 근접 촬영본은 54페이지에 실려 있다.

유대인 성경 없이 영에 대한 이해를 전개해 나가는 것은 아름다운 산에서 그저 어두침침하고 협소한 계곡에 머물고 있는 것과 같다. 이 계곡은 지평을 넓히기보다는 좁힌다. 비록 그 계곡에 있는 자들이 그들의 한계를 인식하지 못한다고 하더라도 낙원 혹은 낙원이라 부를 수 있는 것은 관념적이고 경험적인 감옥이 된다.

이를 더 긍정적으로 말해 볼 수도 있다. 유대인 성경을 통해 영을 이해하는 것은 다른 방식으로는 알 수 없는 새로운 통찰을 전부 모으는 것이다. 그렇게 되면 활기가 넘쳐서 해질녘이면 우리는 계곡과 비탈과 급커브를 뚫고 나올 것이다. 혹은 낯설고 신선한 결과로 인해 소스라치게 놀라게 될 수도 있을 것이다.

그러나 한 가지는 분명하다. 이 책의 마지막 페이지에 이르게 되었을 때 영에 대한 우리의 이해는 분명 '성경적'일 것이며, 나아가 '무한할' 수도 있을 것이다.

3. 공유하는 유산

의도한 것은 아니지만, 이 연구는 신약의 전경(前景, foreground) 역할을 할 수 있다. 유대인 성경에서의 영은 단지 신약에서의 영의 전조에 그치지 않는다. 그것은 단지 장차 도래할 실체들의 그림자나 조짐 정도가 아니다. 유대인 성경에서의 성령론은 그 자체로서 통찰과 도전을 제시한다.

실제로 신약의 저자들은 영에 대한 이해를 명백히 하기 위해 유대인 성경을 발췌했다. 그러니 기독교인은 유대인 성경이 신약에 끼친 영향력을 반드시 고려해야 한다.

예를 들어, 누가복음에서 예수님의 설교는 이사야 61:1-2로 시작한다. 이는 예수님이 나사렛 회당에 도착해서 읽으신 구절이다.

> 주의 성령이 내게 임하셨으니 이는 가난한 자에게 복음을 전하게 하시려고 내게 기름을 부으시고 나를 보내사 포로 된 자에게 자유를, 눈 먼 자에게 다시 보게 함을 전파하며 눌린 자를 자유롭게 하고 주의 은혜의 해를 전파하게 하려 하심이라 하였더라(눅 4:18-19).[8]

예수님의 이상을 유대인 성경의 이 핵심 본문의 맥락 속에 두지 않고서는 누가가 묘사한 바대로 예수님을 이해하기는 불가능하다.

사도행전에서 베드로가 오순절 사건을 설명하고자 할 때, 그는 영이 부어질 것이라는 예언자 요엘의 이상에 호소한다.

> 하나님이 말씀하시기를 말세에 내가 내 영을 모든 육체에 부어 주리니 너희의 자녀들은 예언할 것이요 너희의 젊은이들은 환상을 보고 너희의 늙은이들은 꿈을 꾸리라 그때에 내가 내 영을 내 남종과 여종들에게 부어 주리니 그들이 예언할 것이요(행 2:17-18).[9]

유대인 성경의 핵심 본문 없이 예수님을 이해할 수 없는 것처럼, 이제 막 첫 삽을 뜬 초대 교회의 경험을 유대인 성경의 이 핵심 본문의 맥락 속에 두지 않고서는 누가가 묘사한 바대로 초대 교회를 이해하기는 불가능하다. 따라서 유대인 성경이 신약에 대한 이해에 필수적이라는 사실이 입증된다. 그것은 신약의 필수적 전경을 이룬다. '그러나 이것이 전부는 아니다.'

유대인 성경은 유대교 자체의 전경이기도 하다. 초대 교회가 유대인 성경에 비추어 영의 체험을 이해하려고 매달려 있는 동안, 유대인 저자들도

---

[8] 인용이 정확하지는 않다. 예수님은 "마음이 상한 자"를 생략하셨다. 개인주의적이고 감정적으로 여겨질 수 있는 이사야 61:1-4에서 단 한번 나오는 어구의 생략은 예수님의 설교의 경제적, 사회적 차원을 강조한다.

[9] 요엘 2:28-29(MT 3:1-2)의 인용이 정확하지는 않다. 실제로 베드로는 이 설교에서 예언을 두 번 언급하는데, 아마 강조하기 위함일 것이다.

같은 방향에 사로잡혀 있었다. 기독교인들과 나란히 유대인들도 이 똑같은 고대 성경(그리고 그 안에 있는 영)에 대한 권한을 주장했다.

루아흐는 수백 차례에 걸쳐 초기 유대 문학의 페이지마다 줄곧 나타난다.[10] 예를 들어, 사해 근처 동굴들에서 발견된 유대 두루마리들은 초대 교회가 발생하기 전에 작성된 것인데, 거기서 이사야 11장의 영을 받은 통치자에 대한 묘사는 500년 이상을 쿰란에서 모여 온 회중들의 지도자에게 적용된다.

이사야 11장의 기록은 이러하다.

> 그가[11] [네게 "모략의 영]을 주시고 영원한 능력이 [네게 머물며], 지식과 하나님을 경외하는 영", "공의가 [네 허리의] 띠가 되고, [성실]이 네 몸의 띠가" 되리라.[12]

사해 사본에 포함되어 있지 않은 다른 유대 시편에서도 이사야 11장의 언어가 나타나는 것을 볼 수 있다. 그러나 이 경우는 쿰란에서처럼 이미 존재하는 지도자를 묘사하는 것이 아니라 바라던 통치자를 기술한다. 그는 "하나님을 (신뢰하며) 그의 날들을 쇠하게 하지 않을 것인데, 이는 능력

---

10 독일어이긴 해도, 피터 쉐퍼(Peter Schäfer)는 랍비 유대교(rabbinic Judaism) 안에서 최상의 영 연구를 보여 준다. *Die Vorstellung vom heiligen Geist in der rabbinischen Literatur* (Munich: Kösel, 1972). 유익한 글들을 모아 둔 책으로는 다음을 보라. Gary Cage, *The Holy Spirit: A Sourcebook with Commentary* (Reno, NV: Charlotte House, 1995). 영에 관한 사해 사본 본문을 주석과 함께 모아 둔 가장 뛰어난 글로는 다음을 보라. Eibert Tigchelaar, "Historical Origins of the Early Christian Concept of the Holy Spirit," in *The Holy Spirit, Inspiration, and the Cultures of Antiquity: Multidisciplinary Perspectives*, ed. Jörg Frey and John R. Levison, with Andrew Bowden (Berlin: de Gruyter, 2014).
11 하나님.
12 *Rule of the Blessing* (1QSb) 5.25-26. 이사야 11:2, 5을 가리킨다. 사해 사본의 번역은 다음의 책에서 인용했다. Martin Abegg, Michael Wise, and Edward Cook, *The Dead Sea Scrolls: A New English Translation*, rev. ed. (New York: HarperCollins, 2005). 괄호 부분은 훼손되거나 누락된 본문이 있던 곳으로 복원이 필요하다.

과 공의로 하나님이 그를 거룩한 영으로 힘 있게, 총명의 모략으로 지혜롭게 하셨기 때문이다."[13]

그러므로 구약의 원래 목적을 신약의 전조 정도로 여기는 것은 옳지 않다. 구약은 그 자체로 존재하며, 이스라엘이 오랫동안 간직해 온 루아흐에 관한 다채로운 신념들이 가진 활력에 대한 증언이다. 신약과 똑같이 중요하게, 히브리 성경은 루아흐에 대한 유대인의 수많은 주장에 영감을 준다. 따라서 영에 대한 믿음, 심지어 성령[14]에 대한 믿음까지도 유대인과 기독교인 모두가 공유하는 유산이다.

4. 주요 연대

이스라엘 역사에 큰 영향을 미친 제국들은 앗수르(아시리아, 특히 BCE 700년대), 바벨론(특히, BCE 500년대 초기), 바사(페르시아. 특히 BCE 500년대 말기에서 BCE 300년대까지), 그리스와 시리아(아람)(특히 BCE 100년대)이다.

7세기 예언자에 관해서는 앗수르를 생각하면 된다. 유배 시대에 관하여는 바벨론을 생각하면 된다. 회복에 관하여는 바사를 생각하면 된다. 마카비 혁명에 관하여는 그리스와 시리아를 생각하면 된다. 이 제국들과 밀접히 연관된 다섯 가지 사건도 전체 조망에 있어 필수적이다.

- BCE 722/21년, 앗수르는 북이스라엘을 멸망시키고 남유다를 위협했다.[15]

---

13 「솔로몬의 시편」(*Psalms of Solomon*) 17:37. 번역은 다음의 책에서 인용했다. James H. Charlesworth, ed., *Old Testament Pseudepigrapha* (Garden City: Doubleday, 1985), 2:668.
14 이 말은 시편 51:11(MT 51:13)과 이사야 63:10-11에 나온다.
15 열왕기상 12장에 따르면, 200년 전 솔로몬이 죽은 후 왕국은 두 개로 분열되었다.

- BCE 597년, 바벨론은 예언자 에스겔을 비롯한 많은 이스라엘 지도자를 추방했다. 10년 후, BCE 587/86년에는 예루살렘을 완전히 멸망시켰다.
- 약 50년 후, BCE 539년에 바사의 새로운 통치자 고레스는 유배자들이 고향으로 귀환하여 재건하는 일을 허락했다. 일단의 이스라엘 유배자들은 바로 그렇게 했다. 그들은 예루살렘을 재건하기로 결심하고 팔레스타인으로 귀환했다.
- 지지부진했던 예루살렘 재건은 BCE 445년, 느헤미야의 임무로 이어진다.
- 마지막으로, BCE 175년, 잔혹한 통치자가 유대인들을 공포에 빠트리는데, 공교롭게도 이는 BCE 167년의 마카비 반란의 성공을 촉발시켰다.

성령에 관한 책이 이스라엘 역사 연대로 시작하는 것은 이상해 보일 수도 있다. 그러나 이는 전통, 고백, 신학(심지어 성령론)이 인류 역사의 상황 속에서 한데 어우러져 있는 유대인 성경의 특징을 반영하는 것이다.[16]

---

16 이쯤에서 이 연구가 이스라엘의 재구성된 역사가 아닌 이스라엘 문학을 근거로 하고 있다는 점을 밝혀 두는 것이 좋을 듯하다. 다시 말해, 이는 역사적 이스라엘의 영의 체험에 관한 탐구가 아니다. 물론, 역사와 문학이 중첩되는 부분이 있다. 예를 들어, 바벨론 유수의 본질을 파악하는 것과 이사야 40-55장의 예언을 이해하는 것, 영에 대한 학개의 약속을 깨닫기 위해 바사 시대의 재건이 직면했던 도전들을 규명하는 일은 중요하다. 그러나 많은 부분에 있어 내 분석은 이스라엘의 문학에 관해서이다. 내가 요셉이나 모세에 대해 논할 때에는 문학에서 묘사된 인물을 말하는 것이지, 학문적으로 극심한 불일치가 난무하는 그들로 추정되는 역사적 인물에 대한 것이 아니다. 이스라엘 역사 연구에 대한 열망을 가진 사람들을 위한 탁월한 연구들이 많이 있는데, 내가 그중 몇 가지만 간추려 보았다. Martin Noth, *The History of Israel*, 2nd ed. (New York: Harper & Row, 1960) John Bright, *A History of Israel*, 4th ed. (Louisville: Westminster John Knox, 2000, 『이스라엘 역사』[크리스챤다이제스트 刊]); John Hayes and J. Maxwell Miller, *A History of Ancient Israel and Judah*, 2nd ed. (Louisville: Westminster John Knox, 2006, 『고대 이스라엘 역사』[크리스챤다이제스트 刊]); Megan Moore and Brad Kelle, *Biblical History and Israel's Past: The Changing Study of the Bible and History* (Grand Rapids: Eerdmans, 2011); 그리고 Iain Provan, V. Philips Long, and Tremper Longman, *A Biblical History of*

5. 들풀처럼 자유롭게

얼마 전에 작곡가 니콜 노드먼(Nichole Nordeman)은 성령론에 내재된 도전을 유려한 말로 성찰했다. 그는 깊은 묵상 끝에 성령은 "야생의 들풀처럼 자유롭게 자란다"고 말했다.[17] 구약에서 들쭉날쭉하게 나타나는 영에 관한 구절들을 볼 때, 그는 거기서 들풀의 자유로운 특성을 포착했음을 보여 준다.

심지어 시작부터 이 유대인 성경을 뭐라고 불러야 할지조차도 분별하기 어렵다. 구약성경이라는 기독교 용어로 표현하는 것은 유대인 독자의 접근을 막는다. 그 또한 완전히 정확한 것도 아니다. 다른 기독교 교회들은 구약성경에 다른 책들을 포함시키기 때문이다.[18]

'유대인 성경'은 잠재적 기독교 독자에게 낯선 인상을 풍길 수 있다. '히브리 성경'은 좋은 기술적 용어(예를 들어, 이는 외경을 제외하며, 몇 장을 제외하고는 전부 히브리어로 기록된 책의 특성을 정확히 서술한다)이지만, 학자들을 제외하고는 그 용어를 익숙하거나 편안하게 받아들일 수 있는 독자는 별로 없을 것이다.[19] 마찬가지로 이스라엘 문학에 나타난 영에 대한 책을 편찬하는 완벽한 방법이란 없다.

Israel (Louisville: Westminster John Knox, 2015) 『이스라엘의 성경적 역사』(CLC 刊).

[17] 그는 내 책 *Fresh Air: The Holy Spirit for an Inspired Life* (Brewster, MA: Paraclete, 2012, 『성령, 그 신선한 바람』[에클레시아북스 刊])에 대한 추천사에서 그렇게 썼다.

[18] 예를 들어, 정교회와 로마 가톨릭교회는 일반적으로 주류 복음주의 개신교회가 포함시키지 않는 외경을 포함시킨다(예, 토비트, 집회서, 지혜서). 아무튼 이 책에서는 외경 본문에 관한 연구를 포함시키지 않았다. Montague는 *Holy Spirit*에서 이를 포함시켰고, 나는 이 분량의 문헌들을 다음 책들에서 분석했다. *The Spirit in First-Century Judaism* (Leiden: Brill, 1997)과 *Filled with the Spirit*.

[19] 나는 특별한 선호가 없으며 이스라엘 문학을 '히브리 성경', '유대인 성경', '구약성경'으로 다양하게 언급할 것이다.

로이드 니브(Lloyd Neve)는 연대기적으로 정리했다. 그러나 신학에 조금이라도 발을 담가 본 독자라면 이스라엘 문학의 연대에 관해 일말의 합의점도 찾기 어렵다는 점을 알 것이다. 연대를 추산하기 무척 힘든 수백 가지 본문의 발달(혹은 축소) 과정을 추적하는 일은 지독히도 어렵다.

월프 힐데브란트(Wilf Hildebrandt)는 창조에서 하나님의 영, 하나님의 백성 안에서 하나님의 영, 이스라엘 지도자의 하나님의 영, 예언 속 하나님의 영에 근거하여 주요 주제들을 선택했다. 이는 대체로 잘된 연구이지만 각각의 주제에 따른 부차적 논제들은 약간 임의적이다. 물론, 이는 거의 천 년에 걸친 공동체의 생활에서 비롯된 다양한 문학 자료의 더미 속에서 지배적 요소를 살펴야 하는, 즉 야수와도 같은 이 분야의 본질이다.

크리스토퍼 라이트(Christopher Wright)의 연구도 주제 중심이다. 곧 창조하시는 영, 능력을 주시는 영, 예언적 영, 기름을 부으시는 영, 오시는 영이다. 이는 광범위한, 아마 지나치게 광범위한 범주들일 것이다. 예를 들어, 능력을 주시는 영은 다른 모든 범주에도 들어맞는다. 능력은 창조, 예언, 하나님의 기름 부음, 약속된 영 모두에 내재되어 있기 때문이다.

그뿐만 아니라 이는 같이 묶여서는 안 될 본문들을 포함시킬 정도로 광범위하다. 예를 들어, 광야에 성막을 만든 장인들과 왕이 세워지기 전까지 이스라엘을 이끌었던 사사들이 나란히 나온다. 두 종류의 이스라엘 민족 모두 능력을 입었다. 그러나 극도로 다른 방식이었다. 장인들은 지혜의 영으로 '충만'했고, 사사들에게는 영이 '갑자기' 임하거나, 입혀졌다. 결말도 다르다. 능숙한 장인들은 성막을 세웠지만, 사사들은 군대로 이스라엘을 해방시켰다.[20]

---

[20] 조지 몬태규(George Montague)는 구약을 다루는 부분에서 성령론을 구성하는 지배적 원리가 없다는 점을 명시하는 절충적 접근법을 택한다. 회복에 관련된 가장 이른 시기의 전승과 목소리(BCE 539년 이전)를 다루는 제1장과 제7장은 연대기적이다. 제2장은 신명기적 관점에서 편집된 것으로 여겨지는 책, 곧 신명기와 사사기의 여러 구절,

나는 영에 연관된 동사들을 중심으로 이 연구를 기획했다. 물론, 이 원칙에도 결점은 있다. 특히, 유대인 성경에서 총 389회 출현하는 루아흐를 모두 다루기는 어렵다는 점에 있어서 그러하다. 그래서 나는 내가 다루지 않는 것들을 대부분 혹은 최대한 많이 대표할 수 있는 것들을 다루고자 했다.

유대인 성경의 성령론이 제기하는 어려움들이 있긴 하지만, 영에 대한 우리의 지식은 다양한 모양과 장소, 시대를 거쳐 이스라엘이 가졌던 이해를 되살림으로써 풍성해질 수 있다. 어떤 면에서 이 책의 구성처럼, 우리의 발자취를 되짚어 보며 루아흐의 임재에 대한 이스라엘의 불굴의 정신을 되찾는다면, 우리의 영에 대한 이해가 깊어지고 유연해지기까지 할 것이다. 마치 불어오고, 숨쉬며, 오고, 머물며, 전달되고, 부어지며, 채우고, 깨끗하게 하며, 이끌고, 인도하는 영처럼. 내가 최선을 다한다고 할지라도 이 일이 늘 깔끔하고 명료할 수는 없을 것이다.

그렇지만 니콜 노더만의 말대로, 우리에게는 영을 연구할 이유가 있다.

> 야생의 들풀처럼 자유롭게 자란, 복잡하게 얽힌 뿌리를 파헤쳐 보기 위해. 그래서 지상에서 아름답게 활짝 핀 꽃을 경탄하기 위해.[21]

---

[20] 사무엘상하서, 열왕기상하서를 살펴본다. 제3장과 제4장은 연대기적으로 포로 전 예언자들(BCE 597년 이전), 포로기 예언자들(BCE 597-539년), 회복기 예언자들(BCE 359년 이후)로 나누어 예언 문학을 분석한다. 제5장은 학자들이 제사장 전승이라고 일컫는, 즉 특별히 영이 표현된 몇 구절(출 31:3; 민 16:22; 27:18; 창 1:2)이 포함된 회복기 문학 자료를 고찰한다. 제8장과 제9장은 주로 문학 장르에 따라 접근한다. 제8장은 묵시 문학을, 제9장은 지혜 전승(예, 잠언서, 전도서, 욥기, 시락서[집회서], 솔로몬의 지혜서)을 고찰한다. 제10장과 제11장은 후기 성경 시대, 곧 랍비 문학과 사해 사본을 다룬다.

[21] Endorsement, Levison, *Fresh Air*.

제1장

불어오고 숨 쉬는 영

> *이 장을 읽기 전에 읽어야 할 본문
>
> · 창세기 1:1-2
> · 민수기 11:10-35
> · 욥기 12:7-10
> · 욥기 32:8-9
> · 시편 104:27-30
> · 시편 146:1-4
> · 에스겔 37:1-14

애굽에서 약속의 땅을 향한 극적이고도 기나긴 여정 중, 시내산에서 고작 72시간 떨어진 곳에서 이스라엘 민족은 불평했다. 사실 그들은 이 여정 내내 많은 불평을 쏟아냈지만, 강렬한 계시가 있던 장소에서 불과 72시간 떨어진 곳에서 그랬다는 것은 지나친 감이 있다.

그들의 불평은 감사할 줄 모르는 자들의 전형처럼 보일 수 있지만, 그렇다고 그들의 불안에 이유가 없는 것도 아니다. 그들이 마주했던 여러 곤경 중 그저 하나에 불과한 사막의 모래 폭풍만 봐도 그렇다. 이런 위협은 72시간은 고사하고 72분이라도 혼란의 소용돌이로. 그리고 죽음의 도가니로 만들 수 있다.

2012년, 텍사스 러벅(Lubbock) 근처에서 일어난 23대의 자동차 연쇄 추돌 사고로 1명의 사망자와 17명의 부상자가 발생했다. 당시 그 지역은 먼지 폭풍으로 뒤덮여 있었다. 존 곤잘레스(John Gonzalez) 상병은 "그건 백시 현상으로 아무것도 안 보이는 상태였어요. … 자동차 보닛 바로 앞도 볼 수 없었다니까요"라고 주장했다."[1]

이른바 아이들을 덮친 눈보라(children's blizzard)로 알려지게 된 1888년의 눈보라 사태 때, 다코타와 미네소타에서는 평소보다 일찍 학교를 마치고 집으로 돌아가던 많은 아이가 죽었다. 심지어 눈보라가 낯설지 않을 스칸디나비아 이민자들도 자기 집 뒷문에서 헛간으로 가다가 죽을 정도로 눈바람은 가혹했다.[2]

바람(루아흐)은 냉혹한 적이자 변덕스러운 친구일 수 있다. 어떤 학자들은 루아흐, 즉 감지할 수 있는 바람의 감지할 수 없는 물리적 운동이, 수 세기에 걸친 이스라엘의 사상을 보이지 않는 영의 운동으로 변화시켰다고 말할 수도 있을 것이다. 그러나 이런 간단한 공식은 즐거운 체류를 위태로운 모험으로 바꿀 수 있는 바람의 위협과 예측 불가능성을 제대로 전달하지 못한다. 이 시점에서 영은 온순한 동반자가 아니라 산들바람을 순식간에 폭풍으로 바꿀 수 있는 험악한 호위자이다. 바람이 자연의 힘이라면, 영은 믿음의 힘이다. 결국, 이 모두가 루아흐이다.

시내산에서 72시간 떨어진 곳에서 걱정거리가 생긴 이스라엘은 음식에 대해 불평했다. 그들의 불평은 내가 케임브리지대학교에서 공부하던 막바지를 떠오르게 한다. 그때 나는 뮌스터에 가서 독일어를 공부하기 위해 500파운드 여비 지원을 신청했는데, 이에 대한 결정을 위해 유명한 역사학자이자 셀윈칼리지의 학장이었던 오언 채드윅(Owen Chadwick)이 나를

---

1 "Snowstorm Causes Problems for Travelers in West," *Tampa Bay Times*, Dec. 20, 2012.
2 데이비드 라스킨(David Laskin)은 이 눈보라에 관한 오싹한 이야기를 들려준다. *The Children's Blizzard* (New York: Harper, 2004).

자기 연구실로 불렀다. 그는 대화 중에 이런 말을 했다.

"학생들은 늘 무언가 불평할 테지요. 그러니 음식이 아주 훌륭하지는 않다는 점을 못 박아 둔다면 그들의 불평은 사소한 게에 그칠 것이에요."

이런 많은 대학생처럼, 이스라엘 민족은 음식에 대해 불평하며 고향의 음식, 심지어 애굽의 음식을 그리워했다. (여담이지만 나는 지원금을 받지 못했다. 채드윅 교수의 재치 있는 말이 기억에 남았다. "우리는 자네가 좋은 문법책과 라디오만으로도 잘 할 수 있을 것이라 생각하네.")

하나님은 이스라엘의 불만에 대해 세 번의 연속적 행동으로 반응하셨다.

첫째, 하나님은 진영 언저리에 (바람을 통해서만 퍼지는) 불을 퍼트리셨다 (민 11:1-9). 이로써는 그들의 굶주림을 조금도 누그러뜨리지 못했기에 하나님은 다른 방식도 취하셨다.

둘째, 모세에게 임한 루아흐를 칠십 장로에게도 임하게 하여 모세의 부담을 덜어 주는 것이었다. 그들은 예언을 했고, 칠십 인에 속하지 않은 다른 두 장로, 곧 엘닷과 메닷도 예언을 했다(이럼으로써 그들이 시내산에서 출발한 72시간과 똑같은 72가 된다). 루아흐의 이 엄청난 전파는 분명 놀라운 이야기이다. 그러나 이런 하나님의 응답도 그들의 굶즈림을 달래 주지 못했다 (11:10-30).

셋째, 결국 루아흐가 "여호와에게서 나와 바다에서부터" 상상도 할 수 없을 정도로 많은 "메추라기를 몰아 진영 곁 이쪽 저쪽 곧 진영 사방으로 각기 하룻길 되는 지면 위 두 규빗쯤에 내리게" 하셨다(11:31). 이번에는 루아흐가 목표를 달성하셨다. 굶주림이 채워진 것이다.

하나님의 세 번의 행동. 루아흐의 은밀한 작용을 통해 퍼진 불, 잘 통제된 상황 속에서 예언의 능력이 확산되도록 만든 모세에게 임한 루아흐, 허리 높이까지 고기를 내리게 한 루아흐. 이 모든 하나님의 계획의 근본이 루아흐이지만, 대체로 오직 하나만이 구약 성령론의 관심을 끌 것이다. 오직 하나만이 영적인 것으로 여겨진다. 오직 하나만이 예언을 하게 하신다. 그러나 이 모두가 완전체로서 제각각 중요하고, 루아흐를 이해함에 있어 제각각 유익하며 필수적인 요소이다.

이 이야기들은 모두 루아흐를 통제할 수 없는 인간의 무능함을 보여 준다. 진영 언저리 도처에서 불이 일어나고, 진영 끝에서 안으로 예언이 퍼지며, 메추라기가 바다에서부터 진영 사방에 퍼진다. 이 중 어떤 경험에 있어서도 인간은 통제력을 행사하지 못한다. 만일 그들이 불, 예언, 양식 중 어떤 것이라도 막으려 했다 한들 그럴 수 없었을 것이다.

또한, 이 일련의 이야기에는 루아흐에 대한 맹렬함이 있다.

첫 번째 장면에서는 그다지 드러나지 않는다. 산들바람으로도 불을 퍼질 수 있었을 것이다.
두 번째 장면에서 루아흐는 모세와 함께 있던 칠십 장로가 예언을 하던 회막에서 떨어져 있던 두 장로에게도 임하기 위해 먼 거리를 뛰어넘어야 했다.
세 번째 장면 역시 맹렬하다. 엄청나게 많은 메추라기를 바다에서부터 몰아 그 긴 땅을 채웠다. 이는 온화한 산들바람이 아니다.

이 이야기에서 부각되는 다른 점도 있다. 루아흐의 임재는 풍성하다는 사실이다.

첫 번째 장면에서 모세가 불이 번지는 것을 막으려고 중재하지 않았다면 불은 계속 퍼졌을 것이다.
두 번째 장면에서 루아흐는 몹시 충만하여 칠십 인의 무리에서 멀리 떨어져 있던 두 장로도 예언하기 시작했다. 달리 표현하면, 루아흐가 너무 많아서 의도되었던 칠십 명 이상이 그 영향을 체험했다.

세 번째 장면에서 루아흐가 바다에서부터 싣고 온 메추라기는 진영에서 하룻길 되는 지면 위로 3피트를 채웠다. 이스라엘 민족이 허리 높이로 쌓인 메추라기를 헤집고 걷는 모습은 희극에 가깝다. 여기에도 무척 풍성한, 즉 산들바람보다는 토네이도에 가까운 루아흐가 있다.

이 각각의 에피소드마다 루아흐의 범람이 있다.

이런 통찰에 한 가지 견해를 보태 볼 수 있을 것이다. 즉, 루아흐를 숨, 바람, 영 혹은 성령으로 세분하려는 어떠한 시도도 비참히 실패하고 말 것이라는 사실이다. 이 일련의 이야기에서 루아흐는 어떤 범주 속에 갇히지 않으며 분명한 경계선을 넘어선다. 타오르는 불을 통한 루아흐의 내재적 임재, 공동체적 예언을 통한 루아흐의 강림, 저녁거리를 내린 루아흐의 위엄 있는 출현, 이들 중 그 어떤 루아흐도 다른 것에 비해 열등하거나 우월하지 않다.

이 이야기들은 루아흐를 숨, 바람, 영, 성령으로 쪼개어 분석하려는 시도를 혼란에 빠트린다. 물론, 루아흐가 명벽히 바람을 뜻하는 곳이 있다. 거기서는 그저 바람이라고 말할 수 있을 것이다. 혹은 루아흐가 사람을 살아 있게 해 주는 것으로 사용된 곳이 있다. 거기서는 그저 숨이라고 말할 수 있을 것이다. 그러나 유대인 성경의 진수는 전반적으로 이런 실체들을 융합하는 능력이다.

어떤 학자는 "세 갈래"(trifurcation, 그가 쓴 용어이다)에 관해 말하며 바람과 피조물 속의 영과 '하나님의' 영을 구분하고자 한다.[3] 그러나 그렇게 구분될 수 없다. 두 갈래 또는 세 갈래는 루아흐에 대한 모독이다.

---

3   Lloyd Neve, *The Spirit of God in the Old Testament* (Cleveland: CPT, 2011), 3-4. 세 갈래에 대한 니브의 주장은 실제로 네 범주(바람, 숨, 영, 성령)에서 세 범주(바람, 피조물 속의 영, 하나님의 영)로 줄이는 시도이다.

루아흐의 신비로운 세계는 손쉬운 분류가 불가능하다. 루아흐가 예언과 밀접히 연관된다는 사실을 고려하면, 우리는 모세에게 임한 루아흐가 분명 하나님의 영이라고 생각할 수 있을 것이다. 그러나 이렇게 확고히 말하는 것에는 문제의 소지도 있다. 왜냐하면, 이 장면에서 루아흐가 명백히 '하나님의' 영으로 묘사되지 않기 때문이다.

하나님은 루아흐를 "네게 임한 '내 영'(my spirit)"이라고 하지 않으시고, 훨씬 간결하고 애매하게 "네게 임한 '영'(the spirit)"(민 11:17)이라고 하신다.

그 다음 얼핏 보아서는 대문자 S로 표기해야 마땅할 하나님의 영의 특성으로 보인 이 장면은 훨씬 입증하기 까다롭다. 즉, 하나님이 하나님의 영을 장로들에게 나누어 주셨다고 확신 있게 말하기 어렵다. 하나님은 모세의 영, 모세의 카리스마, 모세의 예언 능력을 장로들에게 나누어 주셔서 그들로 하여금 모세를 도와 고집 센 백성을 다루게 하셨다고 볼 수도 있다.

이와 반대로 다음 장면은 하나님의 영과 아무런 관련도 없는 것처럼 보인다. 루아흐는 분명히 바람으로, 바다로부터 엄습한 물질적 요소, 즉 자연의 힘이다. 그러나 이 루아흐는 이런 일련의 사건 속에서 유일하게 의심할 나위 없이 "여호와에게서 나"온 것이다. 바다에서 불어온 바람도 예언을 하게 만든 능력에 '못지않게' 신성하다. 같은 이유로, 예언의 능력은 메추라기를 몰고 온 강풍 '정도로만' 신성하다.

이 요점을 달리 표현하면, 예언을 촉발시킨 루아흐가 아니라 진영 주위로 엄청난 양의 메추라기를 떨어뜨린 루아흐가 여호와에게서 나온 (전통적 대문자 표기를 사용한) '성령'으로 명명될 독점권을 가진다.

깔끔하고 명료한 분류가 자연스럽게 보일 수는 있겠지만, 유대인 성경의 루아흐의 신비한 세계를 공정하게 다루지는 못한다. 우리가 이 고대의 실체를 이해하려고 할 때 명료한 분류나 두세 갈래의 구분을 추구하려는 경향은 우리를 그르치게 할 수 있다. 우리는 바다에서 불어온 메추라기로 가득한 루아흐 바람과 같은 핵심적 본문을 그저 간과하게 되거나, 예언하는 장로들의 경우와 같은 본문의 모호함을 도외시하게 될 수도 있다.

우리는 이런 관점으로 구약의 영에 관한 연구를 진행할 예정이다. 우리의 접근법을 이끌어 가는 것은 분류학적 경향이 아닌, 독자가 범주와 분류에 거침없이 저항하는 루아흐를 접하게 되는 이야기들, 계시들, 시들의 취지와 어조이다.

1. 바람

그렇긴 해도 실제로 유대인 성경에서 거의 400회에 걸쳐 나오는 "루아흐"의 3분의 1 이상이 바람 또는 산들바람으로 여겨지는 루아흐이다.

- 악인들은 오직 바람에 나는 겨와 같다(시 1:4).
- 큰 바람이 욥의 집을 무너뜨린다(욥 1:19).
- 북풍이 비를 일으킨다(잠 25:23).
- 인생의 많은 것은 헛되며 바람을 잡으려는 것과 같다(전 1:14, 17).
- 맹렬한 동풍이 자주 분다(겔 17:10).
- 죄악이 바람같이 사람들을 몰아간다(사 64:6).
- 바람은 동산에 잠깐의 시원한 휴식을 가져다준 산들바람일 수도 있다(창 3:8).
- 대체로 겨를 날려 버릴 정도로 강하며, 더욱 인상적으로는 배를 깨부술 만큼이나 강하다(시 48:7; MT 48:8).

그럼에도 불구하고 우리는 바람의 규모가 어떠하든 간에, 하나님을 바람과 분리시키는 경솔함을 범할 수 있다. 극심한 가뭄 끝에 마침내 구름과 바람과 비가 하늘을 덮는 모습이 엘리야의 눈에 들어왔을 때, 그것은 하나님이 하신 일이었다(왕상 18:45). 아마 그래서 바람이 하나님의 천상의 병거일 것이다.

시적 표현으로는, 땅이 진동하고 요동치며 하나님의 코에서는 연기가 오르고 하나님의 입에서는 불이 나와 사르며, 하나님은 "그룹을 타고 날으심이여 바람 날개 위에 나타나셨다"(삼하 22:8-11). 이처럼 시편의 시인도 불과 화염을 하나님의 종 혹은 사역자로 묘사하며, 구름은 하나님의 병거로, 바람은 하나님의 천사 혹은 사신으로 묘사한다(시 104:3-4). 그러니 루아흐는 바람일 수 있다. 그러나 그것이 '그저' 바람을 뜻한다고 여겨서는 안 된다.

이에 대해 우리는 히브리 성경의 16번째와 17번째로 등장하는 단어 "루아흐 엘로힘"을 주의 깊게 살펴보아야 한다. 전체 성경의 거의 시작 부분에 출현하는 이 단어들은 정확한 번역이 불가능하다.

- NRSV는 "하나님에게서 나온 바람"으로 옮긴다.
- NIV는 "하나님의 성령"(the Spirit of God)으로 옮긴다.
- 『메시지』(The Message)는 "하나님의 영"(God's spirit)으로 옮긴다.

창조의 맥락에서는 심연을 가득 덮고 있는 하나님에게서 나온 바람이 가장 일리가 있다. 실제로 흑암과 영의 평행은 창조에 앞서 두 '물질적' 존재라고 보는 것이 활동하고 있었을 가능성을 나타낸다.

> 흑암이 깊음 위에 있고,
> 하나님의 루아흐는 수면 위에 운행하시니라(창 1:2).

영을 잘 이해하기 위해서는 성경에서 처음으로 출현하는 이 "루아흐"가 없어서는 안 된다. 이를 태초의 흑암에 흡사한 기본적 바람으로 이해한다고 해도, 이 바람은 광야에서 굶주린 이스라엘 백성에게 메추라기를 몰고 간 바람처럼 하나님의 루아흐이다. 만일 그것이 바람이라면, 그것은 '하나님의' 바람이다. 그래서 이 첫 출현은 이들을 구분하기 어렵다는 것을 보여 준다. 영은 바람이며, 바람은 영이다.

초자연적인 것과 자연적인 것, 영적인 것과 물질적인 것을 구분하는 것은 성경에 첫 출현한 이 단어가 주는 단서를 무시하는 일이다. 단어 "루아흐"의 첫 출현에서 바람과 영은 서로 구분되지 않는다.

실제로 성경의 첫 부분에서 바람과 영과 숨은 서로 구분되지 않는다. 그리고 곧이어 루아흐는 어둠과 빛, 땅과 바다, 낮과 밤을 나눌 강력한 말("하나님이 이르시되")을 만드는 하나님의 숨으로서 내재적 역할을 할 것이다(창 1:1-2:4).

루아흐의 첫 출현은 이상하긴 하지만, 그렇다고 이것이 성령(이는 분명히 '하나님'의 루아흐이다), **바람**(이는 심연을 덮은 흑암처럼 수면을 가로지른다), 숨(그 다음 행에서 하나님은 분명한 말씀으로 심연의 혼돈에 질서를 세우실 것이다)의 우연적 조합인 것은 아니다.

2. 숨

루아흐를 숨의 의미로 이해하는 것은 유대인 성경 곳곳에서 발견된다. 예를 들어, 첫 홍수에서 생명의 영의 숨[4]이 있는 사람과 동물은 엄청나게 불어난 물에 잠겨 죽는다(창 7:22).

루아흐에 대한 이런 이해는 예언서에도 가득하다. 예를 들어, 이사야서에 따르면 메시아적 통치자가 그의 입술의 루아흐로 악인을 죽일 것이다

---

4   히브리어, "니쉬마트 루아흐 하임"(*nišmat-rûaḥ ḥayyîm*).

(11:4). 포로기 예언자는 하나님이 땅 위의 백성에게 호흡[5]을 주시며 땅에 행하는 자에게 영을 주신다고 단언한다(42:5). 이사야 57:16의 예언자는 다음과 같이 약속하시는 하나님을 대변한다.

> 내가 끊임없이 추궁하지 않을 것이며
> 내가 항상 노하지 아니할 것은
> 내가 지은 영들과 숨들[6]이
> 내 앞에서 실신할까 함이라(사 57:16).

하나님의 살벌한 진노는 그 앞에서 인간을 숨이 멎고 실신하게 만들 것이다.

숨의 존재는 지혜 전승에도 만연하다.

예레미야 애가의 저자는 메시아, 기름 부음을 받은 자, "우리의 콧김"[7]이 사로잡혔다는 사실을 잘 묘사한다(애 4:20).

욥은 그의 아내에게 자신의 영, 곧 "내 숨결"이 혐오스럽다고 개탄한다(욥 19:17). 욥기서의 다른 부분에서도 루아흐가 숨결로 나타나긴 하지만, '단순한' 숨은 아니다. 욥은 동료들에게 짐승, 새, 식물, 물고기에게 물어보라고 하며, 그들이 "모든 생물의 생명[8]과 모든 사람의 육신의 루아흐"가 다 하나님의 손에 있다고 선포할 것이라고 말한다(12:7-10). 그리고 욥은 "나의 호흡[9]이 아직 내 속에 완전히 있고 하나님의 루아흐[가] 아직도 내 코에 있느니라"(27:3)고 하며 이의를 제기한다. 이것은 사망의 음침한 골짜

---

5 히브리어, "네샤마"(*nəšāmâ*).
6 NRSV "영혼;" 히브리어, "우네샤모트"(*ûnəšāmôṯ*).
7 히브리어, "루아흐 아페누"(*rûaḥ 'appênû*).
8 히브리어, "네페스"(*nepeš*).
9 히브리어, "니쉬마티"(*nišmāṯî*).

기에 있는 영의 핵심적 표현이다. 숨이 영이고, 영은 완전함의 근원이다. 간신히 숨을 내뱉으며 욥은 루아흐, 즉 하나님의 영의 숨결이 그의 바싹 마른 혀에 있는 한 진실한 말을 할 것이라고 주장한다.

자기가 처한 상황에서 억지로 의미를 찾으려고 하는 이들에게 둘러싸인 욥은 혼자가 아니다. 고통 속에서 욥은 그의 곁에 서서 연장자들의 말을 견디지 못한 젊은 엘리후가 그 또한 잘 이해해 보고자 주장한 진리를 언급한다.

> 그러나 사람의 속에는 루아흐가[영이] 있고
> 전능자[10]의 숨결이 사람에게
> 깨달음을 주시나니
> 어른이라고 지혜롭거나
> 노인이라고 정의를 깨닫는 것이 아니니라(욥 32:8-9).

숨은 단순한 숨이 아니다. 영은 결코 단순한 영이 아니다. "루아흐"는 단순한 루아흐가 아니다. 사람 속에 있는 영은 전능자의 숨결에 못지않다. 다른 말로, 사람 속 영의 숨결은 사람이 아니라 하나님께 속해 있다.

수 세기 후, 솔로몬의 지혜서를 기록한 유대인 저자는 죽을 때 하나님께 되갚아야 하는 차용한 영혼이라는 헬라 개념에 호소한다(15:7-13). 이는 엘리후가 의도한 것과 정확히 일치하지는 않지만, 내 영, 내 숨결, 내 영의 숨, 내 루아흐가 하나님의 것이라는 기본 진리가 있다.

엘리후는 이 진리를 붙들고 있었지만 잘 사용하지는 못한다. 그는 하나님의 영의 숨을 가지고 자기 입을 통해 말했지만 (고통 앞에서 흔히 그렇듯) 눈치와 배려심 없는 말로 이미 곤죽이 된 욥을 공격한다. 엘리후는 타인을

---

10 히브리어, "베니쉬마트 샤다이"(*wənišmaṯ šadday*).

전혀 배려하지 않고 자기가 옳게 여긴 것에 대해 지혜롭지 못하고 이해하지도 못한다. 그는 욥처럼 숨은 단순한 숨이 아니라 지혜의 근원이라는 사실을 알았지만, 그 지혜를 쓰는 방법을 모른다.

욥과 마찬가지로 하나님 경배에 열중한 이스라엘 예배자들은 사별의 고통과 삶의 풍성함 사이의 긴장을 표현한다. 이런 점이 이스라엘의 예배서에 녹아 들어 있고 개인 찬송인 다음의 두 극적인 표현에서 드러난다.

> 내가 살아 있는 동안 여호와께 노래하며
> 나의 생전에 내 하나님을 찬양하리로다(시 104:33, 나의 강조).

> 내가 살아 있는 동안 여호와를 찬양하며
> 나의 생전에 내 하나님을 찬송하리로다(시 146:2, 나의 강조).[11]

이 후렴구는 노래와 찬송으로 맺어지며 생명에 대한 긍정적 확언만을 노골적으로 드러낼 뿐이다. 그러나 욥의 항변에서와 마찬가지로 "살아 있는 동안"이라는 표현은 찬송의 조건이 생명에 한정되어 있음을 시사한다. 이제껏 이스라엘의 이야기와 지혜 문학을 살펴본 바에 따르면, 이처럼 생명이 끝남과 동시에 하나님의 영의 숨도 사라지게 된다는 예리한 인식이 이스라엘의 시에 나타난다는 점은 놀랍지 않다.

이름도 알 수 없는 수많은 이스라엘 사람의 운명 위에는 제각각 사망의 그늘이 묵직하게 드리워 있기에, 이 시들의 첫 구절에는 영이 지닌 힘에 대한 통렬한 시선이 언뜻 비친다. 이 힘은 삼손이나 사울이 가졌던 막강한

---

11 히브리 성경에서는 동일한 두 시를 NRSV에서는 시편 104:33의 끝 부분은 "내가 살아 있는 동안"으로, 시편 146:2의 끝 부분은 "나의 평생에"로 옮긴다(이는 개역개정판도 동일하다-역주). 본문에서 강조된 부분은 히브리어의 유사성을 반영하기 위해 내가 번역한 것이다.

힘처럼 기적의 세계에만 있는 것이 아니라, 더욱 중요하게는 사망과 씨름하는 데에 있다.

시편 104편의 몇몇 연은 조화롭기 그지없다. 바람은 하나님의 사신이다. 땅은 확고한 기초이다. 개울과 샘이 땅에 충만하다. 가축은 풀을 뜯는다. 사람은 포도주를 마신다. 나무에는 물이 흡족하다. 새와 학과 산양에게는 저마다의 집이 있다. 해와 달은 절기를 나타낸다. 사람은 저녁까지 일한다. 배들은 항해한다. 심지어 리워야단이 그 물 속에서 노닌다.

결국, 하나님이 이 모든 것을 주신다는 것을 신뢰할 수 있다.

> 이것들은 다 주께서 때를 따라 먹을 것을 주시기를 바라나이다. 주께서 주신즉 그들이 받으며, 주께서 손을 펴신즉 그들이 좋은 것으로 만족하다가(시 104:27-28).

이 모두가 실로 참된 세상이기에 얽매이지 않는 찬양으로 이어진다.

> 여호와의 영광이 영원히 계속할지며 … 내가 평생토록 여호와께 노래하며 내가 살아 있는 동안 내 하나님을 찬양하리로다(시 104:31a, 33).

진실로 모든 것이 참되지만 사망만큼은 그렇지 않기에, 이 시에는 면밀하게도 "내가 평생토록"과 "내가 살아 있는 동안"이라는 표현이 담겨 있다. 이처럼 무한한 찬양이라 할지라도 사망에 얽매인다.

그러니 사망은 하나님의 손에서 나오는 선한 것들을 기대하는 짐승들도 혼란케 하며 떨게 만든다. 시인은 거울상을 통해 영, 생명, 사망에 대한 양가적 신념을 세심하게 형성시킨다.

> 주께서 낯[파님]을 숨기신즉 그들이 떨고
> 주께서 그들의 호흡[루아흐]을 거두신즉 그들은 죽어 [그들의] 먼지로 돌아가나이다

> 주의 영[루아흐]을 보내어 그들을 창조하사
> 지면[파님]을 새롭게 하시나이다(시 104:29-30).

강력한 시적 대칭(처음의 "파님"은 마지막의 "파님"에 대응하며, 거두어진 "루아흐"는 보내신 "루아흐"에 대응한다)을 통한 아담[12]의 창조와 저주를 암시하는 압축된 표현들이 이 몇 행을 채운다. 시 전체가 창조주 하나님에 대한 찬양과 창세기의 창조가 순식간에 사망의 가능성(창 2:17)과 필연성(3:19)으로 훼손되는 내용으로 이뤄진 것을 고려해 보면, 이런 점은 놀랍지 않다.

시인은 사망이 존재의 한 양상에서 다른 양상으로 유순히 변하는 것이 아니라는 점을 안다. 사망은 하나님의 부재, 즉 하나님의 임재-얼굴의 숨김이다.[13] 이 시에서 하나님의 임재-얼굴의 숨김은 창세기 3:8의 "아담과 그의 아내가 여호와 하나님의 낯[파님]을 피하여 동산 나무 사이에 숨은지라"는 잊을 수 없는 순간을 연상시킨다. (33:20)

---

12 엄밀히 말해 이 단어는 히브리어 그대로 "아담"('*ādām*)으로 음역해야겠지만 보다 쉬운 독해를 위해 "아담"(adam)이라 했다(한글 음역에는 차이가 없다-역주).

13 나는 이 책 전반에서 "임재-얼굴"(presence-face)이란 용어를 사용할 것이다. 비록 두 단어 모두 히브리어 "파님"의 의미를 담고 있는 각각의 독립적인 번역이 될 수 있지만, 나는 임재나 얼굴 둘 중 하나를 뜻한 것이 아니다. "파님"(*pānîm*)은 추상적 개념의 존재 이상이고, 하나님의 얼굴과는 다르다. 모세가 하나님께 이스라엘과 동행할 것을 간청하며 시내산에서 하나님과 치열한 협상을 했던 것을 생각해 보라. 마침내 하나님은 이렇게 말씀하신다.
[출 33:14] 내가 친히 가리라 내가 너를 쉬게 하리라.
여전히 불확실했던 모세는 이렇게 협상을 맺는다.
[출 33:15] 주께서 친히 가지 아니하시려거든 우리를 이 곳에서 올려 보내지 마옵소서.
여기서 모세는 일반적 의미의 신 존재 이상의 것을, 하나님의 얼굴이 아닌 다른 무언가를 바란다. 따지고 보면 모세의 의구심이 마땅한 까닭은 하나님의 부정에는 어떤 난해함이 있기 때문이다. 하나님은 다음과 같이 말씀하신다.
[출 33:20] 네가 내 얼굴을 보지 못하리니 나를 보고 살 자가 없음이니라.
이와 같은 성경 본문에 비추어 볼 때, 나는 임재-얼굴이라는 합성어가 파님의 풍성한 의미를 전달하는 좋은 번역이라고 생각한다. 하나님의 파님이라는 흥미로운 개념에 대해 더 알기를 바란다면 다음의 졸저에서 구체적 논의를 살펴볼 수 있다. *The Holy Spirit before Christianity* (Waco: Baylor University Press, 2019), 21-25, 167-70nn110-46.

또한, 사망은 영이 없거나 숨이 없는 존재에 대한 전조이다. 태초에 하나님은 자기 얼굴을 아담의 얼굴에 친밀하게 바짝 맞대어 생기 없는 흙에 생명을 불어넣으셨다. 이제 하나님의 얼굴이 돌아서서 영을 빼앗아 흙으로 분해시키시며 창세기 3:19의 저주를 성취하신다.

> 너는 흙이니 흙으로 돌아갈 것이니라(창 3:19).

시편 104편의 진자가 창세기를 재구성하는 방식으로 하나님의 숨음과 영의 상실을 향한 운동이라면, 이는 또한 하나님의 창조적 충동을 향한 운동이다. 창세기 2:7에서 아담의 특징이 되는 것이 전체 동물 세계를 아우르며 확장된다. 동물은 단지 인간의 굶주린 배를 채워 주는 대상이 아니라 하나님과 관계를 맺는 주체이다. 그들은 하나님의 현존, 하나님의 얼굴 안에 살아가며 하나님의 영을 지니고 흙으로 돌아간다. 창세기가 사람에 관해 말하는 것을, 시인은 동물에 관해서도 말한다.

이는 단순한 의미에서 새 창조에 대한 이미지가 아니며, 한 시대의 종말과 또 다른 시대의 시작에 대한 이미지도 아니다. 오히려 절망의 필연성과 뒤섞인 소망의 현실적 이미지이다. 탁월한 예리함으로 이 시인이 포착한 것은 찬양과 노래가 풍성한 삶이 붕괴와 사망의 경계 안에서 가능하다는 사실이다. 시인은 "평생토록" 주님을 노래할 것이며, 그가 "살아 있는 동안" 찬양할 것이다. 사망의 필연성에도 불구하고 찬양과 노래는 계속된다. 시인은 사망과 창조 사이에 있는 긴장과 하나님의 얼굴과 땅의 얼굴(지면) 사이에 있는 불안감을 인지하고 있다.

이런 인식의 중심은 하나님의 영이다. 그것의 부재는 파멸의 세계, 하나님이 숨으신 세계, 사망과 흙의 세계를 초래한다. 그러나 그것의 존재는 생명, 창조, 땅의 회복을 일으킨다. 실제로 이 노래에서 진자는 사망과 생명, 생명과 사망 사이의 왕복 운동을 하지만, 사망보다는 생명을 향한 진

폭이 더 크다. 영이 제거되었을 수도 있지만, 다시 얻게 될 것이다. 그리고 땅은 그와 더불어 새롭게 될 것이다. 사망(하나님의 영의 결핍)은 칼자루를 쥘 수 없고, 생명(하나님의 영의 창조)이 생기 없는 땅을 새롭게 하려고 온다.

시인이 짧은 인생 동안 노래할 수 있는 것은 존재의 냉엄한 현실을 무시해서가 아니라 사망 속에 숨겨진 하나님의 얼굴이 하나님의 영-숨의 부여를 통해 드러날 수 있고, 그로써 땅의 얼굴이 회복된다는 사실을 알기 때문이다.

이런 종류의 두 번째 시는 갇힌 자들과 억눌린 사람들에 대한 하나님의 통치를 찬양하는 것으로서, 영과 사망의 불가피하지만, 애매한 연관을 일깨운다. 이 특별한 시에서 친숙한 후렴구, 곧 "나의 생전에 여호와를 찬양하며 나의 평생에 내 하나님을 찬송하리로다"라는 귀인들을 의지하지 말라는 명령으로 이어진다. 육신을 가진 자는 기댈 곳이 못되며, 아담의 아들을 의지하는 것은 헛되다. 심지어 그가 귀인이라고 할지라도 그의 생각이나 계획은 그의 영이 떠날 때에 소멸할 것이기 때문이다.

> 귀인들을 의지하지 말며
> 도울 힘이 없는 아담의 아들도 의지하지 말지니
> 그의 영[루아흐]이 끊어지면 그의 흙으로 돌아가서
> 그날에 그의 계획이 소멸하리로다(시 146:3-4 변형).

시편 104편처럼 이 부분은 창의적 변화를 주긴 했지만 창세기 첫 장들에 대한 암시로 가득하다. 시인은 통치자들을 단지 "아담의 아들들"로 칭함으로써 그들의 오만한 콧대를 꺾는다. 그들의 아버지 첫째 아담처럼, 그들은 땅에서 왔다. 게다가 "[그의] 흙으로 돌아가서"라는 구절은 시에서 개인화되어 있긴 하지만, 창세기 3:19을 상기시킨다. 귀인은 일반적 의미의 흙으로 돌아가는 것이 아니라 "그의" 흙으로, "그의" 땅으로 돌아간다.

특히, 동물들도 "그들의" 먼지로 돌아간다고 하는 시편 104:29에 비추어 볼 때, 이런 세밀한 점은 무척 흥미롭다.

> 주께서 낯을 숨기신즉 그들이 떨고, 주께서 그들의 호흡을 거두신즉 그들은 죽어 [그들의] 먼지로 돌아가나이다(시 104:29).

사망은 개인적이다. 무척 개인적이다.
마지막으로, 시인은 영-숨을 사용하여 귀인의 죽음을 서술한다.

> 그의 영[루아흐]이 끊어지면 그의 흙으로 돌아가서(시 104:29, 나의 번역).

시인은 사망에 대한 이런 서술에서 원래 창세기 2:7의 어휘인 생기(nišmaṯ ḥayyim[니스마트 하임])를 영(rûaḥ[루아흐])으로 대체하지만, 의미상으로는 거의 차이가 없어 보인다.

이 시에는 존재를 창의적이고 생기 있게 하는 요소로서의 영에 대한 단순하고 유쾌한 묘사는 없다. 단지 죽음의 순간, 흙으로 돌아가는 순간, 계획이 곧장 무너지는 순간에 영이 사라지는 것에 대한 부정적 이미지만 있을 뿐이다. 의심할 나위 없이, 이는 귀인들의 거만한 콧대를 꺾고 아담의 아들들과 달리 "영원히"(시 146:10) 다스리시는 하나님을 신뢰하는 인생을 기리기 위한 시인의 노력 때문이다.[14]

---

14 나는 *Fresh Air: The Holy Spirit for an Inspired Life* (Paraclete, 2012)에서 하나님의 영-숨을 다루는 데 한 장을 할애했다. 20-41를 보라.

3. 하나님의 숨인 바람

　토라, 예언서, 성문서를 막론하고 영은 숨으로 해석될 수 있다. 그렇다고 꼭 단순한 숨이라는 말은 아니며, 더욱이 물리적 존재의 평범한 숨은 결코 아니다. 이는 힘들여 얻고 쉽게 잃을 수 있는 활력과 총명의 보고이다. 마치 바람이 꼭 단순한 바람이 아니라 하나님이 이 땅을 내려다보며 타신 병거인 것과 같다.[15]

　루아흐의 모호성은 이를 쉽사리 하나님의 숨이나 하나님의 바람으로 언급할 수 있었던 이스라엘의 출애굽 기억의 중심에 나타난다. 뒤쫓아 오는 애굽인들을 피해 바다를 건넜던 탈출에 대한 시적 고찰이 담긴 출애굽기 15:8, 10에서는 그 사건을 이런 식으로 묘사한다.

> 주의 코[16]에서 나온 영-숨[루아흐]에 물이 쌓이되 ⋯ (출 15:8).

> 주께서 영-숨[루아흐]을 일으키시매 바다가 그들을 덮으니(출 15:10).[17]

　루아흐는 탈출한 노예들과 애굽인들 사이를 물로 갈랐던 바람임에 분명하다. 그럼에도 불구하고 단순한 바람은 아니다. 그것은 분명 하나님의 숨이기도 하다. 하나님의 코에서 나온 것이며 하나님이 부으신 것이다.

　바람과 하나님의 숨의 이런 교차점은 유대인 성경의 다른 곳에도 분명히 나타난다. 포로 시대 선지자는 이렇게 말한다.

15　또한, 흔히 우상들에게는 숨이 없다고 말한다. 하나님은 우상들에게 없는 것, 즉 "루아흐"를 가지신다(예, 합 2:19; 시 135:17).
16　혹은 진노.
17　나의 번역이다. 개역개정판은 "주의 콧김에 물이 쌓이되 ⋯ 주께서 바람을 일으키시매 바다가 그들을 덮으니"이다(원서에서 저자는 이곳에 NRSV 본문을 실었다-역주).

> 풀은 마르고 꽃이 시듦은
> 여호와의 기운[루아흐]이 그 위에 붊이라
> 이 백성은 실로 풀이로다
> 풀은 마르고 꽃은 시드나
> 우리 하나님의 말씀은 영원히 서리라 하라(사 40:7-8).

매서운 바람이 풀을 마르게 하고 꽃을 시들게 하는 것은 당연하다. 그러나 바람은 그들에게 부는 하나님의 숨이기도 하다. 시편 147:18에서도 바람과 숨의 교차점이 하나님의 말씀과 함께 나타난다.

> 그[하나님]의 말씀을 보내사 그것들을 녹이시고
> 바람[루아흐]을 불게 하신즉 물이 흐르는도다(시 147:18).

이사야 40:7처럼, 이 시는 바람을 물 위에 부는 하나님의 숨으로 표현한다. 하나님의 말씀과 루아흐가 쌍을 이룬 사실은 여기서 부는 바람이 다름 아닌 하나님의 숨이라는 점을 명백히 보여 준다. 그리고 하나님은 그 숨으로 말씀하신다. 따라서 바람과 숨은 동일한 루아흐이다. 하나님의 말씀을 형성하는 하나님의 숨은 풀을 마르게 하고 우박을 녹이며 물을 흐르게 만드는 바람으로 작용한다. 시편 33:6-7도 이와 유사하다.

> 여호와의 말씀으로 하늘이 지음이 되었으며
> 그 만상을 그의 입 기운[루아흐]으로 이루었도다
> 그[주님]가 바닷물을 모아 무더기같이 쌓으시며
> 깊은 물을 곳간에 두시도다(시 33:6-7).

다시 한번, 하나님의 입에서 나온 말씀과 "루아흐"는 물을 움직이는 바람이며, 물을 하늘의 저장소에 담아 두고 있다. 이는 시편 18:15(MT 18:16)과 비슷하다.

> 이럴 때에 여호와의 꾸지람과
> 콧김[루아흐]으로 말미암아
> 물 밑이 드러나고
> 세상의 터가 나타났도다(시 18:15).[18]

창세기 1:1-2:4에 관한 이 고찰에서는, 출애굽기 15:8-10의 바다의 갈라짐에 대한 암시와 결부되어 하나님의 코의 루아흐의 숨이 해협과 대지를 창조하며 물을 가르게 만든 위협적인 말씀을 보여 준다. 말씀과 바람은 하나다.

창조에 관한 또 하나의 고찰에서는, 하나님은 땅을 아무것도 없는 곳에 매다시며, 빽빽한 구름에 물을 담으시고, 달을 가리시며, 수면에 경계를 그으시며, 하늘 기둥을 꾸짖으시고, 하나님의 능력으로 바다를 잔잔하게 하시며, 하나님의 총명으로 라합을 깨뜨리시고, 하나님의 손으로 날렵한 뱀을 무찌르신다고 한다. 이 맥락에서 하나님의 루아흐로 "하늘을 맑게 하시고"라고 한다(욥 26:7-13, 특히, 13절).

하나님의 활동에 대한 목록을 담은 그런 맥락에서 이 루아흐는 바람일 뿐만 아니라 창조적 바람의 형태로 하나님이 내뿜는 숨이다. 하나님은 매다시며, 담으시고, 가리시며, 꾸짖으시고, 잔잔하게 하시며, 깨트리시고, 무찌르시며, 하늘을 아름답게 하시려고 하늘에 루아흐를 부신다.

---

18 NRSV는 이를 "센 바람"으로 옮겼지만 히브리 성경의 "니쉬마트 루아흐 아페카"(nišmaṯ rûaḥ appekā)는 "당신 코의 영의 숨"이다. 같은 표현이 사무엘하 22:16에 나온다.

아마도 바람, 숨, 영(모두 히브리어 "루아흐")의 가장 눈부신 종합은 심히 많고, 아주 마른 뼈에 대한 에스겔의 위대한 환상에 나온다고 볼 수 있을 것이다. 이 환상은 주께서 강권적으로 에스겔에게 임하여 주의 루아흐로 그를 데리고 가 골짜기에 두신 장면으로 시작한다. 언뜻 보아 루아흐는 먼 골짜기로 에스겔을 데려온 실제 바람처럼 보인다.

> 여호와께서 권능으로 내게 임재하시고 그의 영으로 나를 데리고 가서 골짜기 가운데 두셨는데 거기 뼈가 가득하더라(겔 37:1).

그러나 실제 바람은 아닐 것이다. 이 루아흐의 임재는 에스겔의 첫 환상, 즉 그가 처음 부르심을 받는 장면에서 그를 들어 올린 루아흐가 나온 그 환상을 떠오르게 하는 환상 체험에 대한 신호일 것이다.

> 때에 주의 영이 나를 들어올리시는데 내가 내 뒤에서 크게 울리는 소리를 들으니 찬송할지어다 여호와의 영광이 그의 처소로부터 나오는도다 하니 … 주의 영이 나를 들어올려 데리고 가시는데 내가 근심하고 분한 마음으로 가니 여호와의 권능이 힘 있게 나를 감동시키시더라. 이에 내가 델아빕에 이르러 그 사로잡힌 백성 곧 그발강 가에 거주하는 자들에게 나아가 그중에서 두려워 떨며 칠 일을 지내니라(겔 3:12, 14-15).

에스겔의 루아흐 체험은 육체적인 것이 아니라 환상이다. 이 책의 시작에서부터 그런 점을 아주 분명히 하고 있다.

> 서른째 해 넷째 달 초닷새에 내가 그발강 가 사로잡힌 자 중에 있을 때에 하늘이 열리며 하나님의 모습이 내게 보이니(겔 1:1, 나의 강조).

에스겔의 또 다른 루아흐 체험 역시 환상이다. 에스겔은 허리 아래에는 불이 있고 그 위로는 반짝이는 호박이 있는 사람처럼 보이는 형상을 발견한다.

> 그가 손 같은 것을 펴서 내 머리털 한 모숨을 잡으며, 주의 영[루아흐]이 나를 들어 천지 사이로 올리시고 하나님의 환상 가운데에 나를 이끌어 예루살렘으로 가서 안뜰로 들어가는 북향한 문에 이르시니, 거기에는 질투의 우상 곧 질투를 일어나게 하는 우상의 자리가 있는 곳이라. 이스라엘 하나님의 영광이 거기에 있는데 내가 들에서 본 모습[환상]과 같더라(겔 8:3-4, 나의 강조).

이어지는 에스겔의 체험 역시 환상이다.

> 그때에 주의 영이 나를 들어올려서 여호와의 전 동문 곧 동향한 문에 이르시기로(겔 11:1).

이 체험은 다음과 같이 끝난다.

> 주의 영[루아흐]이 나를 들어 하나님의 영[루아흐]의 환상 중에 데리고 갈대아에 있는 사로잡힌 자 중에 이르시더니 내가 본 환상이 나를 떠나 올라간지라(겔 11:24, 나의 강조).

이 결말에서 루아흐의 역할은 환상 속에서의 이송이다. 에스겔 37:1에 관한 에스겔서 전체가 뜻하는 바는 분명할 것이다. 한마디로 에스겔의 루아흐 체험은 육체적인 것이 아니라 환상이다. 그렇지만 에스겔의 애매모호한 언어는 육체적인 것과 환상 사이의 경계를 흐린다. 물론, 이는 영과 육의 대조에 관한 표현은 아니다. 에스겔의 첫 체험을 생각해 보라.

내가 근심하고 분한 마음[루아흐]으로 가니 여호와의 권능이 힘 있게 나를 감동시키시더라(겔 3:14).

루아흐가 실제 바람이 아닐지는 몰라도 루아흐가 속상하게 하고, 불안하게 하며, 이동하게 만드는 체험을 유발하는 것은 사실이다.

이 처음의 모호함은 심히 많고, 아주 마른 뼈들이 다시 살아나는 환상의 시작에 불과하다. 이 기묘하고도 흥미로운 환상에서, 에스겔은 그 뼈들을 향해 대언하라는 명령을 받는다.

내[하나님]가 생기[루아흐]를 너희에게 들어가게 하리니 너희가 살아나리라(겔 37:5).

뼈들은 흔들리고, 힘줄과 살이 생겨난다. 그러나 그 뼈들 속에는 루아흐가 없다. 그래서 에스겔은 다시 명령을 받는다.

생기[루아흐]에게 대언하여 이르기를 … 생기[루아흐]야, 사방에서부터 와서(사방의 바람들[ruḇôṯ 〈루호트〉]로부터)(겔 37:9).

그 결과 "생기[루아흐]가 그들에게 들어가"고, 뼈들은 "곧 살아나서 일어나 서는데 극히 큰 군대"(겔 37:9-10)가 된다. 여기, 즉 회복된 나라에 관한 장엄한 환상에서 모호함은 한계점에 도달한다.

사방의 "루호트", 즉 땅의 가장자리에서 사방의 "바람들"이 불어와서야 숨으로서의 루아흐가 뼈들에게 들어간다. 바람은 숨이다. 숨은 바람이다. 심히 많고, 아주 마른 뼈들이 있는 골짜기로 루아흐가 에스겔을 환상으로 데려가는 데서 시작된 이 모든 일은 한계를 뛰어넘은 생명이자 꿈을 뛰어넘은 소망이다. 결과는 감미로운 약속이다.

> 내가 또 내 영[루아흐]을 너희 속에 두어 너희가 살아나게 하고 내가 또 너희를 너희 고국 땅에 두리니, 나 여호와가 이 일을 말하고 이룬 줄을 너희가 알리라, 여호와의 말씀이니라(겔 37:14).

루아흐의 모호함을 고려할 때에만 이 약속의 강렬함이 눈에 들어온다. 비록 번역자들은 끝으로 언급되는 이 루아흐를 번역할 때에도 영이나 성령, 둘 중 하나를 선택해야 되겠지만, 심히 많고, 아주 마른 뼈들이 있는 골짜기에 바람들, 즉 사방의 루호트가 몰려오고 하나님이 그 뼈들을 루아흐로 채우시는 현실을 고려할 때에 비로소 그 약속은 견인력을 가진다. 숨, 바람, 영. 하나님이 약속하신 것은 하나님이 이미 성취하셨다. 그 육신들을 바벨론 유배지에서 약속의 땅으로 데려오시는 것을 제외하고 말이다.

번역으로 원래 히브리어에 담긴 극적 요소를 번역으로 살리기는 불가능하다. 세 영어 단어(숨, 바람, 영)는 실제로 한 단어, 루아흐이다. 에스겔은 하나님의 유일한 루아흐가 이스라엘의 부활을 일으킨다는 점을 강조하고자 이 단어를 반복한다. 그 부활은 아담의 창조(숨으로서 루아흐)와 생기의 용솟음(바람으로서 루아흐)과 그들의 본향에서의 신실한 약속(생명을 주는 영으로서 루아흐)이 동시에 일어나는 창조와 같다.

루아흐의 고동 소리는 인격적임과 동시에 우주적이고 국가적이다. 번역자들이 어쩔 수 없이 그렇게 하듯, 이 단어를 세분화하게 되면 애매함이 가진 힘은 상실된다. 사실 에스겔은 그 힘을 통해 루아흐의 의미를 잔뜩 쌓아 이스라엘의 죽은 심령에 부활을 불어넣고자 했다.

곧이어 하나님의 숨과 바람 사이의 밀접한 관계는 에스겔의 체험에서 눈부신 절정에 다다른다. 이는 BCE 597년 유다의 지도자들이 추방되고 이어서 BCE 587년에는 예루살렘의 대대적 몰락이 있던 암울한 시대였다. 한 줄기 희망조차 사그라지고 이스라엘이 "우리의 뼈들이 말랐고 우리의 소망이 없어졌으니 우리는 다 멸절되었다"(겔 37:11)며 비통한 노래를 부를 때, 에스겔은 숨, 바람, 국가 회복의 원천으로서 루아흐를 이스라엘 문학에서 최고로 강렬하게 상상했다. 부유함과 편안함이 아닌, 공동체의 위기가 무너지고 혼란한 공동체에 새로운 생명을 불어넣는 하나님의 루아흐의 힘과 가능성에 대한 유례없는 희망을 담은 문학을 탄생시켰다.[19]

---

19 에스겔의 환상의 이 루아흐에 관해 더 알기 원한다면 나의 *Filled with the Spirit* (Grand Rapids: Eerdmans, 2009), 87-103, 202-17에서 학문적 분석을 볼 수 있으며, 보다 대중적 논의는 나의 *Fresh Air*, 141-56에서 볼 수 있다.

제2장

임하는 영

> *이 장을 읽기 전에 읽어야 할 본문
>
> · 민수기 24:1-9
> · 사사기 3:9-12
> · 사사기 6:33-35
> · 사사기 11:29-33
> · 사사기 13:24-25; 14:1-9, 15-20; 15:14-17
> · 사무엘상 10:1-8; 11:1-11; 16:13-23; 19:18-24
> · 역대상 12:16-18
> · 역대하 15:1-7
> · 역대하 20:13-17
> · 역대하 24:20-22

히브리 성경에서 루아흐의 낯선 개념은 우리로 하여금 그릇된 질문을 하게 만들면서 분류법들을 깨트려 버린다.

"루아흐"는 바람인가, 숨인가, 성령인가, 아니면 영인가?"

루아흐는 깔끔한 이분법을 분열시키고, 정돈된 범주들을 해체시킨다. 고대 이스라엘에서는 바다에서 메추라기를 몰고 불어온 바람이 모든 면에서 장로들이 예언하는 능력만큼, 아니 그보다 더 신성했을 것이다. 낙담하여 잿더미에 앉은 자의 입 속에 맴도는 루아흐는 뜻밖에 쏟아진 영만큼이나 아니면 그보다 더 지혜를 산출했을 것이다. 한마디로 신과 사람의 친숙한 구분, 성과 속의 수월한 경계, 영과 물질의 익숙한 구별이 루아흐의 존재 앞에서는 사라진다.

개인적인 것과 정치적인 것의 차이도 사라진다. 히브리 성경은 개인의 안전한 범위 혹은 상대적으로 안전한 공간인 교회 속에 영을 격리시키도록 하지 않는다. 루아흐에 있어서 사적인 것은 공적인 것에 밀려난다. 성보다는 속이 영의 영향권이다.

이는 성경의 시작에서부터 분명하다. 하나님의 루아흐가 우주의 심연 위를 운행한다(창 1:1-2). 홍수에 잠기는 사람과 짐승 모두 생명의 영의 숨을 가지고 있다(6:17; 7:15, 22). 요셉의 이야기에서는 애굽의 바로, 즉 당시 비할 바 없던 제국의 이방인 통치자가 요셉에게서 하나님의 루아흐를 알아본다(41:38).

우리에게 영의 세계에 대해 첫 단서들을 제공하는 창세기는 루아흐를 심연 위에, 인간과 짐승의 목에, 이방 통치자가 인정한 지혜를 가진 요셉에게 두고 있다. 창세기에는 영을 단지 '영적인' 것으로, 영의 영향권을 '개인적인' 것으로, 아니면 영에 관련된 문제의 분별을 '교회적인' 것, 즉 단지 신앙공동체나 교회 같은 단체에 속한 것으로 볼 만한 단서가 전혀 없다. 경건하지 않고 속된 이교도 통치자가 요셉에게 있는 루아흐를 알아보는 기술을 가지고 있었다.

한마디로 영은 그때까지 이스라엘 문학의 역사 속에 길들여져 있지 않았다. 교리도 없었고, 영의 본질을 이해하기 위해 기독교인들이 철학을 덧붙이기 아주 오래 전, 이스라엘은 공적 영역에서 놀라운 일들을 일으키는 신비한 존재에 대해 이야기했다. 후세대의 편안한 제약들이 아직은 없던 상태였으며, 이는 길들여지지 않은 광야이다. 정원이 아니라 숲이다. 밭이 아니라 평원이다.

1. 발람

이것은 영이 권능으로 임하여 이스라엘을 해방시킬 수 있었던 사사들의 기억들이 유대인 성경에서 가장 오래된 영에 관한 기억들 중 하나인 이유가 될 수 있을 것이다. 그러나 기묘한 곡해를 통해 이 이야기가 말해 주듯 권능의 루아흐가 그런 이스라엘 사사들에게 임하기 전에, 최초로 영이 임한 사람은 결코 이스라엘 사람이 아니었다.[1]

약속의 땅을 향해 더디지만 끈질기게 나아가는 이스라엘의 모습을 보여 주는 민수기서의 끝을 향해 가는 지점의 이 특이한 이야기에서, 이스라엘은 가나안에 들어갈 준비를 한다. 그들은 지금 요단 동쪽, 모압 땅에 있다.

모압 왕 발락은 이스라엘이 모압으로 오는 길에 있었던 일을 들었기에 불안해한다. 그래서 발락은 복채를 준비해 비옥한 초승달 지대(Fertile Crescent) 출신의 메소포타미아 점술가 발람에게 자신의 사신을 보낸다. 이는 비열한 술책이지만 발락은 "그대[발람]가 복을 비는 자는 복을 받고 저주하는 자는 저주를 받을 줄" 안다(민 22:6). 물론, 이는 하나님이 이스라엘의 조상 야곱에게 누차 말씀하신 약속의 음흉한 곡해이다. 이스라엘을 축복하는 자는 복을 받고, 이스라엘을 저주하는 자는 저주를 받을 것이다(창 27:29).

발락의 사신들의 수많은 설득 끝에 발람은 모압으로 향하지만, 그의 나귀는 천사가 길을 막고 있는 것을 본다. 하나님이 진노하신다. 발람은 자신의 나귀와 대치한 끝에 결국 사주받은 저주를 할 수 없고 진리를 말해야 한다는 사실을 깨닫는다. 짐작건대 점술을 위한 목적(짐승의 기관이나 희생제

---

1 더 이른 시기의 성경 이야기에 나오는 다른 인물들은 지혜롭고 노련했다고 언급되는데, 이는 그들이 루아흐로 충만했기 때문이다. 곧 요셉(창 41:38), 성막을 맡은 장인들(출 28:3), 그리고 존중받는 그들의 지도자, 브살렐과 오홀리압(출 31:1-6; 35:30-36:7)이다. 이는 제6장에서 다룰 것이다. 그런 충만과 달리 발람에게는 영이 '임한다.'

분향의 형태를 분석했을 때)으로 발람과 발락이 일곱 제단을 쌓았을 때 발람은 이스라엘에 대한 저주의 말을 하지 않는다. 그래서 그는 다시 다른 곳에 일곱 제단을 쌓지만 결과는 같은 뿐이다. 그러자 그는 세 번째 제단을 쌓는다. 그러나 이번에는 달랐다.

> 발람이 자기가 이스라엘을 축복하는 것을 여호와께서 선히 여기심을 보고 전과 같이 점술을 쓰지 아니하고 그의 낯을 광야로 향하여 눈을 들어 이스라엘이 그 지파대로 천막 친 것을 보는데 그때에 하나님의 영이 그 위에 임하신지라 그가 예언을 전하여 말하되 ⋯ (민 24:1-3).[2]

이 사건의 전환, 이 발람의 변화는 피상적이든 진정이든 간에 영감에 관한 이스라엘의 이해의 토대가 되었다. 영의 세계는 조작이 가능하지 '않다.' 발람이 주술을 쓰지 않기로 하고 '난 뒤' 하나님의 루아흐가 그의 예언에 영감을 준다. 일찍이 이스라엘은 이 점에 있어 확고했다.

8세기 예언자 미가는 영에 대한 자신의 주장과 왕의 비위를 맞추기 위한 말을 찾고자 꿈과 점술의 계략을 사용한 다른 예언자들의 주장을 철저히 구분했다. 미가는 그런 예언자들이 어둠을 만나고 수치를 당할 것을 알았다(미 3:1-8). 신명기서 역시 점술, 초혼술, 배양술(꿈을 통해 계시를 받고자 하는 의식)과 믿음의 세계 사이의 큰 차이를 인식한다(신 18:9-14).

이 점은 피할 수 없다. 하나님의 루아흐는 의식이나 관례로 조작할 수 없다. 게다가 이 이야기에서 또 하나의 놀라운 점은 영이 실제로 발람을

---

2 "그 위에 임하신지라"는 너무 강한 번역일 수 있다. 여기 쓰인 "있다" 동사를 문자 그대로 옮기면 "하나님의 영이 그 위에 '있었다'"이다. "이제 하나님의 영이 그 위에 있었기에 그는 이 예언을 받들어 말하되 ⋯"라고 번역되어야 한다고 할 수 있다. 이 이야기의 초두에서 하나님이 그의 입에 말씀을 주셨다(민 23:5, 16). 이는 예언자의 징표이긴 했지만 민수기 24:2에 이르기까지 영이 언급되지는 않는다.

변화시키지 않았다는 사실이다. 발람은 그에게 루아흐가 임하기 '전에' 하나님이 부당한 주술을 통해 이스라엘을 축복하거나 저주하지 않으실 것이라는 사실을 이미 알고 있었다.

> 발람이 자기가 이스라엘을 축복하는 것을 여호와께서 선히 여기심을 보고 전과 같이 점술을 쓰지 아니하고, 그의 낯을 광야로 향하여 눈을 들어(민 24:1).

이는 중요한 세부 사항이다. '이미' 발람은 마음의 변화를 겪었다.

> 하나님의 영이 그 위에 임하신지라 그가 예언을 전하여 말하되(민 24:2).

영은 한 이방인의 악한 계략에 '대항하고자' 발람 위에 있던 것이 아니었다. 오히려 정반대로, 영은 수용적인 이방인 점술가, 즉 택한 민족이 아닌 외부인에게 임했다.[3] 이는 구약의 많은 놀라운 일 중 하나일 것이다.

한 가지 더 유의할 점은 발람의 체험이 환상과 연설의 혼합이라는 것이다. 그가 보는 것이 그가 말하는 것이다. 게다가 그가 말하는 것은 딱히 독창적인 것도 아니다. 비록 그의 예언의 대상이 연인이 아니라 이스라엘이긴 하지만, 마치 아가서와 같은 직유로 풍성하다. 아브라함과 사라, 이삭과 리브가, 야곱과 레아와 라헬이 받은 약속을 상기시키는 예언의 결말도 뻔하다.

---

[3] 언뜻 보아 영의 임재의 결과는 '말로 하는' 예언으로 보인다. 물론, 그럴 수도 있지만 발람이 소통하는 실체는 '환상'이다.
[민 24:3-4] 브올의 아들 발람이 말하며, 눈이 밝은[혹은 눈을 감았던] 자가 말하며, 하나님의 말씀을 듣는 자, 전능자의 환상을 보는 자, 엎드려서 눈을 뜬 자가 말하기를.

> 너를 축복하는 자마다 복을 받을 것이요 너를 저주하는 자마다 저주를 받을지로다 (민 24:9).

다른 말로 하면, 영은 새로운 언어나 색다른 환상을 일으키지 않는다. 단지 영은 발람이 원래 가졌던 잘못된 인식에서 벗어나 있는 그대로의 현실을 보게 만들 따름이다. 발람에게 영이 불러일으킨 영감은 미래, 전례 없는 예견, 장차 도래할 세상에 관한 경이로운 조망을 위한 틀이 아니라 하나님이 가진 것과 같은 현실에 대한 명확한 인식이다. 그런 명확한 인식, 그런 궤도 수정이야말로 영의 본질적 역할이다. 그런 명확한 인식이 예언의 본질이다.

2. 사사들

발람의 이야기는 세 장에 걸쳐 나오지만 그것은 이스라엘의 기억에서 일회적 현상에 불과하다. 그러나 이스라엘 사사들에게 성령의 일시적 임재는 일회적 현상이 아니다. 이는 사사기 전체에서 여섯 번 나타난다. 해방의 패러다임이 첫 번째 사사에 관한 간략한 묘사에 나온다.

> 이스라엘 자손이 여호와께 부르짖으매 여호와께서 이스라엘 자손을 위하여 한 구원자를 세워 그들을 구원하게 하시니 그는 곧 갈렙의 아우 그나스의 아들 옷니엘이라 여호와의 영이 그에게 임하셨으므로 그가 이스라엘의 사사가 되어 나가서 싸울 때에 여호와께서 메소보다미아 왕 구산 리사다임을 그의 손에 넘겨 주시매 옷니엘의 손이 구산 리사다임을 이기니라 그 땅이 평온한 지 사십 년에 그나스의 아들 옷니엘이 죽었더라 이스라엘 자손이 또 여호와의 목전에 악을 행하니라 이스라엘 자손이 여호와의 목전에 악을 행하므로 여호와께서 모압 왕 에글론을 강성하게 하사 그들을 대적하게 하시매 (삿 3:9-12).

이 묘사는 앞으로 나타날 많은 사사들의 형식이 된다. 이스라엘은 주변 민족으로부터 억압받는다. 이스라엘이 부르짖는다. 한 구원자가 일어난다. 그 사사에게 영이 임한다. 그 사사가 이스라엘을 구한다. 이스라엘은 평화를 얻는다. 이스라엘은 죄를 범하고 억압을 받으며 다시 이 순환이 시작된다. 이 형식에는 약간의 특징적 차이가 있다.

- 옷니엘과 입다에게는 영이 '임한다'(삿 3:10; 11:29).
- 기드온에게는 영이 '에워싼다'(삿 6:34).
- 삼손에게는 영이 '갑자기 임한다'(삿 14:6, 19; 15:14).

그러나 여전히 형식은 동일하다.

사사기에서 새롭고도 불편한 요소는 영과 전쟁이 관련성이 있을 수 있다는 점이다. 아무튼 옷니엘, 기드온, 입다, 삼손은 자기 백성을 해방시킨 지도자들이다. 이 관련성을 벗어나기 위해 사사들은 전쟁의 문제라기보다는 조각난 공동체의 연대를 재정립하는 문제에 관한 것이라고 주장할 수 있을 것이다.

> 심지어 하나님의 영의 초창기 체험들조차 **하나님 백성의 공동체의 회복을 향해 가는 새로운 출발의 방식에 대한 체험이다**. 이는 죄 용서의 체험이자 '부서지고 억압받은 자들'을 일으켜 세우는 **체험**이며 삶의 힘을 갱신하는 체험이다.[4]

이 관점에는 진리가 있다. 영이 기드온을 에워싸자 그는 백성을 모은다(삿 6:34). 영이 입다에게 임하자 그는 백성을 모으려고 길르앗과 므낫세를

---

[4] Michael Welker, *God the Spirit* (Minneapolis: Fortress, 1994), 65(원저자의 강조).

지난다(11:29). 영이 처음으로 삼손을 움직이기 시작할 때는 그가 대량 학살을 일으키려던 시점이 아니라 그의 조상을 따라 자기 가족의 매장지를 홀로 거닐 때이다(13:25).

그러나 사사기의 부담감은 영과 폭력의 망령 사이의 관련에도 상당하게 걸려 있다. 옷니엘의 행동에 관한 기록은 이스라엘을 통치하여 그들을 성공적으로 전투에 이끌었다는 것이 전부이다.

오래지 않아 기드온은 모든 군대와 함께 있는 자신의 상황을 본다(7:2). 뒤에서 이 군대가 전투에 동원되었을 때, 그들은 결코 싸우지 않는다. 즉, 이 점은 영이 결속력을 회복시킨다는 관점을 지지한다. 그들이 나팔을 불고, 횃불을 들고, 소리를 치며 미디안 진영을 급습할 때 그들은 전술을 통해 대적들을 압도한다. 그 와중에 이스라엘은 어떤 살육도 피하고자 했지만 그들의 행동은 미디안 사람들끼리 죽이도록 만든다. 궁극적으로 영은 기드온이 전쟁을 피하게 하지만, 죽음을 피하게 하지는 않는다.

입다도 아직 전투에 참여하지 않았을 수 있지만 그는 암몬 족속과의 전투를 앞두고 군대를 소집하기 위해 길르앗과 므낫세를 지나는 여정을 나선다. 영은 전투에서 한 발짝 물러났을 수 있지만 그 발짝은 불가피하게 전쟁을 향해 있다.

첫 번째로 삼손에게 영이 갑자기 임했을 때 그는 사자를 찢어 버렸다(삿 14:6).
두 번째에는 "아스글론에 내려가서 그곳 삼십 명을 쳐죽였다"(삿 14:19).
세 번째는 영이 그에게 초인적 힘을 줘서 그는 자신을 묶은 것을 녹여 버리고 곧장 나귀의 새 턱뼈를 찾아 그것으로 천 명을 죽였다(삿 15:14-15).

이 사건들은 영과 폭력의 관련성을 확증하는 듯이 보인다.

이런 인상에도 불구하고 폭력을 영의 속성으로 돌리지 않으면서 삼손 이야기를 해석할 방법이 있을 수 있다. 그건 아마도 이 이야기가 전하듯, 영이 실제로 삼손이 폭력적이 되지 않도록 시도한다는 사실에서 찾을 수 있을 것이다. 이 해석은 삼손이 영을 처음 체험한 일에 달려 있는데, 당시 삼손은 소라와 에스다올 사이를 거닐고 있었고 영은 그런 그를 움직였든지, 아니면 그를 괴롭혔다(13:25).[5]

이는 나실인의 서원을 한 삼손에게 전혀 어울리지 않는 행동이다. 나실인으로서 삼손은 시체를 만져서는 안 된다.[6] 그러나 그는 아버지 마노아의 무덤이 있는 자기 가족의 매장지인 소라와 에스다올 사이를 거닐고 있다(16:31). 영이 그를 움직인 혹은 괴롭힌 까닭은 조금도 분명하지 않다. 아마도 삼손을 움직이게 하거나 괴롭게 함으로써 거기서 거닐지 '못하게' 했을 것이다. 다른 말로, 나실인의 서원에 위반되지 않도록 삼손이 시체와 접촉하지 못하게 '막는다.'

삼손이 자신의 서원을 범하지 않게 영이 막으려 했다는 이 관점에서, 아마도 다음의 세 사건도 삼손이 자기 서원을 범하게 되는 폭력적 기교를 부

---

5 히브리어로, "와타헬 루아흐 야웨 레파아모"(*wattāḥel rûaḥ yhwh lap a 'āmô*).
6 민수기 6장에 나오는 나실인의 규율은 삼손 이야기를 밝히 비춰 준다.
[민 6:1-8] 여호와께서 모세에게 말씀하여 이르시되, 이스라엘 자손에게 전하여 그들에게 이르라. 남자나 여자가 특별한 서원 곧 나실인의 서원을 하고 자기 몸을 구별하여 여호와께 드리려고 하면 포도주와 독주를 멀리하며 포도주로 된 초나 독주로 된 초를 마시지 말며 포도즙도 마시지 말며 생포도나 건포도도 먹지 말지니, 자기 몸을 구별하는 모든 날 동안에는 포도나무 소산은 씨나 껍질이라도 먹지 말며, 그 서원을 하고 구별하는 모든 날 동안은 삭도를 절대로 그의 머리에 대지 말 것이라. 자기 몸을 구별하여 여호와께 드리는 날이 차기까지 그는 거룩한즉 그의 머리털을 길게 자라게 할 것이며, 자기의 몸을 구별하여 여호와께 드리는 모든 날 동안은 시체를 가까이 하지 말 것이요, 그의 부모 형제 자매가 죽은 때에라도 그로 말미암아 몸을 더럽히지 말 것이니, 이는 자기의 몸을 구별하여 하나님께 드리는 표가 그의 머리에 있음이라. 자기의 몸을 구별하는 모든 날 동안 그는 여호와께 거룩한 자니라.
규율이 계속 이어지지만 특히 이 부분이 나실인의 지위에 무관심하게 살았던 삼손의 이야기를 밝히 비춰 준다.

리지 못하게 하려는 영의 시도로 볼 수 있을 것이다.

처음으로 영이 삼손에게 임했을 때, 영은 그가 사자를 죽이지 못하게 막으려 한다. 아무튼 그는 사자를 죽인다. 후에 아스글론에서는 그가 다른 사람들을 죽이지 못하게 막고자 영이 온다. 아무튼 그는 삼십 명을 죽인다. 세 번째 장면에서 영은 삼손을 '탈출시키려고' 그를 묶은 밧줄을 풀어 주지만, 오히려 그는 나귀의 새 턱뼈로 천 명을 죽인다.

그러면 각각의 경우에서, 삼손에게 영감을 주어 그의 대적을 죽이게 하려고 영이 임한 것이 아니다. 대신 그의 첫 번째 체험에 비추어 볼 때, 영은 그의 나실인 서원을 지켜 주려고 온다. 각각의 경우에서, 삼손은 오히려 영에 저항하며 호탕하게 행동하고, 영의 급박함에 응답하지 못하며 그에 따라 자신의 서원을 지키지 못한다. 궁극적으로 그는 자신의 죽음을 통해서만 적들을 죽일 수 있었다. 완전한 비극이다.

따라서 영을 억압받는 자들의 연대를 위한 선동자로 본다든지, 서원을 지키게 하는 능력으로 본다든지 하는 식으로 사사기의 폭력에서 영을 분리하는 방법들이 있다. 그렇지만 이런 이야기에서 일종의 폭력과 영의 관련성은 피하기 어렵다. 영과 폭력 사이의 가능한 연관성에 대해 우리가 무슨 말을 하든 간에, 우리는 사사기가 영과 폭력 사이의 보편적 결합을 지지하지 '않는다'고 분명히 말할 수 있다.

사사기 전제는 하나님이 외부 세력에게 억압받는 이스라엘이 도움을 부르짖어야만 해방자들을 세우신다는 사실이다. 즉, 애굽에서 그들의 조상들의 부르짖음이 애굽인들을 향한 엄청난 폭력을 촉발시켰던 것과 같다. 영과 폭력 사이에 관련성이 있다면, 오직 그런 폭력은 적극적으로 이스라엘 민족을 억압하는 지배적 국가나 제국에 대해서이며, 참혹히 억압받은 백성을 대신한 것이다.

사사기의 이 이야기들과 이스라엘의 권력이 정점에 이른 시절의 이야기와 비교해 보라. 이스라엘이 패권을 쥐었을 때, 예컨대 솔로몬의 통치를 둘러싼 이야기들 같은 경우에서는 확실히 영이 안 보인다. 엘리야, 엘리사, 이믈라의 아들 미가야(예, 왕상 18:12; 22:1-38)와 같이 왕과 맞서 싸우는 선지자들의 이야기에서는, 권력자에 맞서는 선지자들에게만 영이 분명히 눈에 띈다.

사사들을 둘러싼 이야기들처럼 이스라엘의 연약함을 강조하는 이야기에서는, 압제로부터의 해방 속에 영이 두드러지게 나타난다. 따라서 영과 폭력의 가능한 연관성은 반드시 억압의 존재, 바로 이스라엘이 겪은 것과 같은 피할 수 없이 명백한 억압에 좌우된다. 다른 어떤 수단으로도 연대가 회복될 수 없을 때, 폭력은 가난한 자들이 해방되는 최후의 수단이자 잔혹한 압제자들에 맞서 싸우는 지도자를 통한 구원에 대한 최후의 갈망이다.

설령 그렇더라도 이 형식은 일정하거나 선뜻 확장할 수 있지 않다. 옷니엘과 입다는 전투를 선호하는 것으로 보인다. 기드온은 미디안 족속이 서로 싸우게 만드는 탁월한 전략을 통해 전투를 피한다. 삼손은 홀로 블레셋 사람들과 싸울 따름이지 다른 어떤 보병의 역할도 없다.

괴로움은 사사기에서 영과 해방의 가능한 연관성의 특징을 짓는 유일한 방법이다. 그러나 이런 괴로움의 차원은 해방의 과업에서 하나님의 일(또한, 하나님의 영)이 애매하기 때문에 드러난다. 압제, 학대, 잔혹함이 설득과 긴장완화정책(détente)으로 깨어지는 일은 드물다. 영이 단지 개인이나 교회 혹은 인간 역사의 소동으로부터 말끔히 떨어져 있는 어떤 영적 영역의 안전한 곳에서만이 아니라 '세상 속에서' 활동하려 한다면, 사사기에 따르면 영은 지도자들에게 해방의 폭력적 수단에 연루될 준비를 시킨다.

'또는 아마도 그렇지 않을 수도 있다.' 사사기는 추가적 기록에서 보듯, 이스라엘에 왕이 없으므로 모든 사람이 각기 자기의 소견에 옳은 대로 행했던 시기에 대한 기억을 간직한 것으로 보인다(21:25). 그야말로 당시는 혼란한 시기로, 장군들이 야엘과 같은 여성에게 장막 말뚝으로 살해당했던 시기였고(4-5장), 삼손 같은 남성들이 나실인 서원을 무시했던 시기였으며, 입다와 같은 남성들이 어리석은 맹세를 했던 시기였고(11-12장), 레위인의 첩과 같은 여성들에게 배반의 처형이 내려진 시기였다(19장).

아마도 우리는 영의 이런 출현들로부터 영감의 형식을 추정하면 '안' 될 것이다. 아마도 이는 반복될 필요가 없는(또는 '반복되면 안 되는') 시기였을 것이다. 아마도 이런 점들도 우리가 이 책, 곧 엄청난 결점을 지닌 영웅들, 포악한 압제자들, 저속하고 끔찍한 해방 행위가 실린 책에서 얻어야 할 교훈일 것이다.

3. 사무엘

성경의 이야기에 따르면 시간이 흘러 사사의 간헐적 통치가 왕의 영구적 통치로 전환되며, 사무엘 선지자의 삶은 사사 시대에서 왕정으로의 전환을 보여 준다. 이스라엘의 초대 왕 사울의 체험은 유명하게 시작된다. 사무엘은 그가 왕이 되도록 기름을 붓고 예견한다.

> 네게는 여호와의 영이 크게 임하리니 너도 그들과 함께 예언[7]을 하고 변하여 새 사람이 되리라(삼상 10:6, 나의 강조).

사사 시대에서 왕정으로의 전환에는 어떤 변화가 있다. 이제는 사울의 변화가 짧은 순간에 불과할 것이라는 약간의 조짐도 없다. "임했다" 혹은 "갑자기 임했다"는 공식은 더 이상 민수기와 사사기에서처럼 임시적 상태를 나타내지 않는다. 사울의 변화는 그가 통치하는 동안 계속된다.

사울의 변화에는 예언이 뚜렷이 나타난다.

---

[7]   히브리어, "웨히트나비타"(*wəhitnabbitā*); "예언적 흥분의 상태에 있을"(NRSV).

> 그들이 산에 이를 때에 선지자의 무리가 그를 영접하고 하나님의 영이 사울에게 크게 임하므로 그가 그들 중에서 예언[8]을 하니 (삼상 10:10).

예언이 함의하는 바가 무엇이건 간에, 사울의 체험은 악기를 들고 그에게 다가온 선지자 공동체와의 만남에서 비롯된다. 사울의 영의 체험은 은밀하지 않을 뿐더러 왕이라고 해서 선지자 무리의 체험에 비해 특별할 것도 없다. 그와 반대로, 사울은 매우 흡사하게 선지자들처럼 행동해서 도리어 지켜보는 이들이 그 역시 선지자인가 싶어 놀란다. 심지어 이 말은 이스라엘의 속담이 되었다.

> 사울도 선지자들 중에 있느냐 (삼상 10:11).[9]

그 다음 사울의 영의 체험은 사사기로 돌아간 것 같은 장면이다. 이스라엘이 차라리 보지 못했으면 좋았을 법한 이야기다.

---

8 히브리어, "와이트나베"(*wayyiṯnabbē*).
9 그러나 그 다음 예언의 장면은 이러하다.
   [삼상 18:10] 하나님께서 부리시는 악령이 사울에게 힘 있게 내리매 그가 집 안에서 정신 없이 떠들어대므로[NIV에는 "예언하여", NRSV에는 "미친 듯이 소리쳐"] 다윗이 평일과 같이 손으로 수금을 타는데 그때에 사울의 손에 창이 있는지라.
   이렇듯 명백한 통제 불능의 상태가 그 다음 장면에서는 살의가 된다.
   [삼상 19:9] 사울이 손에 단창을 가지고 그의 집에 앉았을 때에 여호와께서 부리시는 악령이 사울에게 접했으므로 다윗이 손으로 수금을 탈 때에.
   이 이야기에서 사울이 다윗을 잡으려고 전령들을 보내는 순간이 예언이 언급되는 마지막 장면인데, 이때에는 완전히 통제 불능의 상태가 된 것이 분명하다.
   [삼상 19:20] 사울이 다윗을 잡으러 전령들을 보냈더니, 그들이 선지자 무리가 예언하는 것과 사무엘이 그들의 수령으로 선 것을 볼 때에, 하나님의 영이 사울의 전령들에게 임하매 그들도 예언을 한지라.
   이런 일은 사울이 두 번째, 세 번째로 연이어 보낸 전령들에게도 일어났다. 결국, 사울은 직접 다윗을 잡으러 갔지만 옷을 벗고 하루 밤낮을 벗은 몸으로 누운 신세가 되고 말았다. 화자는 비꼬는 의도가 분명한 결론을 내린다.
   [삼상 19:24] 그러므로 속담에 이르기를 사울도 선지자 중에 있느냐 하니라.

> 사울이 이 말을 들을 때에 하나님의 영에게 [크게]¹⁰ 감동되매 그의 노가 크게 일어나 한 겨리의 소를 잡아 각을 뜨고 전령들의 손으로 그것을 이스라엘 모든 지역에 두루 보내어 이르되 누구든지 나와서 사울과 사무엘을 따르지 아니하면 그의 소들도 이와 같이 하리라 하였더니 여호와의 두려움이 백성에게 임하매 그들이 한 사람같이 나온지라 (삼상 11:6-7).

삼손과 마찬가지로 사울의 체험도 영의 현존에 평화로운 반응을 보이지 못한다. 그는 최후통첩을 하달하는 식으로 반응하며, 이에 370,000명의 군대가 전투를 위해 모인다. 삼손과 마찬가지로 사울도 자기 것이 아닌 것을 얻으려고 자기 책무를 망각한 아리송한 인물이다(혹은 곧 그렇게 될 것이다). 사울의 경우에 이는 부당한 전리품을 노획하는 것이다. 그리고 삼손과 마찬가지로 사울은 자기 파괴에 열성적으로 보인다.

따라서 영이 사울을 떠난다. 왕권을 박탈당하기까지 거의 죄가 쌓이자 영은 그의 계승자에게 영속적으로 임한다.

> 이날 이후로 다윗이 여호와의 영에게 크게 감동되니라(삼상 16:13, 나의 강조).

이 힘의 이동은 관점의 전환을 시사한다. 혼돈의 때에 잠시 일어난 사사들과 달리 왕들은 죽을 때까지, 즉 "이날 이후로" 통치해야 했다. 사사들은 뚜렷한 결점에도 불구하고 영을 받았지만, 사울은 그의 결점으로 인해 영을 상실했다.

사사기의 교훈은 불가피했다. 폭력적 방식이든 아니든, 억압받은 이스라엘의 해방을 위해 영은 활발했다. 이스라엘의 지도자들에게 영이 엄습했을 때, 군대가 소집되었고(기드온, 입다) 압제자는 무력해졌다(삼손).

---

10 나는 NRSV에서 "권능으로"라는 불필요한 표현을 생략했다.

그러나 이는 영을 받은 이스라엘의 해방자들이 무결점의 온전한 인물이 었다는 사실을 뜻하지 않는다. 기드온과 천사의 대화가 시작되는 지점에서 곡식을 타작할 만큼 바람이 불지 않는 포도주 틀에서 곡식을 타작하던 소심한 인물을 보여 준다. 그는 타작하고 있던 것이 아니라 숨어 있었던 것이다.

기드온은 사자의 모습을 한 천사에게 몇 번이고 표징을 요구했으며 밤이 되어서야 우상 제단을 제거했다(삿 6:1-33). 심지어 영에 싸여서 미디안 족속을 물리치고 난 후에, 기드온은 금을 모아 에봇 하나를 만들어 자기 성읍에 두는 엄청난 잘못을 저질렀다.

> 온 이스라엘이 그것을 음란하게 위하므로 그것이 기드온과 그의 집에 올무가 되니라 (삿 8:27).

그 이후 사사기의 이야기에서, 입다는 전혀 쓸데없는 경솔한 서원을 하여 자기 집에서 나와 영접하는 사람이 자기 딸이었을 때 무의미한 큰 슬픔을 겪었다(11-12장). 그리고 삼손은 건강하다고 여겨지는 범위를 벗어난 난폭한 행동을 일삼는 저돌적인 호색한임이 드러난다(13-16장).

사사들은 비겁하고 교활하며 각자의 의무에 대한 태만한 모습을 보인다. 그러나 이 어떤 경우에서도 특이한 성격적 결함들이 영의 출현과 압제자로부터의 해방을 막지 못한다. 어떤 경우에서도 그 결함 때문에 영이 물러서지 않는다. 반면, 사울의 경우에는, 영이 그를 떠나서 "이날 이후로" 다윗에게 갑자기 임한다.

사울에게는 재앙이 잇따르는데, 특별한 점은 악령에 사로잡힌 일이다. 기이한 일들로 가득한 이 이야기에서, 아마 가장 기이한 요소는 하나님의 영과 이 악령 사이의 기괴한 유사성일 것이다. 하나님의 영이 떠난 순간부터 반복해서 사울을 괴롭히는 악령이 출현한다.

사무엘이 기름 뿔병을 가져다가 그의 형제 중에서 그에게 부었더니, 이날 이후로 다윗이 여호와의 영에게 크게 감동되니라 … 여호와의 영이 사울에게서 떠나고 여호와께서 부리시는 악령이 그를 번뇌하게 한지라 사울의 신하들이 그에게 이르되 보소서, 하나님께서 부리시는 악령이 왕을 번뇌하게 하온즉, 원하건대 우리 주께서는 당신 앞에서 모시는 신하들에게 명령하여 수금을 잘 타는 사람을 구하게 하소서 하나님께서 부리시는 악령이 왕에게 이를 때에 그가 손으로 타면 왕이 나으시리이다 하는지라(삼상 16:13-16).

하나님께서 부리시는 악령이 사울에게 이를 때에 다윗이 수금을 들고 와서 손으로 탄즉 사울이 상쾌하여 낫고 악령이 그에게서 떠나더라(삼상 16:23).

그 이튿날 하나님께서 부리시는 악령이 사울에게 힘 있게 내리매 그가 집 안에서 정신없이 떠들어대므로 다윗이 평일과 같이 손으로 수금을 타는데 그때에 사울의 손에 창이 있는지라(삼상 18:10).

사울이 손에 단창을 가지고 그의 집에 앉았을 때에 여호와께서 부리시는 악령이 사울에게 접하였으므로 다윗이 손으로 수금을 탈 때에(삼상 19:9).

사울 이야기에서 하나님의 영과 악령의 유사성은 충격적이며 당혹스럽고 불가피하다. 두 영 모두 "하나님의 영"으로 불린다.[11] 두 영 모두 사울에게 "임하거나 또는 갑자기 임한다."[12] 두 영 모두 사울을 "떠난다."[13]

실제로 이 유사성은 몹시 두드러지는데, 사울이 마지막으로 영을 체험하고 예언하는 모습은 처음의 경험과 흡사하다(삼상 10:6, 10; 19:20, 23-24).

---

11 [삼상 10:10; 11:6; 16:15, 16, 23a; 18:10; 19:20, 23.] 또는 "야웨의 영"은 [삼상 10:6; 16:13, 14a(14b를 보라); 19:9].
12 [삼상 10:6, 10; 11:6; 16:13; 18:10].
13 [삼상 16:14, 23b].

아마 이 경우는 선한 영이 아니라 하나님으로부터의 악령에 의해서일 것이다.[14]

사울을 다른 인물로 변화시켰던 하나님의 선한 영은 그를 떠나 속히 다윗에게 임했고, 이제 하나님의 악령이 그의 처음 영의 체험과 흡사한(또는 조롱하는 듯한) 경험을 통해 그를 비정상적 상태로 만든다.[15] 사울은 처음과 같이 선지자 무리를 만나고, 처음과 같이 일종의 공동체적 무아경에 빠져 예언을 한다. 그러나 이번에는, 곧 비극적 통치의 끝에 이르러서는, 사울은 밤새 벗은 채로 땅에 눕는다. 이번 경험에서 이 점이 새롭다.

경악스러운 반전 속에서, 사울의 발흥과 몰락은 이상하리만치 유사한 경험이지만 안타깝게도 다른 경험으로 표현될 수 있다. 그가 선한 영의 영감을 받았는지 악한 영의 영감을 받았는지는 우리가 말할 수 없을 테지만, 아무튼 그의 마지막 영의 체험은 취약함과 저속함으로 오염된다. 그리고 이런 점은 난감할 수 있지만, 두 영은 모두 그들을 보낸 하나님의 권한 속에 있다.

---

14 [삼상 10:6, 10(13절을 보라); 18:10; 19:20, 23].

15 사무엘상 19장의 하나님에게서 나온 영이 악한 영이라는 것을 보여 주는 몇 가지 강력한 증거가 있다.
첫째, 사울의 예언에는 그가 다른 인성으로 변모하는 일이 동반되지만(삼상 10:6), 훗날 그런 예언은 사울이 벗은 몸으로 수치스럽게 밤을 지내게 한다(삼상 19:24).
둘째, 이 마지막 예언 경험 바로 앞에 위치한 사울의 "예언"은 하나님의 악한 영이 그에게 갑자기 임했을 때였다(삼상 18:10).
셋째, 사무엘상 19:19-23에서 영의 임재를 묘사하기 위해 사용된 익숙한 관용구, "그 위에 있었다"(was upon)가 이 이야기에서 여기 외에는 악한 영에 관해서만 사용된다(삼상 16:16, 23; 19:9).
넷째, 앞선 사무엘상 16:14-19:9까지 일곱 번의 언급에서 각각의 악한 영을 가리키고, 그 존재가 너무도 분명하기에 사무엘상 16:23에서는 "악한"이라는 형용사 없이 단순히 "하나님의 영"으로만 묘사될 수 있다. 화자의 관점에서, 악한 영만 존재하는 상황에서 선한 영을 다시 소개할 필요가 없다. 특히, 사무엘상 19장에서 사울을 밤새 벗은 채로 누워있게 만든 것은 그 영이다.
다섯째, 사무엘상 19에서 하나님의 선한 영이 아닌 악한 영의 출현은 사무엘상 10장과의 명백한 대조를 통해 사울의 발흥과 몰락의 역설을 강조한다. 사울은 통치의 시작과 끝에서 모두 예언을 하지만, 그 경험의 근원과 속성은 천양지차이다.

이는 어쩌면 자기도 왕이 될 것이라는 사실을 몰랐을 한 남자의 약속과 멸망에 뿌리를 둔 당황스러운 이야기이다. 이 이야기에서는 묵은 술이 새 부대에 담긴다. 사사기에서 나타난 전통적 공식, 즉 영이 사울에게 '임했다'는 말이 악령과 결부된다. 다윗에게 임한 영도 새로운 장을 연다. 옷니엘, 기드온, 입다, 삼손 같은 인물들에게 갑작스런 영의 임재는 '일시적' 체험임을 보여 주지만 다윗에게는 '이날 이후로' 지속되는 영이다. 불길하고 애매한 영감의 특징이 사울이라는 미심적은 인물을 만남에 따라 그런 공식은 새로운 연관성을 가지면서 유지된다.

사울의 이야기에는 불가피한 진정성이 있다. 정치와 경건성이 만나는 공공 영역에서 선과 악을 구분하는 것은 어려워진다. 사울의 영을 통한 처음과 마지막 예언의 경험은 거의 흡사하다. 다만 첫 번째 경우에는 하나님의 선한 영이 영감을 주고, 두 번째 경우는 하나님의 악한 영이 그를 일깨운다는 점이 다르다.

만일 선한 영과 악한 영이 거의 같은 효과를 낼 수 있다면(여기서 중요한 단어는 '거의'), 영이라는 주장에 대해 피상적이 아니라 면밀하게 살펴볼 시급한 필요가 있다. 특히, 정치적 영역의 불투명함 속에서 영이 작용한다고 여겨질 때, 사울의 이야기는 공평와 폭압의 동일한 주장에 대한 분별의 영을 부각시킨다.[16]

---

16 표현(어쩌면 의미)의 차이에도 불구하고 사울의 이야기에서 영과 예언의 연관성은 에스겔 11:5과 비슷하다. 별다른 특징 없는 간략한 기억을 통해, 에스겔은 예언을 하라는 명령을 받자마자 영이 자신에게 "내려온"(다른 동사들과 달리 히브리어 어근, *npl*) 상황을 떠올린다. 이 주장은 너무 간결해서 사울의 이야기가 에스겔의 주장에 영향을 미쳤는지 판단할 수 없다. 게다가 여기에는 한 가지 아주 큰 차이가 있다. 사울이 예언했을 때 무슨 말이라도 했던 건지 분명하지 않은 반면, 이 상황에서 에스겔의 모든 행동은 말하는 것이다. 사울의 이야기에서 영향을 받았든지 아니든지, 에스겔의 주장은 영이 임한 개인들이 예언의 말을 하는 역대기의 현상을 예견한다.

4. 역대기에 등장하는 영을 받은 인물들

힘이 마구 쏟아지는 모습으로 영이 임하는 이미지는 생생하고 기억에 남을 만하지만, 그런 이미지는 바사 시대(BCE 539년 이후) 이후에야 부상되었다. 놀랍게도 이름 자체로 세부 내용에 대한 관심과 질서에 대한 선호를 보여 주는 책에서 그러하다. 사실 언뜻 보면 영감에 반대되는 것으로 보일 수도 있다.

역대기서의 저자들은 사무엘서와 열왕기서에서 이미 볼 수 있었던 내용들을 상당 부분 개정했다. 그 책들은 북왕국 이스라엘이 BCE 722년 앗수르에, 남왕국 유다가 BCE 587년 바벨론에 멸망한 이유를 설명했다. 역대기서는 다른 목적을 위해 그런 이야기들을 개정한다. 곧 유배생활이 끝난 BCE 539년 이후 몇 세기 동안의 회복과 재건을 위한 견본을 제공하기 위함이다.

사무엘서와 열왕기서는 실패를 감수하기 위해 돌아보는 반면, 역대기서는 다가올 날들의 성공을 확실시하고자 그런 이야기들을 다시 들려준다. 이 개정판에는 사무엘서와 열왕기서에서 아무 역할이 없던 새로운 인물들이 등장한다. 그들 중 네 명, 곧 아마새, 아사랴, 야하시엘, 스가랴에게 성령이 임하신다. 네 사람 모두에 관한 이야기에서 지배적 주제가 나타난다. 이는 영과 정치적 편의성의 교훈 사이의 팽팽한 연관성이다.[17]

첫째, 전설적 용사들의 무리, "삼십 명의 우두머리 아마새"이다(대상 12:18; MT 12:19). 기드온에게 그랬던 것처럼 영이 아마새를 감쌌을 때, 기드온 이야기와 삼십 명을 거느린 아마새에게 우리가 예상할 수 있는 바와

---

[17] 이 인물들, 특히 야하시엘에 대한 좀 더 자세한 논의는 다음의 내 책을 보라. *Inspired: The Holy Spirit and the Mind of Faith* (Grand Rapids: Eerdmans, 2013), 130-33.

달리, 아마새는 전투를 준비하지 않았다. 대신에 이 우두머리 용사는 무기가 아니라 목소리를 높여 다윗을 지지하는 장황한 말을 늘어놓는다.

> 다윗이여 우리가 당신에게 속하겠고 이새의 아들이여! 으리가 당신과 함께 있으리니 원하건대 평안하소서 당신도 평안하고 당신을 돕는 자에게도 평안이 있을지니 이는 당신의 하나님이 당신을 도우심이니이다(대상 12:18).

성공은 즉각적이었다.

> 다윗이 그들을 받아들여 군대 지휘관을 삼았더라(대상 12 18; MT 12:19).

이 성공은 놀랄 일이 아니다. 아마새의 시는 힘들게 얻은 정치적 수사로 정확하고 섬세하게 다윗에 대한 충성 맹세를 보여 준다. "다윗"과 "이새의 아들"이라는 조합만으로도 사울의 통치 시절에 악한 나발이 다윗의 사환들에게 음식을 주기를 거절했던 때를 상기시킨다(삼상 25:10).

이번에 아마새는 불충한 마음 없이 "다윗"과 "이새의 아들"을 조합한다. 그리고 다윗과 그를 돕는 자에게 세 차례 "평안"을 선언한다. 심지어 "우리 조상들의 하나님"이라는 전통적 표현이 아니라 "당신의 하나님"이라는 말을 선택한 것은 다윗과 다윗의 하나님에 대한 수사적 복종이다(대상 12:18; MT 12:19). 영이 그를 감쌌을 때 나온 이 짧은 시적 표현에서 아마새는 이스라엘의 신성한 전통 속에 내재된 다윗에 대한 반감을 완전히 전복시킨다. 그는 존경심이 풍기는 어조를 내비치며 다윗의 하나님이 승리의 근원임을 인정한다.

결론적으로 용사이자 시인인 그는 영을 받았으면서 '동시에' 노련하기도 하다. 아마새가 이스라엘의 전통을 재구성할 때 영은 공공 영역에서 놀라운 일들을 일으킨다. 그리고 아마새의 이야기는 이 점을 매우 분명히 보여 준다. 정치는 영의 자연스런 거처이다.

둘째, 역대기에서 제법 긴 공백을 둔 다음, "영이 오뎃의 아들 아사랴에게 임한다"(대하 15:1, 나의 번역). 아마새처럼, 아사랴는 이스라엘의 전통에 대한 암시와 왕에 대한 찬조로 가득한 연설을 한다(15:2). 실제로 그의 말은 영감, 전통, 정치가 전형적으로 조합된 예언(15:8)처럼 기억된다.

셋째, 그 다음은 야하시엘의 이야기이다. 그가 말할 때에 "유다 모든 사람들이 그들의 아내와 자녀와 어린이와 더불어 여호와 앞에 섰더라"(20:13). 역대하서의 저자는 사사기를 연상시키는 언어로 "여호와의 영이 … 야하시엘에게 임하셨으니"(20:14)라고 기록한다. 야하시엘에게 일어난 일은 사사들에게 영이 임했을 때 일어난 일과 어느 정도 닮은 점이 있다.

야하시엘의 연설은 뚜렷한 '군사' 전략의 지시이다.

> 야하시엘이 이르되 온 유다와 예루살렘 주민과 여호사밧왕이여 들을지어다 여호와께서 이같이 너희에게 말씀하시기를 너희는 이 큰 무리로 말미암아 두려워하거나 놀라지 말라 이 전쟁은 너희에게 속한 것이 아니요 하나님께 속한 것이니 내일 너희는 그들에게로 내려가라 그들이 시스 고개로 올라올 때에 너희가 골짜기 어귀 여루엘 들 앞에서 그들을 만나려니와 이 전쟁에는 너희가 싸울 것이 없나니 대열을 이루고 서서 너희와 함께한 여호와가 구원하는 것을 보라 유다와 예루살렘아 너희는 두려워하지 말며 놀라지 말고 내일 그들을 맞서 나가라 여호와가 너희와 함께하리라 하셨느니라 하매(대하 20:15-17).

이 연설에서의 정확성은 아주 두드러지는데, 적의 정확한 위치인 시스 고개까지 언급된다.

그러나 이 연설은 단순히 군사 전략에서 그치지 않는다. 바로 여기가 사사기의 영감과 구분되는 지점이다. 두려워하지 말라는 독려, 승리의 약속, 유다가 아니라 하나님이 싸울 전투라는 인식, 이 모두는 '제사장적' 지시이다. 신명기에 따르면, 제사장은 막강한 군대와 전투를 앞둔 군사들에게 이렇게 말해야 한다.

> 너희가 싸울 곳에 가까이 가면 제사장은 백성에게 나아가서 고하여 그들에게 말하여 이르기를 이스라엘아 들으라 너희가 오늘 너희의 대적과 싸우려고 나아왔으니 마음에 겁내지 말며 두려워하지 말며 떨지 말며 그들로 말미암아 놀라지 말라 너희 하나님 여호와는 너희와 함께 행하시며 너희를 위하여 너희 적군과 싸우시고 구원하실 것이라 할 것이며 (신 20:2-4).

야하시엘에게 영이 임하자 그는 신명기의 제사장 역할을 하며 전투에 앞서 전달해야 할 제사장적 지시의 핵심 요소들만 모아 말한다. 야하시엘은 제사장적 전통의 영감된 지킴이로서 이를 자신의 전투 계획에 융합시킨다.

또한, 야하시엘의 연설에는 이스라엘 민족의 표현에 대한 독특한 암시가 있다. "이 전쟁은 너희에게 속한 것이 아니요 하나님께 속한 것이니"라는 말은 다윗이 거인 골리앗을 죽이기 전에 한 마지막 말을 떠오르게 한다.

> 전쟁은 여호와께 속한 것인즉(삼상 17:47).

"두려워하거나 놀라지 말라 … 이 전쟁에는 너희가 싸울 것이 없나니 대열을 이루고 서서 너희와 함께한 여호와가 구원하는 것을 보라"(대하 20:15, 17)는 명령은 애굽의 말과 병거에 맹렬히 쫓기며 바다에 이른 이스라엘에게 한 모세의 기념비적인 말을 떠오르게 한다.

> 모세가 백성에게 이르되 너희는 두려워하지 말고 가만히 서서 여호와께서 오늘 너희를 위하여 행하시는 구원을 보라(출 14:13).

이 연설은 공공 영역에서 영의 힘을 상징화한다. 음악가들의 공동체를 배경으로 한 예언은 사울을 동요시켜 넘어뜨린 선지자들의 공동체를 떠오르게 하는 반면, 야하시엘의 연설의 정확성은 예리한 지성(영감을 받았다면)과 이스라엘의 전통에 능통한 모습을 보여 준다. 이스라엘 문학에 대한 암시가 분명한 그의 연설은 군사 지도자의 지시와 제사장의 독려를 겸비하고 있다. 영이 야하시엘에게 영감을 주면서 이 연설에서 스펙트럼의 양 극단이 결합된다.

또한, 야하시엘은 레위 지파 아삽의 자손으로 확인된다.

> 다윗이 군대 지휘관들과 더불어 아삽과 헤만과 여두둔의 자손 중에서 구별하여 섬기게 하되 수금과 비파와 제금을 잡아 신령한 노래를 하게 하였으니(대상 25:1).

한마디로 야하시엘은 이스라엘의 전문 음악가 중 한 명이었기에 그의 말에는 전투에 대비한 북소리와 음악 소리가 배경으로 깔렸을 것이다. 그러니 다음에 일어나는 일도 놀랍지 않다.[18] 그의 조언으로 인해 유대 백성은 전투에 참여할 필요가 전혀 없었다. 그들은 단지 그들의 적들이 서로 매복하여 싸우는 동안 그 모습을 지켜보며 찬송을 불렀다(대하 20:20-23).

결국, 적에게 손가락 하나 갖다 대지 않고 목소리만 높였던 승자들은 전리품과 전쟁 무기, 곧 비파와 수금과 나팔을 들고 성전으로 돌아왔다.

> 이는 여호와께서 그들이 그 적군을 이김으로써 즐거워하게 하셨음이라(대하 20:27).

---

[18] 음악가 야하시엘의 연설에 이어지는 일은 놀라울 것이 없다. 왕이 몸을 굽혀 얼굴을 땅에 대고 온 유다 사람들이 경배한다. 레위 사람들과 다른 이들은 서서 심히 큰 소리로 이스라엘 하나님 여호와를 찬송한다(대하 20:18-19).

야하시엘의 이야기는 기드온의 이야기를 상기시킨다. 영이 이끈 전략(기드온 이야기에도 내재된)으로 인해 이스라엘은 그들이 대적들이 스스로 무너지는 모습을 지켜보기만 해도 된다. 그러나 야하시엘 자신은 전투 근처에 가지 않는다. 영을 받고 나서 그의 임무는 제사장직의 역할에 포괄된 예리한 군사 전략을 제시하는 것이다. 그리고 이스라엘의 대적이 스스로 무너지는 동안 찬송을 부르는 것이다. 이 후기 기드온은 영감된 전통의 수호자이자 이스라엘 노래의 가수이며 군사 전략가이다.

넷째, 역대기의 네 번째이자 마지막(사실 유대인 성경 전체에서) 영감된 인물은 실제로 제사장인데, 찌르는 듯이 신랄한 그의 예언으로 인해 죽음을 맞이하게 된다.

> 이에 하나님의 영이 제사장 여호야다의 아들 스가랴를 예워싸매(나의 번역) 그가 백성 앞에 높이 서서 그들에게 이르되 하나님이 이같이 말씀하시기를 너희가 어찌하여 여호와의 명령을 거역하여 스스로 형통하지 못하게 하느냐 하셨나니 너희가 여호와를 버렸으므로 여호와께서도 너희를 버리셨느니라(대하 24:20).

그러나 아무도 듣지 않았다. 선지자가 지적하는 현실을 직면하지 않고 도리어 그들은 참혹하게, 또한 역설적으로, 성전 뜰 안에서 그를 돌로 쳐서 죽였다. 스가랴는 성전 뜰 안에서 돌에 맞아 죽어 가며 외쳤다.

> 여호와는 감찰하시고 신원하여 주옵소서(대하 24:22).

역대기에서 마지막으로 영을 받은 화자, 스가랴는 그들의 선지자들, 그들의 제사장-선지자들, 흠결 없는 레위 지파, 제사장, 혹은 군사적 혈통의 남성들(남성들만이 분명한)에 대한 이스라엘의 반감을 보여 준다. 히브리 성경에서 영감에 대한 마지막 언급은 이스라엘 예언의 역사에 관한 바사 시대의 다른 연구를 비극적으로 반영한다.

> 그의 조상들의 하나님 여호와의 전을 버리고 아세라 목상과 우상을 섬겼으므로 그 죄로 말미암아 진노가 유다와 예루살렘에 임하니라 그러나 여호와께서 그들에게 선지자를 보내사 다시 여호와에게로 돌아오게 하려 하시매 선지자들이 그들에게 경고하였으나 듣지 아니하니라(대하 24:18-19).

> 그러나 주께서 그들을 여러 해 동안 참으시고 또 주의 선지자들을 통하여 주의 영으로 그들을 경계하시되 그들이 듣지 아니하므로 열방 사람들의 손에 넘기시고도(느 9:30).

> 그 마음을 금강석 같게 하여 율법과 만군의 여호와가 그의 영으로 옛 선지자들을 통하여 전한 말을 듣지 아니하므로 큰 진노가 만군의 여호와께로부터 나왔도다(슥 7:12).

영이 갑자기 닥치고, 임하고, 에워싸는 바사 시대의 양태는 전통을 익혀 숙달된 사람들, 즉 그들의 후손들에게 유익한 유산을 물려주기 위해 과거를 공부했던 박학하고 신실한 공인들을 통해 드러난 영의 공적 능력을 증언한다. 성령의 급박한 임재에 따른 초창기 기운은 원칙적으로 이스라엘의 초기 사사들의 이야기에 있지만, 바사 시대 역대기 본문에 따르면 성령의 급박한 임재의 영향은 다른 데 있다.

사사기와 역대기는 많은 유사점이 있지만, 많은 진전이 있다. 사사기에서 영은 해방의 행위에 영감을 주었지만, 역대기에서 영감된 화자는 유다 백성들에게 싸우지 '말도록' 호소할 수 있다. 사사기에서 영은 행위에 영감을 주었지만, 역대기에서 영은 놀라울 정도로 엄밀하게 전통으로 가득한 연설, 곧 정치적, 예언적, 제사장적 연설에만 영감을 준다. 사사기에서 영은 대체로 억압받는 이들이 해방을 갈망하던 곳, 즉 권력의 중심에서 먼 곳에서 일어났지만, 여기서 영은 공공 정치의 장에서 왕과 그 주변의 권력자들에게 말을 한다.

사사기와 사무엘상에서는 예기치 못한 지도자들, 즉 약해 빠진 기드온, 무뢰한 입다, 변덕스러운 삼손, 악의로 가득 찬 사울이 영을 받았다. 이제 영을 받은 사람들은 상대적으로 덜 알려진 인물이라 해도 가문이 있는 자들이다. 아마새는 삼십 명의 우두머리이며(대상 12:18), 아사랴는 왕에게 직접 '예언'을 전하며(대하 15:1-2), 야하시엘은 전문적인 음악가로 아삽 자손이며(대하 20:14), 스가랴는 용감한 제사장이다(24:20-22).

사사들로부터 시작해서 문제 많은 이스라엘의 초대 왕을 거쳐 바사 시대의 선지자-제사장들에 이르는 변화는 정치적 편의성과 관련하여 전통과 영감 사이에 존재하는 협력 관계를 또 한 번 강조한다. 옛 형식들이 새로운 공동체 가운데 새로운 화자들과 새로운 메시지에 근거하여 새로운 방식으로 다시 등장했다.

역대기의 이야기들은 유배 이후 시대, 즉 BCE 539년 이후에 대해 의미 있는 이야기를 전달할 수 있는 기회를 제공한다. 이는 황폐한 영성의 시기로 쉽게 묘사되어, 율법주의가 선지자들의 고매한 윤리적 이상을 대체하고 사소한 것에 대한 집착이 정의의 위대한 찬가와 자비의 선율을 대체한다고 여겨진 시대이다.

그러나 그렇지 않다. 역대기서의 저자들은 이스라엘의 전통을 수렴하고 거기에 영을 부여함으로써 후퇴하지 않고 도리어 전진했다. 음악적 전통, 군사적 전통, 제사장적 전통, 무려 선지자적 전통에 이르기까지. 이 모두는 율법에 주의를 기울인다는 까닭으로 영을 무시하지 않았던 아마새, 아사랴, 야하시엘, 스가랴 같은 인물 속에 녹아 있다.

유배 이후 시대의 이스라엘의 이야기를 처음으로 소개하는 이 인물들의 이야기에서, 아주 자연스레 폭력과 결부되던 고대의 이미지가 평화와 축하와 격려와 이상의 이미지가 된다. 예수님이 사셨던 시대에 영향을 끼친 유배 이후 시기는 황폐하지 않았고 활기찼다. 그때는 "영이 에워쌌다" 또는 "여호와의 영이 임했다"와 같은 표현이 새롭고 신선한 어떤 것을 의미하게 된 시대였다. 그때는 전통에 대한 존중과 영감에 대한 갈망이 공공선을 위해 융합된 시대였다. 물론, 대중이 듣고자 했다면 그러했겠지만, 스가랴의 운명이 분명히 보여 주듯 누군가는 듣지 않았다.

제3장

강림하는 영

> *이 장을 읽기 전에 읽어야 할 본문
>
> · 이사야 11:1-9
> · 이사야 42:1-9
> · 이사야 59:20-60:3
> · 이사야 61장

이스라엘 사람이 리더십의 기술에 관한 입문서를 쓸 능력을 갖추었다면, 북이스라엘과 남유다의 왕정 역사 속에서 풍성한 모형, 곧 '부정적' 모형을 발견할 수 있을 것이다.

사울, 다윗, 솔로몬은 제각각 취약한 결점들이 있었다. 거의 시작과 동시에 운명처럼 사울의 왕위는 다윗에게 넘어갔으며, 사울은 악령에 시달리며 자신이 원치 않던 후계자이자 자기 아들의 가장 친한 친구이기도 했던 자를 파멸시키고자 자신의 남은 시간을 보냈다.

다윗은 고대 여부스(예루살렘)에서 권력을 통합시켰지만, 그의 후계자는 사실상 자기가 죽인 군대 장관의 아내와의 부정한 관계에서 태어났다. 또한, 그는 충실한 아내이자 사울의 딸 미갈을 멸시했고, 그의 노년은 가족의 근친상간 문제로 더럽혀졌으며, 특히 거만하기 짝이 없는 아들 압살롬은 다윗이 인정하지 못하는 쿠데타를 시도했다.

통합 왕조의 3대 왕이자 다윗과 밧세바의 부정한 관계에서 태어난 솔로몬은 수많은 아내(하렘)를 두었으며, 의심할 나위 없이 정치적 연합을 구축하고자 했고, 강제 노역을 통해 성전을 건축해서 이름을 알리게 되었다. 하렘과 강제 노동 인력, 군사력의 상징인 병마의 확산, 이 모든 것은 신명기에서 금지되어 있다. 이는 솔로몬의 과잉을 반영한 것으로 보인다.[1]

솔로몬은 궁궐, 곳간, 요새, 성전, 최북단과 남단의 기지들을 건설하기 위해 백성들의 등골이 빠질 정도로 세금을 부과했다. 이를 본받아 그의 아들 르호보암도 더 혹독한 세금을 부과했다. 르호보암은 "내 새끼 손가락이 내 아버지의 허리보다 굵으니"라며 으스댄다(왕상 12:10). 그의 잘못된 조세 제도의 결과로 왕국이 둘로 분열된다.

그 이후 이스라엘(북왕국)과 유다(남왕국)의 모든 왕을 통틀어 두 남방 왕, 즉 히스기야와 요시야만이 칭송받는다. 여기에는 마땅한 이유가 있다. 북왕국의 왕들, 특히 700년대 오므리 왕조의 통치자들은 부유한 이스라엘을 다스렸지만, 호세아와 아모스 선지자는 대접으로 포도주를 마시며 산 속에 여름 별장을 짓고 상아 침대에 누워 자면서 가난한 자들의 머리를 짓밟고 신 한 켤레를 받고 빚진 자들을 팔아넘긴 자들을 향한 통렬한 심판으로 그런 부유함의 불의를 드러냈다.

아모스와 호세아의 예언 유산이 오늘까지 남아 있는 까닭은 사람들이 그들의 증언을 환영했기 때문이 아니라, 북왕국의 부와 힘에도 불구하고 그들이 경고했던 멸망이 불과 수십 년 후인 BCE 722년, 당시 고대 근동의 막강한 제국 앗수르가 북왕국을 파괴하며 이루어졌기 때문이다.

남유다의 왕들이라고 해서 전체적으로 더 나은 것도 아니었다. 예를 들어, BCE 609년 므깃도 전투에서 바로 느고 2세는 강인한 왕 요시야를 죽인 뒤, 더 변덕스럽고 비겁한 일련의 왕들을 세웠다. 요시야의 후계자, 여

---

1 [신 17:14-20]. 이는 신명기의 구성 연대를 솔로몬 통치 이후로 보았을 때를 전제한다.

호아하스는 겨우 석 달을 다스리고 애굽으로 끌려 갔다(왕하 23:31-35). 바로 느고는 여호아하스를 대신하여 여호야김을 왕으로 삼았지만 그는 경쟁국 바벨론에 기대를 걸었다가 반역을 일으켰고 대체되었다.[2] 단명한 그의 후계자 여호야긴은 바벨론 황제 느부갓네살이 그를 포로로 잡아가며 시드기야를 왕으로 삼기 전까지 석 달 간 다스렸다.[3]

시드기야는 십 년 이상을 통치했지만, 우리가 아는 사실은 "시드기야가 바벨론 왕을 배반하니라"(왕하 24:20)는 것이 전부이다. 이 반란은 중대한 위기를 초래했다. 바벨론이 2년 간 예루살렘을 포위하여 처참한 기근을 야기시켰다. 바벨론 군대가 성벽을 무너뜨릴 때 시드기야왕과 그의 군대는 도망쳤다. 여리고 근처에서 붙잡히고 그의 군대에게 버림당한 시드기야는 자신의 아들들이 살해되는 장면을 목격한 뒤 자신의 눈도 멀게 된 채 바벨론으로 끌려갔다(25:1-7).

그 뒤, 얼마 지나지 않아 바벨론 시위대장 느부사라단이 예루살렘에 대혼란을 일으켰다.[4] 파괴의 내용을 살펴보면 숨이 멎을 듯하지만, 결말은 단순하다(25:13-21).

> 유다가 사로잡혀 본토에서 떠났더라(왕하 25:21).

---

2 [왕하 24:1] 여호야김 시대에 바벨론의 왕 느부갓네살이 올라오매 여호야김이 삼 년간 섬기다가 돌아서 그를 배반하였더니.

3 BCE 597년에 있었던 느부갓네살의 착취가 열왕기하 24:13-15에 생생하게 언급된다. 그는 당시 예루살렘을 완전히 파괴하지는 않았지만 정치적, 군사적으로 숙련된 주요 지도자들을 끌고 갔다. 그리고 그는 예루살렘을 온전히 둔 채로 여호야긴 대신 시드기야를 임명했다. Iain Provan, V. Philips Long, and Tremper Longman (*A Biblical History of Israel* [Louisville: Westminster John Knox, 2015], 381-82), 그리고 Megan Moore and Brad Kelle (*Biblical History and Israel's Past: The Changing Study of the Bible and History* [Grand Rapids: Eerdmans, 2011], 352-59)에서 이 시대에 대한 심도 깊은 분석을 볼 수 있다.

4 전체 이야기는 열왕기하 25:8-12, 22-26에 나온다.

북왕국과 남왕국 모두의 멸망은 이스라엘과 유다 왕들에게 주된 책임이 있다고 볼 수 있는데, 그들의 부적절한 외교 정책과 경제적 공평을 이루지 못한 실패는 이스라엘과 유다 선지자들의 분노를 일으켰다. 따라서 능숙한 리더십에 관한 입문서를 쓰려 하는 이스라엘 사람이 있다면 이스라엘의 왕이나 여왕(개중에는 아들 솔로몬을 대신해 계략을 꾸민 밧세바와 악명 높은 이세벨도 포함된다)을 참고해서는 안 될 것이다.

그런 입문서를 위해서는 다른 데를 살펴봐야 할 것인데, 아마도 예언자적 상상력이 될 수 있을 것이다. 바로 그것이야말로 영감을 받은 리더십의 이상이 샘솟는 원천이기 때문이다. 이사야가 상상했듯이 영은 올바른 종류의 왕에게 임할 것이다.

이 이상은 세기가 변함에 따라 변화했지만, 영이 그런 지도자에게 머물렀다는 믿음은 놀라울 정도로 안정적으로 유지되었다. 사실 리더십에 관한 이런 이미지는 여기에 연속성을 부여하는 이사야서에 국한된다. 이사야서는 몇 세기에 걸쳐 구성된 것으로 여겨지는데, 아마도 이르게는 BCE 700년대 후반에서부터(사 1-39장) 결국 유배 시대에 이른 바벨론 시절을 거쳐(BCE 500년대; 40-55반) 귀환하게 된 BCE 539년 이후의 바사 시대까지(56-66장)일 것이다.[5] 그러므로 세기를 거치며 변화하는 영감된 리더십에

---

5   비록 대부분의 학자가 이사야 1-39장을 그들이 예루살렘의 이사야(BCE 700년대)라 부르는 선지자의 작품으로, 40-66장을 거기에 영향을 받은 후대 선지자들의 작품으로 여긴다고 하더라도 이사야서의 연대에 관한 문제는 합의에 도달하기 어렵다. 많은 학자가 이사야 40-66장을 BCE 500년대 포로 시기의 작품일 것으로 추정하며 하나로 여긴다. 이런 학자들은 이사야 40-55장과 56-66장을 구분하지 않으려 한다. 특히, 이사야 56-66장의 출처에 관하여는 논란이 있는데, 이는 그것이 하나의, 통일된 예언이 아니라 예언들의 모음집일 수 있기 때문이다. 이 주제에 대한 간략한 소개를 위해서는 이사야서에 관한 좋은 주석들이 있지만, 다음의 내 책을 참고하라. *Holy Spirit before Christianity* (Waco: Baylor University Press, 2019), 141, 221nn79-85.
    그리고 이사야서 전체는 바사 시기 동안 최종적 개정 작업을 거친 것으로 보인다. 이사야서의 첫 장과 마지막 장이 비슷해 보이기 때문이다. 첫 장들에 나온 주제들, 즉 동산의 우상, 예배자들의 이기적 선택들, 썩은 나무와 좋은 나무를 대조시키는 은유들이 마지막 장들에 다시 나타난다. 마빈 스위니(Marvin Sweeney)는 이사야서의 편집 과정을

대한 관점을 추적하는 것이 가능하다.

1. 영감된 통치자

변방 시골의 미가와 달리 이사야는 권력의 회랑을 편안히 거닐던 것으로 보인다. 그는 왕들의 고문이었고, 요담, 아하스, 히스기야를 포함한 여러 지도자에게 조언하는 책무를 맡은 현인이었다. 그의 시대는 정치적 음모와 중대한 결정으로 가득한 중대한 시기였다.

남왕국의 지도자 아하스가 이십 대에 왕위에 오른 직후 북왕국과 아람은 앗수르에 저항하기 위해 동맹을 맺었다. 이사야는 아하스가 어떤 방식으로든 관여하지 말아야 한다고 단호하게 주장하며 아하스의 마음에 들든 그렇지 않든 하나님께서 그에게 표징을 줄 것이라고 조언했다. 젊은 여성이 잉태하여 아들을 낳고 그의 이름을 임마누엘이라 부를 것이라는 것이다(사 7:14).

아하스에게는 이사야가 그에게 필요하다고 생각한 용기가 없었다. 아하스는 이사야의 조언을 무시하고 도리어 앗수르에 대한 지지를 호소했다. 앗수르는 아람을 병합하고 정확히 10년 후에는 북왕국을 무너뜨렸다. 아하스는 문제를 제대로 다룬 것처럼 보이고 이사야는 그것을 잘못 판단한 것으로 보인다. 주변 이웃 국가들, 곧 아람과 이스라엘은 더 이상 위협이 되지 못했기 때문이다.

단지 문제는 아하스의 통치 내내 앗수르가 막대한 세금을 징수했다는 점이다. 앗수르와의 거래에 따른 비용은 엄청났다. 아하스왕은 결코 앗수

분석한다. *Isaiah 1-4 and the Post-exilic Understanding of the Isaianic Tradition* (Berlin: de Gruyter, 1988).

르에게서 자유롭지 못했다.

　유다를 앗수르의 봉신으로 전락시킨 이런 잘못된 정책은 이사야로 하여금 그런 제국에 굽실대거나 부적절한 동맹에 굽히지 않을 지도자를 상상하게 했다. 영의 영원한 임재에 대한 그의 상상은 BCE 722년 북왕국의 파멸 이전 정치적으로 불안정한 시기에 정치적 공백 상황에서도 이사야가 담대히 말했을 때 만발했다. 이렇게 국가가 요동하던 시기, 곧 유다 왕 아하스의 불안정한 치하에서 이사야는 다음과 같이 상상했다.

　　　이새의 줄기에서 한 싹이 나며
　　　그 뿌리에서 한 가지가 나서 결실할 것이요
　　　그의 위에 여호와의 영
　　　곧 지혜와 총명의 영이요
　　　모략과 재능의 영이요
　　　지식과 여호와를 경외하는 영이 강림하시리니
　　　그가 여호와를 경외함으로 즐거움을 삼을 것이며
　　　그의 눈에 보이는 대로 심판하지 아니하며
　　　그의 귀에 들리는 대로 판단하지 아니하며
　　　공의로 가난한 자를 심판하며
　　　정직으로 세상의 겸손한 자를 판단할 것이며
　　　그의 입의 막대기로 세상을 치며
　　　그의 입술의 기운으로 악인을 죽일 것이며
　　　공의로 그의 허리띠를 삼으며
　　　성실로 그의 몸의 띠를 삼으리라
　　　그때에 이리가 어린 양과 함께 살며
　　　표범이 어린 염소와 함께 누우며
　　　송아지와 어린 사자와 살진 짐승이 함께 있어

> 어린 아이에게 끌리며
>
> 암소와 곰이 함께 먹으며
>
> 그것들의 새끼가 함께 엎드리며
>
> 사자가 소처럼 풀을 먹을 것이며
>
> 젖 먹는 아이가 독사의 구멍에서 장난하며
>
> 젖 뗀 어린 아이가 독사의 굴에 손을 넣을 것이라
>
> 내 거룩한 산 모든 곳에서
>
> 해 됨도 없고 상함도 없을 것이니
>
> 이는 물이 바다를 덮음같이
>
> 여호와를 아는 지식이 세상에 충만할 것임이니라(사 11:1-9).

이것은 완전한 평온에 대한 이상이 아니다. 하나님은 지정학적 가지를 꺾고, 가장 높은 나무들을 쳐내고, 높은 가지를 낮추고, 도끼로 숲을 베는 일을 하셨다(사 10:33-34). 이 파괴적인 낫질에서 레바논의 백향목이 아니라 그루터기(개역개정에는 "줄기")가 나타난다. 취임의 시나 대관식의 노래는 없다. 한 그루터기, 한 평범한 사람의 뿌리가 있다.

이 예언 속에는 미묘하지만, 뚜렷하게 인내가 드러난다. 나는 정원사와 결혼했기 때문에 이를 잘 안다. 15년 전 쯤, 나와 아내는 시애틀 데크에 으름덩굴을 심었다. 덩굴은 해를 거듭하며 자라났다. 그러던 어느 해에 프리실라는 옹이가 많고 부러지기 쉬운 가지들만 남기고 우리가 아끼던 으름덩굴을 다듬었다. 나는 아내가 덩굴을 죽였다고 확신했다. 그러나 으름덩굴은 다시 푸르고 무성하게 되었다. 으름덩굴의 그루터기에서는 싹이 돋아났고, 뿌리에서는 줄기가 자라났다.

프리실라의 거침없는 손길에 놓인 고대의 으름덩굴과 같았던 이사야의 나라 유다는 700년대 후반에 거의 사라질 정도로 가지치기 되었다. 아하스왕은 예루살렘 주변 지역에 앗수르의 거대한 힘을 끌어와서 이스라엘과 아람으로부터의 자유를 얻었다. 이 일이 못마땅했던 이사야는 다른 리더십의 이상을 제시했다.

앗수르의 거침없는 행보로부터 나타난 통치자는 이새의 아들, 다윗왕의 절정기를 다시 불러오지 않을 것이다. 솔로몬과 달리 그는 궁전과 요새와 수많은 말을 위한 마구간을 불리지 않을 것이다. 결국, 이것은 한 그루터기이다.

그러나 그는 훌륭한 통치자가 될 것이다!

그의 통치는 그에게 임재하여 평화로운 시기의 리더십에 필요한 지적이고 실용적인 기술(지혜와 총명), 다양한 전략 수립과 전투 지휘 능력(모략과 재능),[6] 예배를 통한 하나님을 향한 헌신(지식과 여호와에 대한 경외)[7]을 주는 주의 영으로부터만 비롯된다. 이 짧은 구절 속에 네 번이나 나타나는 강림한 영의 존재는 이런 특징들이 주께로부터 주어진다는 점을 강조한다.

이 통치자가 휘두르는 무기는 말, 곧 그의 입의 막대기와 그의 입술의 기운(루아흐)이다. 이제 우리는 이것이 그저 단순한 숨이나 물질적 생명이 아니라는 것을 안다. 욥에게 그랬듯이, 이 루아흐는 지혜의 근원이다. 이 루아흐는 온전함과 진리로 눈부시게 찬란하다. 이 루아흐는 칼과 창이 아닌 정의와 공의와 성실로 악인을 죽인다. 이사야의 이상에는 한 치의 정치적 동요도 없다. 통치자에게 강림한 영과 그 속에서 일어난 영이 말로 적들을 섬멸시키는 거기에는 안정감이 있다.[8]

---

6   잠언 8:14에서는 이 한 쌍이 평화 시기의 리더십을 묘사하기 위해서도 사용된다.
7   이 기름 부음을 받은 인물에 관련된 묘사는 이사야 9:6-7에 나온다.
8   이 사변적 특징들, 곧 영, 정의, 발화된 말, 적들을 전멸시키는 힘은 자신의 예언자적 역할에 대한 미가의 인식과 흡사하다. 미가도 영, 정의, 능력으로 말미암아 힘차게 말한다고 주장한다. 유일한 차이는 미가는 이미 영을 영구적으로 받아 있지만, 이상적인 통치자에게 영이 머문다는 개념은 기름 부음을 받은 자로서의 왕의 이미지에서 비롯된다는 점이다(예, 삼상 10:1; 16:13; 시 2:2). 미가와 이 통치자 모두의 경우에 있어 영은 영구적 자질로 여겨진다. 미가 3:8에서 영은 날 때부터 있던 것으로 보이지만, 통치자의 영은 영이 그에게 강림하시기 시작한 순간부터이다.

이는 인간으로서는 단지 흉내밖에 낼 수 없다는 특징들에 해당한다. 앗수르의 교만은 지혜와 총명에 대해 그릇된 주장을 하게 만든다(사 10:13). 유다의 조언(8:10)은 수포로 돌아가고, 그들의 장정들은 전란에 망한다(3:25). 그 결과, 유다는 지식이 없이(5:13) 잘못된 두려움에 사로잡힌다(7:4; 8:12-13; 10:24). 그러나 영이 머문 지도자는 그렇지 않다. 이 영감된 통치자는 이사야의 조국을 비롯한 여러 국가들이 결여하고 있는 것, 곧 총명과 지혜, 모략과 재능, 지식과 여호와에 대한 경외심을 갖추고 있다.

이 통치자의 소명 핵심은 가난한 자를 위해 심판하는 것이다. 공의로 그의 허리띠를 삼고 성실로 그의 속옷을 삼은 그는 폭력이 아닌 자기 입의 막대기로 공의를 이룰 것이다. 그는 영감된 말을 통해서만 악인을 죽일 것이다.

현재의 예언에 따라, 이사야는 상상력을 발휘해 정의로운 지도자의 통치를 자연 세계 전체로 확장시킨다. 이리가 어린 양, 표범과 아이, 송아지와 사자와 살진 짐승이 함께 누우며 어린 아이가 그들을 이끈다. 암소와 곰이 풀을 뜯을 것이다. 사자가 풀을 먹을 것이다. 젖 먹는 아이가 독사의 구멍에서 장난하며 젖 뗀 어린 아이는 독사의 굴에 손을 넣을 것이다. 한 마디로 완전한 정의가 완전한 평화가 될 것이다.

그러나 이를 유토피아적 이상으로 보는 것은 잘못된 관점일 것이다. 이 이상이 가진 힘, 그 역동성은 얼마나 치열하게 싸워서 정의를 이루는지에 있다. 통치자의 영감된 리더십은 친절히 살아가며, 자비를 사랑하고, 겸손히 하나님과 함께 걸어가는 관대한 사람들로 가득한 평화로운 세상 속에서 자연스레 나타나지 않는다.[9] 사자가 어린 양과 함께 눕는 새 에덴에는 독사들에게 둘러싸인 젖 먹는 아이도 있고 독사의 굴에서 장난하는 젖 뗀 아이도 있다. 조화와 완전함의 이 이상은 "앗수르와 애굽과 바드로스와 구

---

9 [미 6:8].

스와 엘람과 시날과 하맛과 바다 섬들에서 돌아오게"(11:11) 될 안전이 필요한 분열된 백성에게 주어진다.

이사야와 동시대에 변방 시골에서 활동하던 미가는 이런 공동체와 헌신을 꿈꾸었다(미 6:8). 성내에 거주하며 왕의 측근에서 정치적 망설임의 함정을 외면할 수 없던 이사야는 더욱 신중했다. 이새의 뿌리에서 난 통치자에게 강림하여 지혜와 총명, 모략과 재능, 지식과 여호와에 대한 경외심을 일으켜 줄 영은 유토피아를 조성하지 '않을' 것이다. 그 영은 훨씬 현세적인 일, 곧 정치적 위험으로 가득한 세상 속에서 가난한 자를 위한 정의와 온유한 자를 위한 공평을 이룰 것이다.

2. 영감된 종

이사야의 계보에 있는 선지자가 이사야 11:1-9의 주제를 다루기까지 거의 2세기가 지났다. 그 시기 동안 많은 일이 일어났다. 특히, 예루살렘의 파괴와 군주의 처참한 종말, BCE 597년과 587년에는 남녀를 불문하고 에스겔 선지자와 같은 유다의 지식인들이 강제 추방을 당하는 일이 있었다. 바사 제국이 부상함에 따라(그들이 곧 바벨론을 무너뜨린다), 유다에서 다시금 왕좌에 앉을 왕이 있으리라는 희망이 없었다. 따라서 이제 영은 군주가 아니라 선지자가 "종"이라고 부르는 자에게 임한다.

> 내가 붙드는 나의[하나님의] 종
> 내 마음에 기뻐하는 자 곧 내가 택한 사람을 보라
> 내가 나의 영을 그에게 주었은즉
> 그가 이방에 정의를 베풀리라
> 그는 외치지 아니하며 목소리를 높이지 아니하며

그 소리를 거리에 들리게 하지 아니하며

상한 갈대를 꺾지 아니하며

꺼져가는 등불을 끄지 아니하고

진실로 정의를 시행할 것이며

그는 쇠하지 아니하며 낙담하지 아니하고

세상에 정의를 세우기에 이르리니

섬들이 그 교훈을 앙망하리라

하늘을 창조하여 펴시고

땅과 그 소산을 내시며

땅 위의 백성에게 호흡을 주시며

땅에 행하는 자에게 영을 주시는

하나님 여호와께서 이같이 말씀하시되

나 여호와가 의로 너를 불렀은즉

내가 네 손을 잡아 너를 보호하며

너를 세워 백성의 언약과

이방의 빛이 되게 하리니

네가 눈먼 자들의 눈을 밝히며

갇힌 자를 감옥에서 이끌어 내며

흑암에 앉은 자를 감방에서 나오게 하리라

나는 여호와이니 이는 내 이름이라

나는 내 영광을 다른 자에게

내 찬송을 우상에게 주지 아니하리라

보라 전에 예언한 일이 이미 이루어졌느니라

이제 내가 새 일을 알리노라

그 일이 시작되기 전에라도

너희에게 이르노라(사 42:1-9).

일련의 개인이나 공동체를 대표할 수 있는 이 종의 정체를 규정하기는 어렵다(사 42:1). 이 종은 이스라엘 국가(41:8-10)나 이스라엘의 신실한 남은 자, 또는 예언적 개인, 또는 명백히 하나님의 종으로 규정되며 심판과 교훈에 관련이 있는 모세[10]가 될 수도 있고, 아니면 여호와의 기름 부음을 받은 바사의 통치자 고레스가 해당될 가능성조차 배제할 수는 없는데 바로 그가 유배자들을 고향으로 귀환시켰기 때문이다(45:1).[11]

이 중 어느 것도 가능하다는 사실에는 이런 함의가 있다. 그 종을 모세로 규정하는 것과 고레스로 규정하는 것 사이에는 커다란 간극이 있다는 것이다.[12]

우리가 이 종에 부합하는 역사상의 인물을 찾을 수 없다고 할지라도, 우리는 이 풍부한 고찰에서 통찰을 얻을 수 있다. 종의 메시지 특징은 섬들이 기다리고 있는 '토라', 즉 '교훈'이다. 그런 가르침의 근원은 뒤에서 종이 묘사하는 데서 분명해진다.

> 주 여호와께서 학자들의 혀를 내게 주사 나로 곤고한 자를 말로 어떻게 도와줄 줄을 알게 하시고, 아침마다 깨우치시되 나의 귀를 깨우치사 학자들같이 알아듣게 하시도다 주

---

10 [예를 들어, 출 14:31; 민 12:8; 수 1:2; 느 1:7; 시 105:26].
11 이사야 40-55장에서 이른바 종의 노래로 불리는 본문에 관한 믿을 만한 소개는 다음을 보라. Raymond Collin's entry, "Servant of the Lord, the," in *New Interpreter's Dictionary of the Bible*, ed. Katharine Doob Sakenfeld (Nashville: Abingdon, 2006), 5:192-95.
12 이 간략한 묘사에서 또 다른 난점은 본문의 중심이 되는 단어, 즉 정의(히브리어 "미슈파트"[*mišpāṭ*],)의 의미이다. 비록 위에서는 이 단어를 "정의"로 번역했지만 그 의미에는 더 많은 논쟁의 여지가 있기에 그 종이 가져오는 것이 무엇인지는 명확하지 않다. 종은 무죄 선언의 긍정적 법적 결정의 의미로 정의, "미슈파트"를 제시할 수 있을 것이고(예, 사 40:27; 49:4; 50:8; 시 37:6), 혹은 그들의 신들이 아무것도 아닌 까닭에 열국에 심판을 내리는 부정적 법적 결정의 의미로 정의, "미슈파트"를 제시할 수도 있다(사 41:1-5, 21-29). 정의는 또한 정의의 수립, 곧 이스라엘을 중심으로 열국을 위한 하나님의 계획을 수립하는 것을 의미할 수도 있다(40:14; 51:4). 아니면 이스라엘의 잘못된 행동을 묘사하기 위해 정의, "미슈파트"와 가르침, "토라"가 나란히 나오는 예레미야서 5:4-5과 8:7에서처럼 주로 행동 방식을 뜻할 수도 있을 것이다.

> 여호와께서 나의 귀를 여셨으므로 내가 거역하지도 아니하며 뒤로 물러가지도 아니하며 (사 50:4-5).

이 자전적 서술의 한 토막에서 가르침과 배움의 결합은 영감된 예언의 본질적 구성 요소이다. 히브리어 어근 *lmd*, '가르치다'와 '배우다'는 여러 가지 주제, 곧 하나님의 율례와 규례(신 4:1, 5) 같은 것들을 가르치고 훈련하는 일을 자주 묘사한다. 그 율례와 규례에 대해 부모들이 받은 명령은 이러하다.

> 또 그것을 너희의 자녀에게 가르치며 집에 앉아 있을 때에든지, 길을 갈 때에든지, 누워 있을 때에든지, 일어날 때에든지 이 말씀을 강론하고(신 11:19).[13]

배움도 그렇지만 가르침은 반복하고 재현하고 암기하는 일이다. 가르침도 그렇지만 배움은 자연 발화된 카리스마를 통해서가 아니라 날마다 꾸준히 일어난다. 이는 없어서는 안 되는 통찰이다. 이는 영을 꾸준하고 부지런한 배움과 별개의 것으로 여기려는 그 어떤 시도에도 반하기 때문이다. 이 영감된 종의 관점에서는 훈련과 영감 사이의 경계는 아주 흐릿하다.

열국을 위한 토라의 가르침은 빛으로 온다. 하나님이 종에게 말씀하신다.

---

13 이 의미는 히브리어 피엘(piel)형에서 두드러지는데, 이는 교훈의 노래(삼하 1:18), 군사들의 전투 훈련(삼하 22:35; 시 18:34[MT 18:35]), 푸알(pual)형과 연관되어서는 노래를 잘하는 사람(대상 25:7)에 사용된다. 그런 가르침은 에스라 7:10의 "연구"와도 결이 같다.
[스 7:10] 에스라가 여호와의 율법을 연구하여 준행하며 율례와 규례를 이스라엘에게 가르치기로 결심하였었더라.

> 너를 세워 백성의 언약과 이방의 빛이 되게 하리니 네가 눈먼 자들의 눈을 밝히며 갇힌 자를 감옥에서 이끌어 내며 흑암에 앉은 자를 감방에서 나오게 하리라(사 42:6-7).

열국 사이의 어둠을 물리치는 종의 능력은 이 인물의 가장 인상적인 면 중 하나로, 우리는 그가 바벨론 포로의 경험을 통해 열국에게 소망이 아닌 멸시를 가져다줄 것이라 예상할 수 있다. 그러나 그와 반대로, 종이 "이방의 빛이"(42:6) 될 것이라는 하나님의 주장은 하나님의 우선순위에 완벽히 부합한다.

> 내 백성이여 내게 주의하라 내 나라여 내게 귀를 기울이라 이는 율법이 내게서부터 나갈 것임이라 내가 내 공의를 만민의 빛으로 세우리라 내 공의가 가깝고 내 구원이 나갔은즉 내 팔이 만민을 심판하리니 섬들이 나를 앙망하여 내 팔에 의지하리라(사 51:4-5).

포로가 된 선지자의 조국에게 이 메시지는 위로이기도 하다. 종은 제자의 혀를 가졌기에 "곤고한 자를 말로 어떻게 도와 줄 줄을" 안다(50:4). 이사야 40-55장 전체는 곤비한 나라를 위한 다정한 위로의 말(40:1)로 시작된다.

> 너는 알지 못하였느냐 듣지 못하였느냐
> 영원하신 하나님 여호와
> 땅 끝까지 창조하신 이는
> 피곤하지 않으시며 곤비하지 않으시며
> 명철이 한이 없으시며
> 피곤한 자에게는 능력을 주시며
> 무능한 자에게는 힘을 더하시나니
> 소년이라도 피곤하며 곤비하며

> 장정이라도 넘어지며 쓰러지되
> 오직 여호와를 앙망하는 자는 새 힘을 얻으리니
> 독수리가 날개치며 올라감 같을 것이요
> 달음박질하여도 곤비하지 아니하겠고
> 걸어가도 피곤하지 아니하리로다(사 40:28-31, 나의 강조).

종에게 영을 주는 것은 곤비한 이스라엘을 위한 가르침에 영감을 준다. 비록 종의 가르침이 자기 백성에게 힘이 되고 열국을 향한 하나님의 이상에 완벽히 들어맞는다고 할지라도, 그것은 역경과 고난의 삶으로 이끈다. 고통의 씨앗은 종에 관한 첫 번째 묘사에서 드러나지 않는다.

"그는 외치지 아니하며 목소리를 높이지 아니하며"(사 42:2)에서 "외치다"로 번역된 히브리어 동사 "차아크"($ṣā'aq$)는 단순히 "크게 울다"로 번역될 수도 있지만, 이사야서 전체에서 이 단어는 '고통의' 비명을 뜻한다(19:20; 33:7; 46:7; 65:14). 종은 공개적으로 고통의 비명을 지르지 않을 것이다. 이 땅에 정의를 실현하는 자신의 임무를 성공적으로 완수하고 자신의 가르침이 섬들에 이르기까지 종은 곤비해지거나 꺾이지 않을 것이다.

그렇지만 선지자는 훗날 극심한 반대를 불러일으킨다.[14]

> 나를 때리는 자들에게 내 등을 맡기며 나의 수염을 뽑는 자들에게 나의 뺨을 맡기며 모욕과 침 뱉음을 당하여도 내 얼굴을 가리지 아니하였느니라(사 50:6).

그는 앞으로의 일에 대해 자기 얼굴을 부싯돌같이 굳게 하여, 히브리어 어근 klm을 사용하여 흥미로운 언어유희를 통해 부끄러워하지 않고("니클라메

---

14 선지자의 이런 자전적 서술과 이사야 40-55장에서의 종의 역할은 밀접한 관련이 있다.

티"[niklāmatî]) 수치("미켈리모트"[mikkəlimmôt])를 견딜 수 있다고 주장한다.[15]

결국, 그는 간고를 많이 겪고, 질고를 알며, 사람들이 피하는 대상이 되며, 멸시를 받고, 흠모할 만한 것이 없게 되며, 징벌을 받고, 맞으며, 고난을 당하고, 상처 입고, 짓밟히며, 곤욕과 심문을 당하고, 도수장 앞에서 잠잠한 어린 양처럼 되며, 살아 있는 자들의 땅에서 끊어지고, 하나님의 백성의 허물로 인해 고통받으며, 그의 무덤이 악인들과 함께 있게 되고, 고통으로 상함을 받으며, 비탄에 잠기며, 자기 영혼을 버려 사망에 이르게 하고, 범죄자 중 하나로 헤아림을 받게 된다.

비록 그는 강포를 행하지 아니하였고 그의 입에는 거짓이 없었지만 이 모든 일을 당하게 된다(52:13-53:12).

그가 이런 반발을 사는 것은 종의 모습에서 생긴 새로운 주제의 결과일 수 있다. 즉, 영은 토라를 섬들에게, 빛을 열국에 전하며 광범위하고 포괄적인 세계관에 영감을 준다.

선지자와 같은 시대를 살던 대다수는 이 이상에 공감하지 않는다. 자신의 조국만을 사랑하던 이들은 '다른' 나라들을 향한 하나님의 사랑을 거스른다. 이것은 자연스러운 이상이 아니다. 편안한 이상이 아닌 것도 분명하다. 그러나 '영감된' 이상이다. 그리고 애국자와 선지자의 충돌을 유발하는 이상이다. 왜냐하면, 세계에 대한 이 이상은 '하나의' 나라가 아닌 열국을 우선하여 국가주의에 역행하며, 특히 바벨론으로 강제 이주를 했던 자들의 자손들에게서 갈등을 야기하기 때문이다.

이런 고전적 관점에서 구약은 영에 관한 또 다른 중요한 통찰을 제공한다. 곧 영의 존재를 갈등의 부재로 여기는 것은 큰 실수가 될 것이라는 사실이다. 있는 그대로의 세상(임의적 국경을 가진)에 순응하는 것을 영이 이루는 나름의 평화로 여기는 것은 오판일 것이다. 그것은 결코 사실이 아니다.

---

15   [사 50:6-7].

특히, 종에 대한 이 묘사에 따르면, 그는 있는 그대로가 아니라 원래 그래야 할 세상에 대한 헌신으로 인해 도무지 가만히 있지 못하고 가르칠 준비를 한다. 단지 예루살렘 안에서만이 아니라 해안 국가들에 이르기까지.

메시아적 통치자의 영감(사 11:1-9)은 이사야 40-55장에서 변화를 겪는다. 눈앞에 닥친 유배생활을 비롯하여 150년이 넘는 동안 세월의 영향은 무시할 수 없다.

이사야 11장에 따르면 메시아적 통치자는 위험한 정의를 선보이겠지만, 종의 일은 훨씬 더 어렵다. 그는 뚜렷한 특권도 없는 위치에서 고대 근동 제국들을 위한 빛의 운명을 선포한다. 그중 하나는 수십 년 전에 자신의 조국, 유다를 파괴한 제국이다. 이는 죄악이 사함을 받았고, 노역의 때가 끝났고, 죄로 말미암아 벌을 배나 받은 포로공동체에게는 불쾌한 이상이다(40:2). 아마도 그들의 경험과 종의 소명 사이에는 견딜 수 없을 정도의 격차가 있는 것일지도 모른다. 아마도 종은 열국을 위한 자신의 광대한 이상의 제단에 희생되는 것일지도 모른다.

3. 영감된 선지자

이제 예수에 대한 상상에 불을 붙이는 이사야 61장의 유명한 본문, "주 여호와의 영이 내게 내리셨으니 … 가난한 자에게 아름다운 소식을 전하게 하려 하심이라"로 직행하고 싶은 마음이 들 수도 있다. 그 와중에 운문 사이에 짧게 낀 히브리 산문은 이사야 11장에서 42장을 거쳐 61장에 이르는 궤적에 전혀 어울리지 않지만 영에 대한 통찰을 제공한다.

우리는 이 본문 앞에 나오는 열국을 향한 소망으로 가득한 구절부터 살펴볼 것이다.

서쪽에서 여호와의 이름을 두려워하겠고 해 돋는 쪽에서 그의 영광을 두려워할 것은 여호와께서 그 기운[바람]에 몰려 급히 흐르는 강물같이 오실 것임이로다(사 59:19).

"바람"이란 단어가 실제로는 "루아흐"이기에 바람은 '단순한' 바람이 아니라 '여호와의' 바람이다. 여호와로부터 바람이 일어나 메추라기를 진 둘레까지 몰아왔던 광야에서의 모세와 장로들의 이야기같이 이는 친숙한 지형이다.

다시금 하나님은 막힌 강물을 터트리신다. 다만 이번에 바람이 몰아오는 것은 메추라기가 아니라 하나님에 대한 두려움과 하나님의 영광이다. 또한, 이번에는 하나님의 영-바람이 동쪽, 광야의 작은 피난처로만이 아니라 동쪽과 서쪽, 즉 온 세계로 분다. 이는 산들바람이 아니다. 강물을 범람하게 하는 강풍이다.

이어지는 구절도 똑같이 친숙하다.

> 일어나라 빛을 발하라 이는 네 빛이 이르렀고
> 여호와의 영광이 네 위에 임하였음이니라
> 보라 어둠이 땅을 덮을 것이며
> 캄캄함이 만민을 가리려니와
> 오직 여호와께서 네 위에 임하실 것이며
> 그의 영광이 네 위에 나타나리니
> 나라들은 네 빛으로
> 왕들은 비치는 네 광명으로 나아오리라(사 60:1-3).

선지자는 열국의 빛으로서 정의를 이루는 종이 나오는 이사야 42장의 언어를 사용한다.

앞과 뒤에 나오는 하나님의 자비의 광대함에 비교하면, 이사야 59:21은 좁고 독창성 없이 진부해 보인다.

> 여호와께서 이르시되 내가 그들과 세운 나의 언약이 이러하니 곧 네 위에 있는 나의 영과 네 입에 둔 나의 말이 이제부터 영원하도록 네 입에서와 네 후손의 입에서와 네 후손의 후손의 입에서 떠나지 아니하리라 하시니라 여호와의 말씀이니라(사 59:21).

언뜻 보기에 이 약속은 뻔하고 평범하게, 즉 수십 년 전에 비슷한 약속을 했던 에스겔과 예레미야의 초기 약속들의 창의력 없는 확장에 불과해 보인다.

> 또 새 영을 너희 속에 두고 새 마음을 너희에게 주되 너희 육신에서 굳은 마음을 제거하고 부드러운 마음을 줄 것이며 또 내 영을 너희 속에 두어 너희로 내 율례를 행하게 하리니 너희가 내 규례를 지켜 행할지라 내가 너희 조상들에게 준 땅에서 너희가 거주하면서 내 백성이 되고 나는 너희 하나님이 되리라(겔 36:26-28).

> 여호와의 말씀이니라 보라 날이 이르리니 내가 이스라엘 집과 유다 집에 새 언약을 맺으리라 이 언약은 내가 그들의 조상들의 손을 잡고 애굽 땅에서 인도하여 내던 날에 맺은 것과 같지 아니할 것은 내가 그들의 남편이 되었어도 그들이 내 언약을 깨뜨렸음이라 여호와의 말씀이니라 그러나 그날 후에 내가 이스라엘 집과 맺을 언약은 이러하니 곧 내가 나의 법을 그들의 속에 두며 그들의 마음에 기록하여 나는 그들의 하나님이 되고 그들은 내 백성이 될 것이라 여호와의 말씀이니라 그들이 다시는 각기 이웃과 형제를 가리켜 이르기를 "너는 여호와를 알라" 하지 아니하리니 이는 작은 자로부터 큰 자까지 다 나를 알기 때문이라 내가 그들의 악행을 사하고 다시는 그 죄를 기억하지 아니하리라 여호와의 말씀이니라(렘 31:31-34).

이것은 포괄적 약속이지만 바벨론 유배 이후 유다의 회복만을 예견하고 있지 열국을 위한 정의는 예견하지 않는다. 마치 이사야 59장의 선지자도 이스라엘만을 위한 똑같은 희망적 성향을 따르기 위해 퇴보한 것처럼 보인다.

그러나 그렇지 않다. 이사야 59:21의 약속은 나라에 관해서가 아니다. 한 개인에 관해서이다. 실제로 하나님의 말씀은 선지자에게 직접 주어졌고 그의 입에서만 찾을 수 있다.[16] 하나님은 정말로 이스라엘과 언약을 맺으셨다. 그러나 영이 내린 오직 이 한 개인과 그의 자손들을 통해서만 그렇게 하셨다. 이 말씀은 이사야 51:16에서 선지자에게 하신 하나님의 말씀을 떠올리게 한다.

> 내가 내 말을 네 입에 두고 내 손 그늘로 너를 덮었나니 이는 내가 하늘을 펴며 땅의 기초를 정하며 시온에게 이르기를 너는 내 백성이라 말하기 위함이니라(사 51:16).[17]

---

[16] "너"와 "너의"는 모든 경우 2인칭 단수로 나온다. 이는 이스라엘 전체에 대해서가 아니라 한 사람과 그의 자손들에 대한 약속으로 보인다. 물론, 하나님이 온 나라를 한 사람처럼 여기고 말씀했을 가능성도 있지만, 몇 가지 이유에서 이는 한 개인일 가능성이 더 높다.

첫째, 이사야 44:3과 같은 구절들에서는 단수형으로 나라를 지칭하며 이스라엘은 실제 인물의 이름을 따는 방식으로 불린다. 즉, 이스라엘은 다양한 개인의 이름, 야곱, 이스라엘, 여수룬으로 불린다(44:1-2). 그렇다면 자연스럽게 인칭대명사는 단수형일 것이다. 이는 이사야 59:21의 경우와 다르다.

둘째, 비록 나라 전체에 영이 '부어질 수' 있지만 이사야서 전체를 통틀어 영은 오직 개인들에게만 '내린다'(11:2; 42:1; 61:1).

셋째, "네[단수형] 입"에 하나님의 말씀이 있다는 것은 한 '개인' 선지자의 영감에 대한 전형적 표현이다. 열왕기상 22:23에서처럼 집단일 때에도 하나님은 거짓말하는 영을 "이 모든 선지자의 입에" 넣으셨다.

[17] 죽었던 아들이 다시 살아난 과부는 엘리야에게 고백한다.
[왕상 17:24] 내가 이제야 당신은 하나님의 사람이시요 당신의 입에 있는 여호와의 말씀이 진실한 줄 아노라 하니라.
예레미야는 회상한다.
[렘 1:9] 여호와께서 내게 이르시되 보라 내가 내 말을 네 입에 두었노라.

이는 선지자의 유산에 대한 강력한 확증이다. 동시에 선지자의 유산에 대한 '필수적' 확증이다. 만일 선지자가 어떤 식으로든지 종과 관련이 있다면, 우리는 그의 운명을 안다. 그의 조부모 고국을 파괴한 제국에 정의의 아름다운 소식을 가져다준 결과로 동포에게 외면당할 것이며, 멸시를 받고, 상처를 입으며, 명성은 더럽혀질 것이다.[18]

다가올 운명을 생각하면 선지자에게는 다음의 선택들이 있었다. 포괄적인 이상을 포기하거나, 혹은 강력한 예언적 외침을 위해 그 요소만 제거하거나, 아니면 훨씬 더 먼 미래, 곧 "이제부터 영원"에 틀림없이 놓인 유산을 위해 다가올 고통을 감내하며 외치고 선포하는 것이다. 선지자는 이 소명을 외치고 선포한다.

2세기 전, BCE 700년대 중반, 호세아는 이스라엘 백성이 "선지자가 어리석었고 신에 감동하는 자가 미쳤나니"(호 9:7)라고 말했다고 외쳤다. 호세아의 행동이 미쳐서 이스라엘 백성이 이렇게 말한 것이 아니었다. 그들은 멸망에 관한 호세아의 예언을 도무지 이해할 수 없어서 그렇게 말했다. 이스라엘은 부유함의 절정에 달해 있었으며, 커져 가는 앗수르 지배의 위협에서 벗어나기 위한 정치적 동맹이 있었다. 호세아는 끊임없이 그런 동맹을 매도하며 그들이 의지하는 명목상의 보호각을 꿰뚫어 보았다. 단지 이스라엘은 자신의 번영과 정치적 협정들이 불과 몇십 년 안에 자신을 굴복시킬 수 있는 취약한 것이라는 사실을 간파하지 못했기 때문에 호세아가 미쳤다고 생각했다.

이런 식의 영감된 근성이 예언적 확신을 촉진하는 것이다. 현재 상황에 대립하는 이상을 유지하는 일은, 심지어 그것이 영감된 이상이라고 할지

---

18 느헤미야 5:1-5의 효과적 서술에는 후기 포로 시대에 같은 동포를 억압하는 그런 시나리오가 명백히 드러난다. 절박한 이스라엘 백성들은 단지 생존을 위해 다른 이스라엘 백성들로 하여금 그들의 밭과 집과 포도원을 저당잡히게 하고 그들의 자녀는 종으로 팔게 한 것으로 보인다.

라도 결코 만만치 않다. 아주 오랜 시간 동안 조용한 헌신을 요구하는 일이다(사 42:2). 거기에는 매일의 훈육과 세상을 향한 하나님의 대안적 이상에 대한 수용성이 수반된다(50:5-6). 그것은 근시안적 관점을 벗어나 오랫동안 지속되는 유산을 바라보는 능력을 요구한다(59:21).

하나님이 하신 "네 위에 있는 나의 영"이란 말을 받는다는 것은 자기 삶을 정의에 바친다는 것뿐 아니라 다른 사람들도 정의에 헌신하도록 만드는, 얼핏 헛된 노력에 자기 삶을 바쳐야 하는 일 모두를 아우르는 소명을 구현하는 것이다. 기억날지 모르겠지만 이사야는 처음에 백성의 귀를 둔하게 해서 깨닫지 못하게 하도록 부름받았다(6:10). 헛된 것처럼 보이는 삶을 견디는 능력은 영감의 본질적 측면이다. 이 결단, 이 결심이 예언자적 관점에서 영 안에 거하는 삶이다.

4. 영감된 해방자

풍성함의 물결 속에서, 선지자는 가난한 자가 그저 상에서 떨어지는 부스러기나 먹어 마땅하다는 생각을 거부하며 계속해서 정의의 생명력을 나타낸다.

> 주 여호와의 영이 내게 내리셨으니
> 이는 여호와께서 내게 기름을 부으사
> 가난한 자에게 아름다운 소식을 전하게 하려 하심이라
> 나를 보내사 마음이 상한 자를 고치며
> 포로된 자에게 자유를
> 갇힌 자에게 놓임을 선포하며
> 여호와의 은혜의 해와

우리 하나님의 보복의 날을 선포하여

모든 슬픈 자를 위로하되

무릇 시온에서 슬퍼하는 자에게

화관을 주어 그 재를 대신하며

기쁨의 기름으로 그 슬픔을 대신하며

찬송의 옷으로 그 근심을 대신하시고

그들이 의의 나무

곧 여호와께서 심으신 그 영광을 나타낼 자라 일컬음을 받게 하려 하심이라

그들은 오래 황폐하였던 곳을 다시 쌓을 것이며

옛부터 무너진 곳을 다시 일으킬 것이며

황폐한 성읍

곧 대대로 무너져 있던 것들을 중수할 것이며(사 61:1-4).

화관, 기쁨의 기름, 찬송의 옷은 떨떠름한 의무적 구제의 결과가 아니다. 또 "의의 나무"와 "여호와께서 심으신"이 생존의 은유인 것도 아니다. 그것은 거대한 숲과 싱그러운 정원을 채우는 것이다. 영이 내린 이 마지막 예언은 빈곤의 경감에 관한 것이 아니다. 이는 치유, 해방, 승리의 의식 세리머니, 축하, 수백 년 된 숲과 생명의 나무에 관한 것이다. 이는 50년마다 모든 빚이 탕감되는 희년 축제이다(레 25:8-17).

이는 놀랍고도 기이한 이상으로, 단순히 회복된 유다에 관한 것이 아니라 위에서 아래까지, 부유한 자와 가난한 자 모두가 하나님의 영광에 참여하는 모습으로 회복된 유다에 관한 것이다. 이는 모든 사람, 곧 포로로 끌려간 지식인의 자손들과 끌려가지 않았던 소작농의 자손들이 함께 예루살렘을 재건하고 하나님의 복의 열매를 거둘 것이라는 선언이다.

이사야 56-66장에 흠뻑 배인 강력한 포괄적 이미지에 비추어 보면, 이는 안식일을 지키는 고자(56:3-5), 성전 가운데 있는 이방인(56:3, 6-7), 모여

든 쫓겨난 자(56:8)로 뒤죽박죽인 예배의 선명한 이미지만이 전부인 속 빈 연설이 아니다. 이 선지자는 말 한마디로 새 하늘(65:17)을 창조할 수 있지만, 사회 근간의 변화로 전율하는 새 땅 없이는 아니다. 그 땅에서는 고자가 아브라함과 사라의 언약을 품고, 이방인이 예배를 인도하며, 가난한 자가 승리의 화관을 쓴다.

이 선지자는 다른 팔레트에 있는 말을 섞어 채색하며, 정의에 두 발이 굳게 선 아름다운 사람들을 연설로 조각한다. 선지자는 이 작업을 백지 상태에서 시작하는 것이 아니다.

이 사역은 영감된 메시아의 지혜(11:1-4)와 유배기 종의 가르침의 핵심인 열국을 향한 정의의 이상(42:1-7)에 뿌리가 있다. 앞선 시대의 영감된 지도자들처럼, 사용할 수 있는 유일한 무기는 말이다. 이것은 이상적 통치자의 막대기(11장)이고, 종의 검(50장)이며, 하나님이 선지자의 입에 둔 말(59장)이며, 해방자의 연설(61장)이다.

세월이 가며 이스라엘의 정치적 상황이 변함에 따라 이 정의의 이상도 변화했다. 그것은 메시아적 통치자(11장)에서 고통받는 종(42장), 언약의 예언자적 수신자(59장), 억압당한 자의 챔피언(61장)으로 바뀐다.

정치적 불안(11장)이 바벨론 유배생활(42장)과 바사 시대 동안의 재건과제(59, 61장)가 됨에 따라, 이사야 11장에서 암시된 보편적 경향은 먼 섬들에서의 개종자들을 포용할 정도로 커졌다가 이스라엘의 가난한 자의 곤경(61장)에 큰 관심을 두게 되며 좁혀지지만 지역주의적 방식으로 그런 것은 아니다.

이 예언에서의 특이점은 우리가 영이 머문 지도자에 대해서는 잘 알지 못해도 그가 해방시키는 사람들에 대해서는 훨씬 더 많이 안다는 사실이다. 특히, 권력을 얻기 위해 자기 홍보를 하며 정치적으로 유리한 입지를 선점하려는 시대를 사는 독자들에게는 더욱 특이하게 느껴질 것이다.

이사야 61장에서 영감을 받은 사람은 오직 '나' 하나이지만, 그 영감된 한 사람이 회복시키는 이들은 억눌린 자, 상처 입은 자, 갇힌 자, 포로 된 자, 슬퍼하는 자이다. 실제로 우리는 영감된 지도자가 어떤 일을 할 것인지 깨닫는다. 그는 아름다운 소식을 전하고, 상한 자를 고치며, 자유와 놓임과 하나님의 은혜의 해와 보복의 날을 선포하며, 위로하고, 공급하며, 화관과 기쁨의 기름과 찬송의 옷을 줄 것이다.

이런 독창성과 관대함은 경이롭다. 물론, 이는 영감된 이들에게 마땅한 것이다. 영의 그늘 아래서 자기 권력의 확대는 해방으로, 탐욕은 도움으로, 야망은 자유로 변한다.

제4장

전달되는 영

> *이 장을 읽기 전에 읽어야 할 본문
>
> · 민수기 11:16-30
> · 민수기 27:12-23
> · 신명기 34:7-12
> · 열왕기상 22:1-40
> · 열왕기하 2:1-18

우리는 열왕기상 끝부분에 낀 특이한 이야기에서 자신이 진실이라고 믿는 것을 위해 기꺼이 목숨을 바친 거의 무명에 가까운 선지자, 이믈라의 아들 미가야를 만난다.

북왕국과 아람(바로 북쪽에 위치한)이 삼 년 간 평화를 유지하고 있을 때에 이야기가 시작된다. 삼 년이 너무 길다고 생각한 것으로 보이는 남유다의 여호사밧왕이 북왕국의 아합왕을 보러 가서 아람을 물리치기 위한 정치적 동맹에 참여하겠다고 한다. 이제 한 편이 된 왕들은 출정 준비가 되었다. 여호와의 말씀을 들어보자는 여호사밧의 제안만 따르면 된다. 그들은 그렇게 한다.

시드기야라는 자의 휘하에서 400명의 선지자는 아합의 계획을 옹호한다. 그러나 전지자들이 어떻게 그렇게 신속히 왕에게 동의할 수 있는지 미심쩍었던 여호사밧은 또 다른 선지자가 있는지 물어본다. 아합은 이믈라의 아들 미가야가 있지만 그가 자신에 대해 늘 부정적으로 이야기해서 그를 미워해 가두어 두었다고 말한다. 여호사밧은 미가야에게도 들어보기를 청하는데, 놀랍게도 그는 왕이 듣고 싶은 말을 해 준다.

여기서 본격적으로 아이러니가 시작된다. 아합은 뭔가 잘못된 것을 깨닫는다. 보통의 경우, 미가야는 다른 400명의 선지자들과 달랐기 때문이다. 그러니 희한하게도 아합이 진실을 간청한다.

> 내가 몇 번이나 네게 맹세하게 하여야 네가 여호와의 이름으로 진실한 것으로만 내게 말하겠느냐(왕상 22:16).

그래서 미가야는 사실을 고한다. 왕은 실패하여 죽을 것이다. 그러자 아합은 미가야를 불러내게 만든 자신의 새로운 남유다 동맹을 향해 또 다시 역설적으로 말한다.

> 저 사람이 내게 대하여 길한 것을 예언하지 아니하고 흉한 것을 예언하겠다고 당신에게 말씀하지 아니하였나이까(왕상 22:18)

아합을 납득시키기 위해서든지 더 큰 상처를 주기 위해서든지, 아니면 그 모두를 위해서든 미가야는 자신이 받은 환상에 대해 말해 준다. 하늘의 궁중에서 하나님은 지원자를 찾으시고 물으신다.

> 누가 아합을 꾀어 그를 길르앗 라못에 올라가서 죽게 할꼬(왕상 22:20).[1]

---

1 이사야 6장과 시편 103:19-22에서처럼, 이 시나리오는 하나님 주위에 천사 수행단이 있음을 시사한다.

천상의 궁중의 지원자 가운데 한 영이 말한다.

> 내가 나가서 거짓말하는 영이 되어 그의 모든 선지자들의 입에 있겠나이다(왕상 22:22).

이 환상은 아주 선명하고 충격적이긴 하지만, 그렇다고 딱히 새로운 것도 아니다. 일반적으로 선지자들에게는 예언적 적수들이 있었다.

예를 들어, 미가는 미가야 이야기에 나오는 시드기야와 그 측근들처럼 왕이 듣고 싶어 하는 말만 했던 다른 선지자들을 경멸했다(미 3:1-8).

에스겔은 있는 힘껏 자신의 적수들을 비방했다.

> 그러므로 주 여호와께서 이같이 말씀하셨느니라 너희가 허탄한 것을 말하며 거짓된 것을 보았은즉 내가 너희를 치리라 주 여호와의 말씀이니라(겔 13:8-9).

거짓말하는 영, 곧 속이는 루아흐는 충격적이긴 해도 새로운 이미지는 아니다.[2]

이쯤에서 영감의 본질에 관해 할 수 있는 말이 많을 텐데, 특히 참된 예언과 거짓 예언을 구분하는 것이 얼마나 어려운지에 관해서이다. 구분하는 한 가지 척도는 영과 현재 상황의 관계이다. 이사야 42장의 종처럼, 미가야는 현재 상황을 '거슬러' 말한다. 합의는 진실이 '아니다.' 왕에게 생계를 의지하던 선지자 400명의 호언장담은 합의를 무시한 하나의 메시지보다도 가치가 없다.

---

2 중간에 언급된 영(왕상 22:22-23)은 "그의[아합의] 모든 선지자들의 입에" 있을 "거짓말하는 영"을 가리킨다. "입에 있는 영"이라는 특이한 표현은 아마도 선지자와 약속을 가리키는 신명기 18:18의 영향을 받았을 것이다.
[신 18:18] 내 말을 그 입에 두리니 내가 그에게 명령하는 것을 그가 무리에게 다 말하리라.

또 다른 척도는 구체성과 관련이 있다. 미가야가 하는 말은 막연하거나 공허하게 영적이지 않다. 아합의 죽음에 관한 그의 예견은 분명하다.

> 내가 보니 온 이스라엘이 목자 없는 양같이 산에 흩어졌는데(왕상 22:17).

실제로 참된 선지자로서 그는 자신의 메시지에 자기 운명을 건다. 그가 왕에게 말한다.

> 왕이 참으로 평안히 돌아오시게 될진대 여호와께서 나를 통하여 말씀하지 아니하셨으리이다(왕상 22:28).

이 이야기의 관점에서 보면, 영의 말은 구체적이어야 한다.[3]

이야기는 계속되어 400명의 우두머리 시드기야와 미가야의 대치에서 절정에 달한다. 시드기야가 미가야의 권위를 문제 삼는 이곳이 '전달되는' 영에 관한 우리의 연구가 시작되는 곳이다.

> 여호와의 영이 나를 떠나 어디로 가서 네게 말씀하시더냐(왕상 22:24).

이는 단순히 "왜 너는 옳고 나는 틀리냐"는 말일 수 있다. 그러나 보다 많은 의미가 있을 수도 있다. 영의 본질을 이해하기 위한 이 비난에서의 중요한 단어는 동사 "건너가다", "전달하다"로, 이는 하나님의 영이 사울에게서 다윗에게로 옮겨 간 일을 상기시킨다.

---

3 미하엘 벨커(Michael Welker)는 이 이야기에 관한 중요한 분석을 제시하는데, 여기에는 참된 예언과 거짓 예언을 구분하게 해 주는 척도에 관한 논의도 포함되어 있다. *God the Spirit* (Minneapolis: Fortress, 1994), 50-74.

열왕기상 22:24과 사무엘상 16:13-23의 평행은 살아 있는 한 사람으로부터 다른 사람에게로 영이 그 권위와 함께 전달될 수 있다는 사실을 보여준다. 두 경우 모두에서, 전자는 후자가 얻는 영의 힘을 상실한다.

이는 이해하기 쉬운 개념이 아니다. 고대 헬라어 번역가에게도 분명히 그랬다. 그들은 히브리 성경의 열왕기상 22:24, "여호와의 영이 나를 떠나 어디로 가서 네게 말씀하시더냐"를 헬라어로 "어떤 종류의 여호와의 영이 네게 말씀하시더냐"로 번역했다.[4]

헬라어 번역의 논점은 '어떻게' 시드기야로부터 미가야에게 영이 전달되었는지가 아니라 '어떤 종류의' 영이 시드기야의 예언적 적수, 미가야에게 말했냐는 것이다. 한 사람으로부터 다른 사람에게 전달되는 영은 이해하기 어려운 개념일지 모르지만, 이는 틀림없이 '성경적' 개념이다.

1. 모세와 장로들, 그리고 사울

한 사람에게서 다른 사람으로의 영의 이동은 광야에서의 모세와 72인의 장로들에 관한 이야기에서도 이해하기 어렵기는 매한가지다. 이 이야기는 영의 전파에 있어 물리적 근접성의 역할에 대한 의문을 제기한다. 적어도 이런 이야기들에서는, 물리적 접근성이 영의 전달에 필수적이다.

이 이야기에서 모세는 백성을 감당하는 책임이 심히 중하다고 불평했다. 하나님은 모세를 명하여 장로가 될 만한 칠십 인을 회막에 모으라고 하시며 약속하셨다.

---

4 특별한 언급이 없는 한, 헬라어 구약성경의 영역본은 NETS이다.

내가 강림하여 거기서 너와 말하고 네게 임한 영을 그들에게도 임하게 하리니 그들이 너와 함께 백성의 짐을 담당하고 너 혼자 담당하지 아니하리라(민 11:17).

모세가 나가서 여호와의 말씀을 백성에게 알리고 백성 장로 칠십 인을 모아 장막에 둘러 세우매 여호와께서 구름 가운데 강림하사 모세에게 말씀하시고 그에게 임한 영을 칠십 장로에게도 임하게 하시니 영이 임하신 때에 그들이 예언을 하다가 다시는 하지 아니하였더라(11:24-25).[5]

이 이야기는 난해하여 여기서 우리가 영에 대해 배우고자 한다면 하나씩 뜯어보고 다시 끼워 맞춰 보아야 한다.

부분적으로 이는 예언의 본질에 대해 거의 말해 주는 바가 없기 때문에 난해하다. 흔히 장로들의 예언은 예언적 광기에 빠지는 것으로 이해된다. 곧 "사람들이 우연히, 그리고 어쩌면 강압적으로 빠지게 되는 열광적인 흥분과 황홀한 영감과 광란의 상황 … 또는 일시적으로 '정신이 나간' 상황"이다.[6]

이 이야기 자체만으로는 이 해석은 분명하지 않다. 대신 똑같은 히브리 동사가 나타나는 사울의 이야기에서 알 수 있다. 거기서 그는 예언적 무아경에 빠진 것으로 묘사된다(삼상 19:23-24; 10:9-13을 보라). 이런 관점에서 보면, "장로들에게 영이 임한 결과로 그들은 예언적 광기에 빠졌는데, 이는 사울의 사환들과 궁극적으로는 사울 자신이 영에게 압도되어, 심지어 자기들의 뜻에 반하여 예언을 하게 된 것과 같다. …"[7]

---

5 이 이야기에 관한 상세한 분석은 다음의 내 글을 보라. "Prophecy in Ancient Israel: The Case of the Ecstatic Elders," *Catholic Biblical Quarterly* 65 (2003): 503-21.

6 Joachim Jeremias, "נָבִיא" in *Theological Lexicon of the Old Testament*, ed. E. Jenni and C. Westermann (Peabody, MA: Hendrickson, 1997), 2:704.

7 George B. Gray, *Numbers*, International Critical Commentary (Edinburgh: T&T Clark,

여기서의 전제는 사울의 예언 경험이 광야에서 장로들의 예언에 관해 알려지지 않은 사실을 드러낸다는 것이다. 두 이야기 모두에 같은 히브리 어근, nb'가 같은 히트파엘(hithpael)형으로 사용되며 평행하는 경험을 보여 준다. 또한, 두 이야기, 선지자 무리와 예언하는 장로 무리 모두에는 무아경의 전염을 보여 주는 공동체적 측면이 있다.

그리고 두 이야기 모두에 어느 정도의 동의가 있다. 곧 사울이 다른 인물로 변화되었다(삼상 10:6)는 사실은 장로들 또한 다른 종류의 사람으로 변화된다는 보여 준다. 심지어 칠십 인의 장로와 함께하지 않았던 두 명의 장로에게도 같은 일이 생기자 모세는 이를 기꺼워한다. 모세는 들떠서 말하는 듯하다.

> 여호와께서 그의 영을 그의 모든 백성에게 주사 다 선지자가 되게 하시기를 원하노라 (민 11:29).

사울의 이야기에 비추어 볼 때, 예언을 광기에 빠지는 것 이외의 것으로 해석하기 어렵다.

그러나 이 해석에는 문제가 있다. 칠십 인의 장로가 무아경에 빠지는 것이 어떻게 모세의 업무 부담을 완화시키는지 상상하기 힘들다.[8] 실제로 우

1903), 113. 다음 책에서 조지 몬태규(George Montague)는 "그들[장로들]의 예언의 내용에 관하여는 아무런 언급이 없는 것으로 볼 때 이는 아마도 사무엘상 10:5 이후와 19:20 이후에서와 같이 예언적 무아경의 감정일 것이다"라고 주장한다. *Holy Spirit: Growth of a Biblical Tradition* (Peabody, MA: Hendrickson, 1994), 15. 바루크 레빈(Baruch Levine)은 그런 합의에 설명을 덧붙인다. "동사 '히트나베'(*hitnabbe'*, 예언적 무아경을 겪다)는 저항할 수 없는 하나님의 영이 사람을 사로잡을 때 신체적이고 감정적으로 벌어지는 일을 묘사한다. 동사 '나바'(*naba'*, 발언하다, 예언을 말하다)의 이 특정한 형식은 사울에 대한 성경의 이야기(삼상 10:5-6; 18:29; 19:23-24)에서 가장 잘 알려져 있다." *Numbers 1-20: A New Translation with Introduction and Commentary*, Anchor Bible 4A (Garden City, NY: Doubleday, 1993), 340.

8 Martin Noth, *Numbers: A Commentary*, Old Testament Library (Philadelphia: Westmin-

리가 좀 더 면밀히 살펴보게 된다면, 이 이야기에서 그들은 무아경에 빠지지 않았다는 점을 보게 될 것이다. 다른 더 중요한 일이, 시내산에서의 웅장한 경험과 더 밀접한 관련이 있는 어떤 일이 일어났다.

2. 광야에서의 장로들과 시내산에서의 장로들

예언하는 장로들의 이야기는 모세와 함께 시내산에 올랐던 장로들의 거울상이다. 한마디로 민수기 11장은 출애굽기 16-24장과 정확히 부합한다. 예를 들어, 민수기 11장은 출애굽기 16장에서 이미 일어난 일들을 되풀이한다. 음식을 불평하여(출 16:2-3; 민 11:1, 4-6), 만나가 매일 생기고(출 16:16-21; 민 11:6-9), 메추라기가 내린다(출 16:13; 민 11:31-34).

출애굽기 18장과 민수기 11장에 존재하는 유사성은 훨씬 더 두드러지는데, 둘 모두는 모세의 짐에 대한 어려움을 다룬다 출애굽기 18:18에서 모세의 장인 이드로는 모세를 예리하게 관찰한 뒤 말한다.

> 이 일이 네게 너무 중함이라(출 18:18).

민수기 11:14에서 모세는 다음과 같이 말한다.

> 책임이 심히 중하여 나 혼자는 이 모든 백성을 감당할 수 없나이다(민 11:14).

출애굽기 18:21-22에서 이드로는 모세에게 그의 짐을 나눌 관료들을 세우도록 조언한다. 그와 동일한 말로 하나님은 민수기 11:16-17에서 모세

---

ster, 1968), 89.

에게 장로들이 그와 함께 짐을 담당할 것이라고 말씀하신다. 출애굽기 18장과 민수기 11장의 두 이야기 모두에서 장로들의 역할은 완전히 똑같다. 즉, 리더십의 짐을 나눠짐으로써 모세를 돕는 것이다.

또 다른 유사성은 출애굽기와 민수기의 관계를 더 강화시킨다. 광야에서 이스라엘의 장로들이 모세와 동행하는 민수기 11장과 장로들이 모세와 함께 시내산에 오르는 출애굽기 24장 모두 동일한 히브리 어근, 'ṣl 이 쓰인다.

민수기 11:16-17에서 하나님은 모세에게 "임한 영을 덜어서"(take some of the spirit that in on)라고 약속하시는데, 출애굽기 24:11에서는 같은 히브리 어근이 시내산에 올라간 장로들('ăṣīlē)을 묘사한다. 따라서 광야에서 모세에게 임한 영을 나누어 받는 장로들의 이야기(민 11장)와 시내산을 오른 장로들(출 24장) 사이에는 히브리어로 긴밀한 관계가 있다.

시내산에서 있었던 일은 광야에서 모세에게 임한 영이 장로들에게 나누어질 때 생긴 일을 명확히 해 준다. 출애굽기 24장은 모세가 아론과 나답과 아비후와 이스라엘 장로 칠십 인과 함께 어떻게 시내산에 오르는지를 묘사한다.

> [거기서 그들이] 이스라엘의 하나님을 보니 그의 발 아래에는 청옥을 편 듯하고 하늘같이 청명하더라 하나님이 이스라엘 자손들의 존귀한 자들에게 손을 대지 아니하셨고 그들은 하나님을 뵙고 먹고 마셨더라(출 24:10-11).

이 이야기는 칠십 인의 장로를 모세와 함께 환상 경험의 참여자로 묘사한다. 이 관점에서 보면, 출애굽기 24장은 민수기 11장의 이야기에 암시된 것을 제공한다. 즉, 확립된 사회적 계급을 갖춘 지정된 계시 장소에서의 환상 경험으로 이루어진 예언이다.

초기(출 24장)에 장로들은 계시 장소, 곧 시내산에 모임으로써 모세의 짐을 맡고, 모세와 함께 공동체적 환상 경험에 참여한다.

후기(민 11장)에 장로들은 공동체적 환상 경험에 참여함으로써 영의 전달자로서의 역할을 하기 위해 또 다른 계시 장소, 곧 장막에 모임으로써 모세의 짐을 감당한다. 이 경험은 반항적인 이스라엘 백성을 약속의 땅으로 인도하기 위해 필요한 지원을 모세에게 제공한다.

비록 화자가 이 환상의 내용을 알려 주지는 않지만, 출애굽기 24장과의 관련성은 모세를 지원하는 데 중요한 역할을 했던 이 경험이 장로들을 모세와 함께, 시내산에서의 것과 다르지 않은 하나님에 대한 환상으로 인도했다는 사실을 시사한다. 모세에게 임한 영이 나누어짐으로써 생긴 공동체적 환상 경험의 무게 자체가, 모세 혼자서가 아니라 장로들이 그와 함께 백성의 부담을 나누고 있다는 점을 강조한다.

요약하면, 모세에게서 나온 영을 묘사하기 위해 히브리 어근, 'sl'을 선택한 것은 출애굽기 24장의 이야기를 상기시키는데, 거기서 칠십 인의 장로는 하나님에 대한 환상에 함께 참여했다. 이 관점에서 보면 민수기 11장의 예언은 환상(이제는 우리가 조금도 알 수 없는 내용)으로 이루어져 있다. 그리고 이 환상은 장로들이 모세와 협력하여 계시를 받기 위해, 모세와 함께 이스라엘 백성을 인도하는 부담을 지기 위해, 모세 곁에 서 있을 수 있게 했다.

구약에서 종종 볼 수 있듯, 이 이야기의 전개어는 놀라운 전환이 있다. 장막 근처에 있지도 않았던 것으로 여겨지는 다른 두 장로도 이 환상을 경험하게 되었다. 진영에 그대로 머물고 있으면서 다른 장로들과 함께 장막에 나가지 않았던 엘닷과 메닷도 예언했다. 여호수아는 우려했지만 모세는 고무되었다.

모세가 그에게 이르되 네가 나를 두고 시기하느냐 여호와께서 그의 영을 그의 모든 백성에게 주사 다 선지자가 되게 하시기를 원하노라(민 11:29).

여기서 우리는 영의 전염, 통제 불가능성, 확립된 사회적 계급과 사회 통념의 위반 사이의 경계를 흐리게 만드는 영의 능력을 본다. 이는 곧 다른 이야기들과 말에서 우리가 누차 보아 온 영에 대한 일별이다.

3. 장로들과 메시아적 통치자

환기적인 히브리 어근, 'sl'이 모세로부터 영이 '나옴'을 묘사했다면, 마찬가지로 중요한 어근, núah는 장로들에게로의 영의 '부여'를 묘사하는데, 이는 영감된 통치자에 대한 이사야의 묘사에서 우리가 이미 접한 것이다.

> 그의 위에 여호와의 영
> 곧 지혜와 총명의 영이요
> 모략과 재능의 영이요
> 지식과 여호와를 경외하는 영이 강림[9]하시리니(사 11:2).

이스라엘은 비록 위태로운 정치 상황을 당면하고 있다 하더라도, 우리가 살펴보았던 이 리더십의 특징은 가난한 자를 위한 정의, 악한 자에 대

---

[9] 열왕기하 2장에서 엘리사는 엘리야의 영의 갑절을 구한다. 엘리야가 승천하자 엘리사는 엘리야의 겉옷을 집어 들고 엘리야가 했듯이 요단강을 가르고 건너편으로 건너간다. 이야기는 계속된다.
[왕하 2:15] 맞은편 여리고에 있는 선지자의 제자들이 그를 보며 말하기를 엘리야의 성령이 하시는 역사가 엘리사 위에 머물렀다 하고.
다른 말로, 그들은 엘리야의 영이 엘리사에게 성공적으로 전이되었음을 알았다.

한 심판, 공의와 성실, 그리고 결국에는 에덴의 회복과 이스라엘의 이상적 지도자의 보편적 통치에서 분명히 드러난다.

이스라엘의 장로들에게로의 영의 임재를 묘사하기 위한 민수기 11:25-26에서의 히브리 어근, *nûaḥ*의 선택은 영감된 통치자에 대한 이 예언자적 이미지와 공유된 관점을 반영하고 있다. 메시아적 통치자의 영감된 리더십과 모세와 장로들의 리더십 공유, 두 가지 모두는 가장 강력한 의미의 카리스마와 관련이 있다. 이 각각의 본문 핵심에는 유능한, '영감을 받은' 리더십이 있다.

히브리 어근, *nûaḥ*는 장로들의 이야기에서의 영감에 관한 추가적 단서를 제공할 수 있다. 메시아적 통치자에 대한 이사야의 묘사에는 영의 임재가 영구적 자질이라는 점이 분명 암시되어 있다. 아마도 '머물다'라는 동사를 영구적 자질로 여기는 그런 이해로 인해, 민수기 11:25의 화자는 그런 이해 없이는 이상할 수밖에 없는 문장을 덧붙였을 것이다.

> 여호와께서 구름 가운데 강림하사 모세에게 말씀하시고 그에게 임한 영을 칠십 장로에게도 임하게 하시니, 영이 임하신 때에 그들이 예언을 하다가 다시는 하지 아니하였더라 (민 11:25, 나의 강조).

장로들은 다시는 예언하지 않았다. 다시 말해, 그들에게 부여된 영은 영구적이지 않았다. 비록 다른 데서는 '머물다'라는 동사가 영구적 자질과 지속적 경험을 나타내긴 해도, 여기서는 그렇지 않다. 하나님을 인식하는 장로들의 능력은 일시적이었는데, 화자는 이것이 약속의 땅을 향한 여정에서 자기 백성을 인도하기 위해 모세가 도움을 요청한 데서 비롯되었다는 사실을 확인시켜 준다.

지금 우리는 영감된 장로들의 사례 속 퍼즐, 즉 예언이 곤경에 처한 모세에게 도움을 준 방법을 알아낸 것일 수도 있다. 민수기 11장의 영과 관련된 동사 세 가지 전부에 대한 고찰은 이들을 각기 독립적으로 여겼을 때를 초월하는 경험을 시사한다.

예언에 참여한 장로 무리의 이미지는 일종의 무아경에 빠져 선지자의 무리와 함께 예언했던 사울의 경험을 반영하고 있음이 분명하다. 사울의 경험은 강렬했고 공동체적이었으며, 먼저는 사울의 변화(삼상 10:6-7)를 일으키고 나중에는 "사울도 선지자들 중에 있느냐"는 질문을 유발시켰다.

그러나 이것이 장로들의 경험 전부인 것은 아니다. 만일 우리가 '예언하다'라는 동사에 대한 강박을 떨쳐 버리고 민수기 11장의 다른 두 동사를 고려한다면, 장면은 전환되고 넓어진다.

'나오다'라는 동사는 연관을 통해 출애굽기 24장으로 이끌어 장로들의 예언이 환상 경험으로 이루어졌을 가능성을 보게 한다.

'머물다'라는 동사는 연관을 통해 지식과 정의에 근거한 영감된 통치자가 세상에 정의를 가져오는 내용의 이사야 11장으로 이끈다.

다시 이해하면, 민수기 11장의 예언에 관한 언급은 영에 대한 약속과 백성을 인도하기 위한 모세의 도움 요청 사이에 명백한 관계를 정립한다. 모세는 혼자가 아니라 주변의 지도자 무리와 함께 하나님을 경험했다. 영은 바로 그 무리에게 모세가 맡은 관리 책무를 돕도록 공동체적 환상 경험을 통해 영감을 준다.

우리는 이 이야기에서 전통의 창의적 융합을 볼 수 있다.

'예언하다'라는 동사는 장로들의 이야기를 영이 공공연한 능력과 극적 요소를 통해 개별 인물들(특히, 발람과 사울)에게 임하여, 아마도 그들을 압도한 이야기들에 연결시킨다.

'머물다'라는 동사는 장로들의 이야기를 이사야 11장에서 영감을 받은 본문들에 연관시킨다. 이 본문들에서 영은 제압하지 않는다. 영은 지식과 지혜와 정의로 영감을 준다.

마찬가지로 '~에서 빼다' 또는 '나오다'라는 동사가 시내산에서의 이스라엘 이야기를 상기시킨다는 사실도 중요하다. 거기서 이스라엘의 장로들은 놀라운 환상 경험에 동참했다. 다시 말해, 영은 시내산에서의 일을 사막에서도 일으킬 수 있다. 지형에 제약받지 않고, 풍경에 구속받지 않으며, 심지어 신성한 풍경에도 구속받지 않으며, 지명되어 순종했던 사람들뿐만 아니라 심지어 알 수 없는 이유로 다른 이들과 같이 신성한 장막 근처에 가지 않았던 두 사람과도 함께, 영은 시내산에서처럼 강력히 움직인다.

이 이야기에서 두드러진 점은 이 영이 떠나가서(빨아들인다는 것이 정확한 이미지일 수 있다) 다른 이들에게 임할 수 있다는 사실이다. 이는 영감에 관한 또 하나의 생생한 묘사이다. 모세로부터 여호수아, 엘리야로부터 엘리사에게로처럼 한 개인으로부터 다른 개인으로만이 아닌 한 개인으로부터 다수(인정을 받은 자든 아니든)에게로, 마치 무슨 전염처럼 영이 움직이는 모습은 특이하기도 하다.

4. 모세와 여호수아

이런 현실보다 훨씬 더 감동적인 것은 영감된 장로들의 이야기를 매듭짓는 모세의 모습이다. 모세는 도량이 넓어 자기의 통제를 뛰어넘는 영의 역사에 대해 열려 있다.

> 여호와께서 그의 영을 그의 모든 백성에게 주사 다 선지자가 되게 하시기를 원하노라
> (민 11:29).

모세는 영의 임재 앞에서 책임지지 '않을' 수 있다. 그리고 모세의 말년에 흐리지 않은 눈과 특유의 생기가 있었다는 묘사도 크게 놀랍지 않다. 그래서 그는 최후에 다수의 장로가 아닌 그들 모두를 능가할 영향을 줄 한 젊은이, 한 제자에게 영을 전달할 수 있었다.

여호수아는 모세와 동행하여 모세가 손을 들고 기도하는 동한 산골짜기에서 싸웠고(출 17:8-13), 시내산과 회막에서 모세와 함께했으며(24:12-14; 33:11), 모세가 지어 준 이름까지 받았다(민 13:16). 모세에게서 여호수아에게로의 영의 선물은 놀랍지 않다. 사실 충분히 예측 가능하다고 할 정도로 두 가지 형태로 나타난다. 민수기와 신명기의 저자들은 모두 모세가 여호수아에게 안수하여 계승하는 이야기를 하지만, 서로 다르게 이야기한다.

후임을 세워야 할 때가 오자 모세는 오랫동안 자신의 신실한 제자였던 여호수아를 선호한다.

> 여호와께서 모세에게 이르시되 눈의 아들 여호수아는 그 안에 영이 머무는 자니 너는 데려다가 그에게 안수하고 그를 제사장 엘르아살과 온 회중 앞에 세우고 그들의 목전에서 그에게 위탁하여(민 27:18-19).

여호수아의 능력 때문에('이미' 영이 그에게 있었다), 모세는 그를 이스라엘을 인도할 자로 세우고자 안수한다. 이는 여호수아에게서 하나님의 성령과 영-숨을 인위적으로 구분함으로써 잘못을 범할 수 있는 구약의 이야기 중 하나이다. 이 경우 루아흐는 여호수아의 성실함, 생기, 충성심의 근원이다. 여호수아에게 루아흐가 있다고 말하는 것으로 충분하다.

영에 관한 이런 이해는 요셉에 대한 묘사를 떠올리게 하는 방식으로 입증된다. 바로는 요셉을 "하나님의 영에 감동된 사람"(창 41:38)임을 인정했다. 요셉은 이스라엘의 선조들을 극심한 기근으로부터 약속의 비옥한 땅으로 인도했다. 그와 비슷하게 "그 안에 영이 머무는 자"로 인정된 여호수아는 요셉의 가족 후손들을 또 다른 비옥한 땅으로 인도할 것이다. 요셉과 여호수아의 평행은 불가피하다. 둘 모두에게 루아흐가 있다.

민수기에서 여호수아는 영을 새롭게 부여받지 않는다. 그에게는 이미 영이 있다. 그러나 그는 모세의 안수를 통해 모세의 기품과 시편의 작사가가 끊임없이 하나님께 돌린 종류의 존귀와 후대 이스라엘의 이야기에서 왕들에게 돌려진 종류의 위엄을 받는다.[10]

하나님은 모세에게 명하신다.

> 네 존귀[11]를 그에게 돌려 이스라엘 자손의 온 회중을 그에게 복종하게 하라(민 27:20).

모세는 또한 여호수아에게 최후의 행군 명령을 전달한다.

> 그에게 안수하여 위탁하되(민 27:23).

여호수아는 모세로부터 그의 존귀와 최후의 명령을 포함하여 많은 것을 받는다. 그가 받지 '않은' 것은 영의 새로운 부여이다. 민수기에는 영의 전달이 없다.

여호수아의 위탁에 대한 더 간략한 설명은 신명기 34:9에 나온다.

> 모세가 눈의 아들 여호수아에게 안수하였으므로 그에게 지혜의 영이 충만하니 이스라엘 자손이 여호와께서 모세에게 명령하신 대로 여호수아의 말을 순종하였더라(신 34:9).

---

10 [예를 들어, 욥 40:10; 시 96:6; 104:1].
11 NRSV에는 "권위."

이 설명에 따르면, 여호수아는 루아흐를 주입받았다. 이 영의 유입은 모세의 안수와 직접 관련이 있긴 해도, 안수 자체가 여호수아에게 극적 능력을 발생시킨 것은 아니다. 이 관점에서 보면, 실제로 여호수아에게 자연스럽게 생긴 것은 아무것도 없다. 왜냐하면, 그는 모세에게 안수받음으로써 지혜의 영을 받았기 때문이다. 그는 사자를 찢어 죽이지도, 예언에 참여하지도, 거인을 쓰러트리지도 않는다. 모세의 안수에도 불구하고 여호수아가 성취한 모든 것이 그 안에 있는 영 때문이라고 여길 수 없다.

이제부터는 여호수아의 지혜가 끈질긴 노력의 산물이다. 그의 이름을 딴 책의 첫 부분에서 그 점이 상당히 부각된다.

> 오직 강하고 극히 담대하여 나의 종 모세가 네게 명령한 그 율법을 다 지켜 행하고 우로나 좌로나 치우치지 말라 그리하면 어디로 가든지 형통하리니 이 율법책을 네 입에서 떠나지 말게 하며 주야로 그것을 묵상하여 그 안에 기록된 대로 다 지켜 행하라 그리하면 네 길이 평탄하게 될 것이며 네가 형통하리라(수 1:7-8).

지혜는 토라 연구와 직접적으로 연결된다. 여호수아가 약속의 땅을 점령하고 분배하려면, 민수기의 땅 분배 지침에 대한 상세한 지식을 갖추어야 한다. 그리고 만일 신명기 34:9이 지혜의 영의 자질을 묘사하는 것이라면, 거기에는 기록된 말씀에 대한 묵상에 관한 엄밀한 지침이 수반되었을 것이다. 지혜의 영의 완전한 자질과 토라에 대한 치밀한 관심 사이에 이분법은 없다. 그 둘은 하나와 같다.

신명기 34:9의 영의 전달의 기저에는 모세의 또렷한 생기가 깔려 있다.

> 모세가 죽을 때 나이 백이십 세였으나 그의 눈이 흐리지 아니하였고 기력(신선함)이 쇠하지 아니하였더라(신 34:7, 나의 강조).

"신선함"이라는 단어는 생포도와 건포도의 대조(민 6:3), 마른 나무에 반대되는 푸른, 신선한 나무(겔 17:24), 삼손을 묶은 새 활줄(삿 16:7-8)처럼 일반적으로 식물에 사용된다. 이는 미묘하긴 해도 모세에 대한 눈부신 찬사이다. 수십 년에 걸친 낙심과 탈진에도 불구하고 여전히 그는 영의 활력을 가지고 있었고 신체 접촉, 즉 안수를 통해 여호수아에게 전달할 수 있었다.

모세는 자신의 삶을 난민공동체에 바쳤지단 여전히 신선했고, 푸르렀고, 생기가 있었으며, 마지막에는 지혜의 영을 자신의 친구이자 신실한 제자에게 전해 줄 수 있었다.

5. 엘리야와 엘리사

여호수아처럼 엘리사 선지자도 자신의 스승을 놓치지 않은 신중하고 믿음직한 제자였다. 다른 선지자들이 엘리야를 자신들의 선생이라기보다 '엘리사의' 선생이라고 부를 정도로 그들의 관계는 밀접했다(왕하 2:3, 5). 분명 엘리야는 훌륭한 스승이었다. 기적의 사람인 그는 음식과 기름이 많아지게 했고(왕상 17:8-16), 과부의 죽은 아들을 살렸으며(17:17-24), 하늘로부터 비와 불을 내리게 했으며(18:38, 41-46), 요단강을 갈랐고(왕하 2:8), 이세벨의 섬뜩한 죽음을 정확히 예측했다(9:30-37).

BCE 9세기, 북왕국의 선지자 엘리야는 그 어떤 이스라엘의 왕들보다 열왕기상에서 큰 역할을 한다. '그의' 이야기는 성경 이야기의 중추이다. 그의 사역 핵심은 이스라엘의 왕, 아합과의 단 한 차례의 만남에 요약될 수 있다. 아합은 오랜 기근의 원인이 된 엘리야를 보고 말한다.

> 이스라엘을 괴롭게 하는 자여 너냐(왕상 18:17).

"괴롭게 하는 자"라는 단어는 너무 순화되었다. '파괴자'가 더 나은 번역이다.[12] 왕은 엘리야를 이스라엘의 파괴자로 본다. 물론, 선지자인 엘리야는 오해를 바로 잡는다.

> 내가 이스라엘을 괴롭게 한 것이 아니라 당신과 당신의 아버지의 집이 괴롭게 하였으니 이는 여호와의 명령을 버렸고 당신이 바알들을 따랐음이라(왕상 18:18).

엘리야는 영의 사람으로 알려져 있었지만, 여호수아처럼 전통적 방식으로는 아니었다.

예컨대, 엘리야는 아합왕과 이세벨 여왕의 왕궁을 맡은 고관 오바댜라 하는 자를 알았다. 오바댜는 왕과 여왕을 반대하는 엘리야와 같은 선지자들에게 동정심을 느꼈다. 그래서 이세벨이 그들을 죽이려고 할 때 백 명의 선지자를 숨겨 주기도 했다. 엘리야는 오바댜를 우연히 만났을 때 아합에게 가서 엘리야가 여기 있다고 말하라 한다.

오바댜는 엘리야를 왕에게 넘기는 것을 두려워했고, 이어서 이렇게 생각했다.

> 내가 당신을 떠나간 후에 여호와의 영('루아흐')이 내가 알지 못하는 곳으로 당신을 이끌어 가시리니 내가 가서 아합에게 말하였다가 그가 당신을 찾지 못하면 내가 죽임을 당하리이다 당신의 종은 어려서부터 여호와를 경외하는 자라(왕상 18:12).

엘리야 '안에' 있는 하나님의 영이 아니라 그를 이동시키는 바람-영이 이 이야기에서 작동하는 영감의 상태인데, 약간은 전통적이지 않다. 그리고 엘리야가 수레에 실려 가자 남은 선지자 무리는 그를 찾아 나서며 엘리

---

12 히브리어 "아카르"는 창세기 34:30, 여호수아 6:18; 7:25에서 이런 의미로 사용된다.

사에게 말했다.

> 당신의 종들에게 용감한 사람 오십 명이 있으니 청하건대 그들이 가서 당신의 주인을 찾게 하소서 염려하건대 여호와의 성령(루아흐)이 그를 들고 가다가 어느 산에나 어느 골짜기에 던지셨을까 하나 (왕하 2:16).

다시금 영은 엘리야 안에 거하지 않고 그를 포용하고, 그를 채우지 않고 그를 에워싼다.

아합이 엘리야의 탓으로 돌린 오랜 기근을 엘리야가 종결시키는 이야기에도 루아흐가 중요한 역할을 한다. 이세벨이 고용한 바알 선지자 450명과의 공개적 대결에서 엘리야가 승리했다. 그리고 기근이 끝났다.

> 조금 후에 구름과 바람(루아흐)이 일어나서 하늘이 캄캄해지며 큰 비가 내리는지라 (왕상 18:45).

물론, 이 "루아흐"는 바람이다. 그러나 하나님과 엘리야의 명령에 따라 움직이는 바람이다. 엘리야는 영의 사람이다. 그러나 다시 말하지만, 전통적인 방식으로는 아니다.

이 대결 이후 엘리야는 용기를 잃었다. 그는 정신이 약해진 상태에서 이세벨로부터 시내산의 동굴로 도피했는데, 이는 같은 산에서 모세가 했던 경험을 해 보고자 했던 노력이었다. 그는 동굴 어귀에 섰다.

> 여호와 앞에 크고 강한 바람(루아흐)이 산을 가르고 바위를 부수나 바람(루아흐) 가운데에 여호와께서 계시지 아니하며 바람(루아흐) 후에 지진이 있으나 지진 가운데에도 여호와께서 계시지 아니하며 또 지진 후에 불이 있으나 불 가운데에도 여호와께서 계시지 아니하더니 불 후에 세미한 소리가 있는지라 (왕상 19:11-12).

이스라엘이 시내산에 체류할 때 경외감을 일으키던 그 산이 흔들리며 불이 붙었던 그 현상(출 19-24장) 속에 이제는 하나님이 계시지 않다.

현현(theophany)에서 부재(absence)로의 변화는 충격적인데, 특히 엘리야의 유명한 예언적 활동에 비추어 볼 때 그러하다. 엘리야의 일생 동안, 기근의 끝과 기막힌 이동의 모습에서와 같이 하나님은 영-바람 속에 계셨다. 그런데 그가 여왕에게 겁을 먹고 시내산으로 피한 지금은 그렇지 않다.

엘리야의 일생에서 이 루아흐와 연관된 활동의 부재는 두드러진다. 이제 엘리야는 하나님의 지시를 받지 못하고 다만 루아흐 속에서 침묵의 소리만 듣는다. 그가 듣는 내용이 자신의 예언적 활동의 마침표가 된다. 그는 후임자와 아람의 새로운 왕과 북왕국의 새로운 왕을 세우라는 말을 듣는다. 한마디로 그는 자기가 참여하지 않을 다음 세대를 대비해야 한다. 그때에는 그의 제자가 참여할 것이다.

엘리야의 삶의 끝에 이르러 엘리사는 엘리야에게 그의 영의 갑절을 요구한다. 엘리야는 모세처럼 평화롭게 영을 전달하는 식으로 대답하지 않는다. 오히려 엘리사에게 이렇게 말한다.

> 네가 어려운 일을 구하는도다 그러나 나를 네게서 데려가시는 것을 네가 보면 그 일이 네게 이루어지려니와 그렇지 아니하면 이루어지지 아니하리라(왕하 2:10).

이는 그의 제자의 집념을 시험하는 마지막 도전이자 최종 수업일 수 있을 것이다. 모세가 여호수아에게 하지 않았던 것이다.

물론, 엘리사의 집념은 대단했고 그는 엘리야가 불수레에 실려 가는 것을 본다. 그리고 그는 자신의 겉옷을 잡아 둘로 찢은 뒤, 엘리야의 특징인 털옷을 주워 조금 전 엘리야가 했던 것처럼 그것으로 요단강을 가른다(왕하 2:8, 13-14). 이 모습은 그 주변에 있던 선지자들의 반응을 이끌어 낸다.

엘리야의 성령이 하시는 역사가 엘리사 위에 머물렀다(왕하 2:9-15).

이 동사 "머무르다"는 이사야의 환상의 메시아적 통치자의 영감(사 11:2)과 광야에서 장로들의 영의 임재(민 11:25)를 묘사할 때 사용된 것과 동일하다. 그것은 영구적 자질과 지혜의 근원과 동물들도 온순해지는 통치를 나타낸다. 엘리야와 마찬가지로 엘리사에게도 심지어 자연 세계까지 영이 임한 자에게 굴복한다.

이는 간단하지 않은 이상한 이야기이다. 엘리사가 엘리야의 영의 갑절을 요구한 이유는 조금도 확실치 않다. 엘리야가 자신의 영을 엘리사가 물려받기 위해서는 수레가 승천하는 모습을 봐야 한다고 생각한 이유도 불확실하다. 엘리야의 털옷과 영의 선물의 관계(둘 사이에는 어떤 관계가 있어 보인다)도 불확실하다. 그 무엇도 확실치 않다. 이 모두가 까다롭다.

그러나 한 가지 요소는 분명하다. 스승으로부터 제자에게로 영이 전달된다. 이것은 확실하다. 까다롭지 않다. 훌륭한 스승은 신실한 제자에게 기술과 지식과 지혜를 전수한다. 어떤 이들은 엘리야의 엘리사처럼 신뢰성이 입증되고, 또 어떤 이들은 엘리사의 게하시[13]처럼 믿을 수 없음이 드러난다.

따라서 영의 전달은 이해할 수 없는 것도 아니며 자동적인 것도 아니다. 그것은 스승과 제자, 양쪽 모두의 충성과 배움과 신뢰를 요구한다. 모세는 여호수아를 신뢰해야 했다. 그의 제자가 골짜기에서 전투 중에 있든 산기슭에서 대기하고 있든 엘리야는 엘리사를 신뢰해야 했다. 엘리사는 끈질기게 자기 스승의 곁을 지키고자 했다. 그리고 제자는 스승을 신뢰해야 했다.

---

13 엘리사의 수종을 들던 게하시는 이상적 인물과는 거리가 있는데, 그의 이야기는 열왕기하 4-8장에 나온다.

이 신뢰의 유대를 통해 스승에게서 제자에게로, 선생에게서 학생에게로, 노인에게서 젊은이에게로 영이 전해졌다. 이런 이야기들의 긴장된 관계들은 제자가 스승의 지도 아래 성숙했는지(이는 불가피해 보인다)에 대해 생각해 볼 수 있게 한다.

또한, 스승을 젊고, 활기차고, 신선하게 유지시켜 주었는지에 대해서도 생각해 볼 수 있게 한다. 눈이 흐리지 않았고 활력이 여전했던 모세처럼, 자신의 결연한 젊은 친구에게 털옷 하나 남겨 둔 채(마땅히 그는 그것을 집어 들고 스승을 따랐다) 불수레에 실려 기막히게 올라가기 전 마지막으로 제자를 시험해 볼 수 있었던 엘리야처럼.

제5장

부어지는 영

> *이 장을 읽기 전에 읽어야 할 본문
>
> - 이사야 32:9-20
> - 이사야 44:1-5
> - 에스겔 39:17-29
> - 요엘 2:23-3:3
> - 스가랴 12:1-13:6

　유배 시대를 지날 때, 에스겔 선지자는 희망을 보여 주고자 현재 바벨론에서 근근이 살아가는 유다 난민들의 상상 속에 새로운 성전을 건설했다. 그들의 성전은 폐허가 되었기에, 에스겔은 한 척의 단위까지 극도로 세밀하게 새 성전을 묘사한다. 현재는 오직 에스겔의 상상 속에서만 존재하는 이 이상적 성전 아래를 흐르는 것은 강이다. 에스겔은 이 상상의 여정에서 그의 인도자를 회상한다.

　그 사람이 손에 줄을 잡고 동쪽으로 나아가며 천 척을 측량한 후에 내게 그 물을 건너게 하시니 물이 발목에 오르더니 다시 천 척을 측량하고 내게 물을 건너게 하시니 물이 무릎에 오르고 다시 천 척을 측량하고 내게 물을 건너게 하시니 물이 허리에 오르고 다시 천 척을 측량하시니 물이 내가 건너지 못할 강이 된지라 그 물이 가득하여 헤엄칠 만한

> 물이요 사람이 능히 건너지 못할 강이더라 그가 내게 이르시되 인자야 네가 이것을 보았 느냐(겔 47:3-6).

물론, 에스겔은 그것을 보지 못했다. 누구도 보지 못했다. 그러나 그것은 풍성하다. 발목에 깊이의 물이 결국은 건너지 못할 깊이가 된다.

그리고 에스겔은 강둑을 걸으며 회상한다.

> 강 좌우편에 나무가 심히 많더라(겔 47:7).

에스겔의 묘사는 극적이고 심지어 망상에 가까워 보일 수도 있는데, 이는 실제이기보다는 회복의 지형이다. 그러나 이는 이스라엘의 시편 첫 번째 시에서 물의 중요성(물가에 심은 나무가 잘 자란다)에 대한 감각을 공유한다.

> 그는 시냇가에 심은 나무가 철을 따라 열매를 맺으며 그 잎사귀가 마르지 아니함 같으니 그가 하는 모든 일이 다 형통하리로다(시 1:3).

이들은 토라를 주야로 묵상하는 학생들, 학습자들이다. 가뭄이 잦고, 우기와 건기, 덥고 시원한 두 계절만 있는 지형에서는 시냇가에 심은 나무가 철을 따라, 해마다, 몇십 년씩 열매를 맺는 모습보다 더 적절한 헌신의 예는 없을 것이다.

에스겔은 자신보다 더 현실적이면서 덜 공상적인 거의 동시대인인 예레미야와 이 충실함의 이상을 공유한다. 예레미야가 말한다.

> 그러나 무릇 여호와를 의지하며 여호와를 의뢰하는 그 사람은 복을 받을 것이라 그는 물가에 심어진 나무가 그 뿌리를 강변에 뻗치고 더위가 올지라도 두려워하지 아니하며 그 잎이 청청하며 가무는 해에도 걱정이 없고 결실이 그치지 아니함 같으리라(렘 17:7-8).

물은 예나 지금이나 팔레스타인 지형에서 생명이다. 물의 결핍은 곧 사망이요, 저주받은 사막이다. 바로 그것이 예레미야가 복 있는 사람(흐르는 물가에 심은 나무)과 저주받은 사람을 대조시키는 이유이다. 예레미야는 저주받는 자에 대해 안다.

> 무릇 사람을 믿으며 육신으로 그의 힘을 삼고 마음이 여호와에게서 떠난 그 사람은 저주를 받을 것이라 그는 사막의 떨기나무 같아서 좋은 일이 오는 것을 보지 못하고 광야 간조한 곳, 건건한 땅, 사람이 살지 않는 땅에 살리라(렘 17:5-6).

예레미야처럼, 신명기의 저자도 가뭄(한재)은 저주의 본질로서 불안하게 만들지만 비현실적이지 않은 이미지로 묘사된다.

> 여호와께서 폐병과 열병과 염증과 학질과 한재와 풍재와 썩는 재앙으로 너를 치시리니 이 재앙들이 너를 따라서 너를 진멸하게 할 것이라 네 머리 위의 하늘은 놋이 되고 네 아래의 땅은 철이 될 것이며 여호와께서 비 대신에 티끌과 모래를 네 땅에 내리시리니 그것들이 하늘에서 네 위에 내려 마침내 너를 멸하리라(신 28:22-24).

아모스 선지자는 이스라엘이 가뭄의 의미를 깨닫지 못한다고 한탄하고, 아모스의 하나님은 이렇게 탄식하신다.

> 또 내가 너희 모든 성읍에서 너희 이를 깨끗하게 하며 너희의 각 처소에서 양식이 떨어지게 하였으나 너희가 내게로 돌아오지 아니하였느니라 또 추수하기 석 달 전에 내가 너희에게 비를 멈추게 하여 어떤 성읍에는 내리고 어떤 성읍에는 내리지 않게 하였더니 땅 한 부분은 비를 얻고 한 부분은 비를 얻지 못하여 말랐으매 두 세 성읍 사람이 어떤 성읍으로 비틀거리며 물을 마시러 가서 만족하게 마시지 못하였으나 너희가 내게로 돌아오지 아니하였느니라 여호와의 말씀이니라(암 4:6-8).

저주받은 그들의 상태를 제대로 이해하지 못하면 결국 망하게 된다. 아모스가 그들의 불의를 비난한 지 30년 만에 이스라엘이 그렇게 되었다.

또한, 가뭄은 깊은 개인적 소외감을 표현할 수 있다. 이스라엘의 시인 가운데 한 명이 고백한다.

> 하나님이여 주는 나의 하나님이시라 내가 간절히 주를 찾되 물이 없어 마르고 황폐한 땅에서 내 영혼이 주를 갈망하며 내 육체가 주를 앙모하나이다(시 63:1).

물은 풍부하고, 비옥하며, 푸르고, 자란다. 대체로 예언적이기보다는 산문적인 레위기 같은 책에서조차, 하나님은 신실함에 대한 보상으로 물에 대해 유려하게 말씀하신다.

> 너희가 내 규례와 계명을 준행하면 내가 너희에게 철따라 비를 주리니 땅은 그 산물을 내고 밭의 나무는 열매를 맺으리라 너희의 타작은 포도 딸 때까지 미치며 너희의 포도 따는 것은 파종할 때까지 미치리니 너희가 음식을 배불리 먹고 너희의 땅에 안전하게 거주하리라(레 26:3-5).

이와 유사한 어조가 신명기에도 울려 퍼진다.

> 내가 오늘 너희에게 명하는 내 명령을 너희가 만일 청종하고 너희의 하나님 여호와를 사랑하여 마음을 다하고 뜻을 다하여 섬기면 여호와께서 너희의 땅에 이른 비, 늦은 비를 적당한 때에 내리시리니 너희가 곡식과 포도주와 기름을 얻을 것이요 또 가축을 위하여 들에 풀이 나게 하시리니 네가 먹고 배부를 것이라(신 11:13-15).[1]

---

1 솔로몬은 성전 봉헌 기도를 하며 죄와 가뭄, 회개와 풍성함의 관계를 인식하고 있다. [왕상 8:35-36] 만일 그들이 주께 범죄함으로 말미암아, 하늘이 닫히고 비가 없어서 주께 벌을 받을 때에, 이 곳을 향하여 기도하며 주의 이름을 찬양하고 그들의 죄에서 떠

쏟아지는 비에서 부어지는 영으로의 걸음은 잰걸음이나 잔걸음처럼 아주 작은 것으로 거의 옆걸음과 같다. 두 가지 다 복의 정수이다. 두 가지 다 변화를 일으킨다. 두 가지 다 성장과 건강과 활력을 가져온다.

그러므로 수 세기 동안 이스라엘의 선지자들은 쏟아진 영이 변화의 근원이 될 것이라고 상상했다. 정치적 불확실성의 시기든 순전한 고통의 때이든, 이스라엘의 선지자들은 부어지는 영을 내다보았다. 그 영은 다음과 같은 변화를 가져온다.

- 만물을 새롭게 한다(사 32:15-20).
- 하나님의 백성을 넓은 사막의 푸른 나무로 변화시킨다(사 44:3-4).
- 이스라엘을 고향으로 데려간다(겔 36-39).
- 여종들을 예언자로 변화시킨다(욜 2:28-29; MT 3:1-2).
- 정치적 강포를 인한 전례 없던 회한(슥 12:10)을 일으킬 것이다.

BCE 8세기부터 BCE 5세기, 혹은 그 이후까지 걸친 이 모든 상상은 제각각의 지정학적 상황, 강조점, 특성을 가지고 있다는 점에서 독특하다. 그럼에도 불구하고 이 모든 상상에는 공통점이 있는데, 곧 부어진 영이 순전한 복이라는 확신이다. 이는 심지어 그 복이 사회의 안정된 규범을 뒤흔드는 변형을 가져올 때도 그러하다.²

나거든, 주는 하늘에서 들으사 주의 종들과 주의 백성 이스라엘의 죄를 사하시고, 그들이 마땅히 행할 선한 길을 가르쳐 주시오며, 주의 백성에게 기업으로 주신 주의 땅에 비를 내리시옵소서.
심지어 가뭄은 그로 인한 위태로운 흔적을 따라 이스라엘의 이야기를 움직인다. 아브라함과 이삭과 야곱은 가뭄으로 인한 기근 때문에 움직여야 했다(창 12; 26; 41). 애굽에서 요셉은 오랜 가뭄을 관리한 덕에 고위직으로 승진했다(창 41장). 엘리야는 오랜 가뭄 기간 중 사르밧 과부의 죽음을 막았는데(왕상 17:7-24), 이 가뭄은 갈멜산에서 바알 선지자들과의 극적 대결 끝에 끝이 난다(18:1-46).

2 이사야 29:10에서 하나님은 선지자들과 유다의 선견자들에게 깊이 잠들게 하는 영을

1. 아름다운 밭

선대의 선지자들과 마찬가지로 이사야는 시대의 징조를 깨닫지 못하는 주변 사람들로 인해 분노한다. 이사야는 비단 정치인들만이 아니라 예루살렘의 유력한 여성들도 안일함에 빠져 있음을 인식한다. 그들은 '편안하고, 자신감이 있으며, 너무 신뢰한다.' 아모스, 스가랴, 욥, 시편의 시인들과 마찬가지로 이사야는 편안한 삶에 안주하여 그들에게 닥칠 불운을 감지하지 못하는 자들을 비난한다.³

실제로 불운이 그들을 엄습할 것이다. 그런데도 그들은 지나치게 자신만만하며(이사야는 그들을 세 번이나 연달아 부른다[사 32:9-11]), 임박한 재앙을 감지하지 못한 채 행복한 삶을 살아가고 있다.⁴ 아마도 현재의 정치적 연합이 이 여성들에게 거짓된 안전감을 가져왔을 것이다. 다시금 이사야는 이 연합을 문제 삼는데, 특히 커져 가는 앗수르의 침략 위협에 대한 완충 역할을 하는 애굽을 대상으로 그랬다. 그렇지만 이 여성들은 그런 위협을 알지 못하고 그릇된 믿음으로 자기 일을 해 나갔다.

이사야는 이 여성들로 하여금 곧 닥칠 그들의 밭과 포도나무의 죽음을 애도하며 가슴을 칠 것을 촉구한다. 그들은 떨며, 당황하고, 몸을 드러내고, 베를 입고 좋은 밭과 기뻐하는 집을 잃은 것을 애도하며 가슴을 쳐야 한다. 이유는 다음과 같다.

> 대저 궁전이 폐한 바 되며 인구 많던 성읍이 적막하며 오벨과 망대가 영원히 굴혈이 되며 들나귀가 즐기는 곳과 양 떼의 초장이 되려니와(사 32:14).

부으신다.
3 [암 6:1; 슥 1:15; 욥 12:5; 시 123:4]
4 NRSV는 히브리어 "보트호트"(*boṭhoṭ*)를 '안일함'으로 옮김으로써 이 단어에 내재된 신뢰의 의미를 포착하지 못한다. 어색할 수도 있겠지만, '지나치게 자신만만한'이나 '너무 신뢰하는'이 더 나은 번역이다.

마침내 그 여성들은 울음을 그칠 것이다.

> 마침내 위에서부터 영을 우리에게 부어 주시리니
> 광야가 아름다운 밭이 되며
> 아름다운 밭을 숲으로 여기게 되리라
> 그때에 정의가 광야에 거하며
> 공의가 아름다운 밭에 거하리니
> 공의의 열매는 화평이요
> 공의의 결과는 영원한 평안과 안전이라
> 내 백성이 화평한 집과
> 안전한 거처와 조용히 쉬는 곳에 있으려니와(사 32:15-18).

어떤 식으로 적절한 심판이 광야에 거하며, 공의가 아름다운 밭에 거할지에 대해서 완전히 명확하지는 않다. 아마도 지주들(여성의 남편)은 일꾼과 소작농을 정의롭게 대할 것이다. 아마도 그들이 자기 밭의 일부를 수확하지 않고 남겨 두어서 룻과 나오미처럼 소외되고 가난한 이들이 식량을 모을 수 있게 될 것이다. 이 약속은 이제 막 시작 단계에 있지만 확장된 모습을 제시한다. 즉, 광야와 경작된 밭 모두가 영의 홍수의 장소가 될 것이다.

우리는 다시 물의 복으로 돌아왔다. 물처럼 영은 부어져서 사막이 밭이, 밭이 숲이 되게 할 것이다. 그러나 이 단어, "부어지다"[5]는 '물동이를 비우다'라는 의미(창 24:20)로 사용되지만 '발가벗기다' 또는 '노출하다'라는 의미로도 사용된다. 예를 들면, 이사야는 이렇게 예견한다.

---

5 히브리어 어근, *'rh*.

> 주께서 시온의 딸들의 정수리에 딱지가 생기게 하시며 여호와께서 그들의 하체가 드러나게 하시리라(사 3:17, 나의 강조).

이사야의 예언에서 부어짐의 의미는 단순하다. 마치 폭우처럼 영이 부어질 것이다. 그러나 동시에 그 배경에는 예루살렘 여성들의 발가벗겨짐도 있다. 그들은 몸을 드러내고 베를 입어야 하겠지만 적어도 그들 자신의 뜻으로 하지는 않을 것이다. 오직 재앙과 혼돈만이 그들로 하여금 이제는 활짝 드러난 자기 가슴을 치게 만들 것이다.

이사야가 상상하는 주기는 파괴 다음에 회복이 오는 것이다. 이스라엘이 한때 떠돌던 사막과 지금 살고 있는 경작된 밭 모두에 정의가 있을 것이다. 올바른 심판과 정의의 잔여물에는 평화, 고요, 두려움의 부재, 안전, 안정이 있을 것이다. 황폐함과 파괴 이후, 영이 부어질 때 백성들은 고향으로 돌아올 것이다.

2. 회복

한 세기 이상이 지난 뒤, 유배생활이 유다를 옥죄일 때, 에스겔은 연이은 약속들로 행동을 시작했다.

첫째, 그는 새 마음과 새 영의 선물을 약속했다.

> 또 새 영을 너희 속에 두고 새 마음을 너희에게 주되 너희 육신에서 굳은 마음을 제거하고 부드러운 마음을 줄 것이며 또 내 영을 너희 속에 두어 너희로 내 율례를 행하게 하리니 너희가 내 규례를 지켜 행할지라(겔 36:26-27).

둘째, 그는 기막힌 환상을 통해 하나님이 아주 마른 뼈들에 새 생명을 불어넣을 것이라 약속했다(37:1-14). 이 기이한 환상은 약속으로 끝난다.

> 내가 또 내 영을 너희 속에 두어 너희가 살아나게 하고 내가 또 너희를 너희 고국 땅에 두리니 나 여호와가 이 일을 말하고 이룬 줄을 너희가 알리라 여호와의 말씀이니라 (겔 37:14).

셋째, 에스겔은 회복된 나라를 예견한다.

> 전에는 내가 그들이 사로잡혀 여러 나라에 이르게 하였거니와 후에는 내가 그들을 모아 고국 땅으로 돌아오게 하고 그 한 사람도 이방에 남기지 아니하리니 그들이 내가 여호와 자기들의 하나님인 줄을 알리라 내가 다시는 내 얼굴[6]을 그들에게 가리지 아니하리니 이는 내가 내 영을 이스라엘 족속에게 쏟았음이라 주 여호오의 말씀이니라(겔 39:28-29).

영이 부어질 때 유배생활이 끝날 것이라는 에스겔의 대담한 주장은 혁신적이긴 하지만, 놀랍지 않다. 비가 쏟아지면 가뭄이 끝난다. 영이 쏟아지면 유배생활이 끝날 것이다. 분명한 평행이다.

하나님이 자신의 임재-얼굴을 가리지 않겠다는 에스겔의 주장의 의미는 다소 불확실한데, 이는 시내산에서 하나님과 모세가 벌인 치열한 협상(출 33장)에 대한 인식을 요구하기 때문이다. 그 길고 고통스러운 협상에는 두 가지 문제가 걸려 있었다.

---

6 히브리어 명사('나의'라는 히브리어 접미사 없이)는 "파님"(*pānîm*)인데, 나는 이를 '임재-얼굴'로 옮긴다. 제1장의 각주 13을 보라.

첫째, 약속의 땅으로 갈 때 하나님이 오직 모세와 함께하실 것인지, 아니면 이스라엘 백성 전체와 함께하실 것인지의 문제였다. 하나님과 모세는 이 지점에서 의견을 달리하는데, 하나님은 이스라엘 백성 전체와 함께하기를 거부하시지만 모세와는 기꺼이 함께하고자 하셨다.

둘째, 누가, 천사든 하나님의 임재-얼굴이든, 이스라엘 혹은 모세와 함께할 것인가의 문제였다. 다시금 하나님과 모세는 이 지점에서 의견이 다른데, 하나님은 모세에게도 자신의 얼굴을 보이기를 거부하셨다. 누구도 하나님의 얼굴을 보고 살 수 없다. 모세조차도(출 33:20-23). 그렇다. 그러나 하나님의 얼굴은 아니다. 절대로.

에스겔의 약속은 이 팽팽한 협상 속의 두 가지 갈등을 모두 해결한다. 영이 부어지고 그들이 고향으로 돌아올 때, 하나님은 모세만이 아니라 이스라엘의 온 집과 함께하실 것이다. 게다가 온 이스라엘(오래전 시내산에서 하나님께 요청이 거부되었던 모세만이 아니라)이 하나님의 임재-얼굴을 볼 것이다.

하나님과 모세의 협상을 배경으로, 에스겔의 약속은 폭발적이며, 하나님의 입장 변화를 시사한다. 이는 단지 그들의 고향의 회복에 관한 예측이 아니다. 이는 하나님과의 관계 회복을 약속한다. 그리고 이 모든 일은 하나님이 하나님의 영을 이스라엘 위에 쏟아부으실 때 일어날 것이다.

3. 새로운 자손

에스겔이 놀라운 일련의 약속(새로운 마음과 새로운 영, 마른 뼈에 불어지는 생기, 부어진 영으로 하나님의 숨음의 종결)을 한 지 수십 년이 흘렀지만, 약속은 여전히 이뤄지지 않았다. 이 상황이 이사야 계열의 또 다른 선지자가 유배생활 중인 남성과 여성에게 영이 부어질 것이라는 약속을 못하게 하지는 않았다.

그러나 에스겔 같은 사람들이 겪은 초기 유배 시절로부터 수십 년이 지난 후의 상황은 변했다. 국제 정치의 변화는 바벨론에서 유배생활을 하던 유다 사람들에게 거의 즉각적인 영향을 끼쳤다. 거대한 제국 바벨론은 바사에게 멸망했는데, 바사의 정책은 정복당한 이들을 유배시키지 않고 그들의 고향으로 돌려보내는 것이었다.

바사의 부상을 고려할 때, 적어도 이 선지자에게는 희망이 싹을 틔웠고 기대는 장엄한 규모의 약속으로 커져 갔다.

> 나의 종 야곱
>
> 내가 택한 이스라엘아 이제 들으라
>
> 너를 만들고
>
> 너를 모태에서부터 지어 낸 너를 도와 줄 여호와가 이같이 말하노라
>
> 나의 종 야곱
>
> 내가 택한 여수룬아 두려워하지 말라
>
> 나는 목마른 자에게 물을 주며
>
> 마른 땅에 시내가 흐르게 하며
>
> 나의 영을 네 자손에게
>
> 나의 복을 네 후손에게 부어 주리니
>
> 그들이 풀 가운데에서 솟아나기를
>
> 시냇가의 버들같이 할 것이라
>
> 한 사람은 이르기를 나는 여호와께 속하였다 할 것이며
>
> 또 한 사람은 야곱의 이름으로 자기를 부를 것이며
>
> 또 다른 사람은 자기가 여호와께 속하였음을 그의 손으로[손 위에] 기록하고
>
> 이스라엘의 이름으로[이름을 택하여] 존귀히 여김을 받으리라(사 44:1-5).

선지자가 하나님의 종(오랫동안 유배된 백성을 향한 소중한 별칭)으로 여기는 이스라엘은 충분히 고통받았다. 이제 그들에게는 희망이 절실하다. 따라서 이 약속은 두려움을 덜기 위해 구성된다. 자손과 후손을 향한 약속은 아브라함과 사라에게 바닷가의 모래와 하늘의 별만큼 많은 자손을 약속한 복을 상기시킨다.[7] 이것은 완전히 새로운 약속은 아니다. '갱신된' 약속이다. 작음에서 국가적 걸출함이 나온다. 사소함으로부터 위대한 백성이 생긴다. 소수의 유배민으로부터 많은 국민이 나온다.

이 약속에는 토대가 있다. 자손이 '있을' 것이다. 후손이 '있을' 것이다. 추방은 그렇게까지 지독하지 않고, 유배생활은 그렇게까지 끔찍하지 않아서 아브라함과 사라의 가족이 대가 끊어지거나 역사에서 지워지지 않을 것이다. 이 자체로 희망의 근거가 된다.

그렇지만 여기에는 신선한 무언가가 있을 수 있다. 선지자가 이스라엘의 충심이 다시 살아나는 모습을 상상하는 반면, 누군가 자신들의 손에 "여호와께 속하였음"이라 기록하고 이스라엘의 이름으로 불릴 것이라는 선지자의 약속은 이스라엘에 충성을 맹세한 이방인들을 가리키는 말일 수도 있다.

이 약속에 있는 유다의 희망은 단지 이스라엘, 곧 아브라함과 사라의 혈통적 자손의 수적 보충에만 있지 않고, 아직 아브라함과 사라의 하나님에 대한 믿음에 속하지 않은 자들 가운데 미래에 있을 영의 사역에도 있다. "채택하다"(adopt)로 번역된 동사는 조금 뒤에 관대한(적어도 선지자의 판단에 의하면) 이방인, 바사의 통치자 고레스를 묘사할 때 나타난다.

> 내가 나의 종 야곱 내가 택한 자 이스라엘 곧 너를 위하여 네 이름을 불러 너는 나를 알지 못하였을지라도 네게 칭호를 주었노라(사 45:4, 나의 강조).

---

[7] [예를 들어, 창 12:3; 22:17-18; 26:4]

한마디로 하나님은 고레스를 자신의 것이라 주장하신다. 하나님이 그를 택하신다. 이런 점에서 손에 하나님의 이름을 쓰고 이스라엘의 이름으로 불린다는 것은 유다의 새로운 구성원, 즉 타고난 시민이 아니라 광대한 하나님이 택하신 자녀들을 아울러 지칭하는 말일 수 있다. 이 또한 영의 부어짐의 결과이다.

그렇다면 길들여지지 않는 영의 물살은 유다의 가계도 안에 막혀 있지 않을 수도 있다. 그 물살은 아직 이스라엘의 하나님에 대한 믿음에 속하지 않은 세계로 흘러넘친다. 여기에 몇 줄 뒤에 나오는 바사의 고레스도 포함된다. 이는 이스라엘의 상황에 대한 놀라운 응답이다.

비록 바벨론이 이 작은 나라를 거의 멸절시켰다고 하지만, 그 나라의 미래는 새롭게 회복시키는 영의 능력에 달려 있어서 '다른' 국가의 신자들도 기꺼이 이스라엘의 하나님의 종이 되어 그들의 손에 "여호와께 속하였음"이라고 쓰고 이스라엘의 이름을 택할 것이다.

거기에 아브라함과 사라의 혈통적 자손만이 포함되든지 아니면 다른 나라에서 온 새로운 이스라엘 시민들이 포함되든지 간에, 이 포로 시대 약속의 풍성함은 그보다 이른 이사야 32:15의 약속과 대조된다.

8세기 약속에서, 이사야는 벗겨짐의 의미, 더 넓게는 비움을 함축하는 동사를 선택했다. 영이 광야에 비워질 것이다. 포로 시대 예언의 동사(사 44:3)는 기름 부음을 위한 기름처럼, 정결이나 씻음을 위한 물처럼, 희생제를 위한 피처럼 부어짐을 뜻한다. 이 풍성함은 특히 사막에 존재하는 급류, 곧 목마른 땅의 물과 마른 땅의 급류를 통해 강조된다.

벗겨짐(32:15)에서 부어짐(44:3)으로의 변화는 더 극적인 변화를 맞이한 포로기 상황에 부합한다. 더 이상 유다는 그저 정치적 불안 상태에 있는 것이 아니다. 지금 유다는 땅과 왕과 성전을 잃었다. 광야는 단지 임박한 것이 아니다. 지금 여기 광야가 있다. 광야가 된 지 이미 오래다. 이 빈곤하고 고립된 백성 주위에는 온통 사막이다.

아브라함과 사라의 자손이 살아남으려면, 부어짐은 충만하고 최종적이어야 한다. 그들은 대충 건성으로 하거나 작열하는 태양 아래 듬성듬성 자라날 수 없다. 그들이 유배생활에서 살아남아 고향에 돌아가 예루살렘을 재건하고자 한다면, 푸른 에셀나무처럼, 시냇가의 버드나무처럼 뻗어 나가야 한다.

4. 꿈과 이상

이스라엘의 선지자들은 영으로 자유롭게 활동할 수 있었지만, 결코 전통에서 멀리 벗어나지 않았다. 전통과 상상 사이의 이 긴장은 요엘서에 나타난다. 거기서 우리는 다시금 영의 부어짐을 마주한다.

이는 황폐한 성읍들의 회복을 향한 이사야의 소망(사 32:15)과 이전에는 한 번도 없던 일, 즉 하나님이 이스라엘을 대면하실 일에 대해 민족주의적이고 땅 중심적인 용어로 표현된 에스겔의 간절한 열망(겔 39:28-29)과 아마도 이방인까지 거둬들이는 일을 통해 새롭게 활기를 찾은 이스라엘에 대한 포로기 선지자의 기대(사 44:3)와 일치한다. 같은 맥락에서 요엘은 불분명한 미래의 어떤 날을 상상한다.

> 그 후에
> 내가 내 영을 만민[모든 육체]에게 부어 주리니
> 너희 자녀들이 장래 일을 말할 것이며
> 너희 늙은이는 꿈을 꾸며
> 너희 젊은이는 이상을 볼 것이며
> 그때에 내가 또 내 영을
> 남종과 여종에게 부어 줄 것이며

> 내가 이적을 하늘과 땅에 베푸리니 곧 피와 불과 연기 기둥이라
>
> 여호와의 크고 두려운 날이 이르기 전에
>
> 해가 어두워지고 달이 핏빛같이 변하려니와(욜 2:28-31; MT 3:1-4)

걷잡을 수 없는 이 약속은 요엘서에서 불쑥 튀어나온다. 요엘서에서 이 정도로 주목할 만한 수준에 이르는 다른 구절은 없다. 요엘서의 다른 부분에는 만연한 황폐함, 정형화된 탄식, 예측 가능한 약속이 있다.[8] 즉, 상상력을 자극하는 것은 거의 없다. 바로 영의 부어줌에 대한 이 약속이 나타날 때까지는.

부어짐의 대상인 "모든 육체"(all flesh)는 부어짐에 대한 다른 모든 이스라엘적 개념을 능가한다. 다른 선지서 본문들에서는 영이 이스라엘을 회복시키고, 이방인을 이스라엘에게로 끌어오며, 이스라엘에게 땅의 회복을 약속한다. 요엘이 상상하는 영의 범위에는 모든 육체가 포함된다. 그러나 여기서 우리는 한 발 물러설 필요가 있을 것이다.

요엘서의 맥락에서, "모든 육체"는 모든 '이스라엘 사람'의 육체를 뜻하는 것으로 보인다. 이 예언은 여호사밧 골짜기에서의 전투와 단 포도주를 떨어뜨리는 산들과 젖을 흘리는 작은 산들에 둘러싸인 예루살렘에 정착한 유다로 끝난다. 이것은 미래에 관한 친유다적 이상이다.

그러나 영에 관한 이 특별한 약속에서 그런 제한은 명확하지 않고, "그 후에"라는 불특정 도입부는 요엘이 특정 국가들의 역사적 성취로 규정되지 않을 것이라는 점을 나타낸다. 에스겔과 달리, 요엘은 영의 부어짐을 국가적 회복으로 못 박지 않을 것이다. 심지어 표면상 동물(예, 창 6:19)도

---

8 하나님은 불특정한 북쪽 군대를 몰아내실 것이며(욜 2:20), 이른 비와 늦은 비를 주실 것이며(2:23-24), 메뚜기 피해를 입은 햇수대로 이스라엘에게 음식으로 갚아 주실 것이며(2:26), 이스라엘 가운데 있어 백성이 영원이 수치를 당하지 않게 될 것이다(2:26-27).

포함할 수 있는 "모든 육체"라는 단어는 일반적으로 온 인류를 아우른다.[9] 이 꿈과 이 이상은 늙은 육체와 젊은 육체, 심지어 남종과 여종의 육체에까지 확장된다.

이 뜻밖의 보편성 근간에는 놀랍게도 모세와 장로들의 정황이 숨어 있다. 당시 여호수아는 진영 바깥의 장막에서 칠십 인의 승인된 장로들과 함께하지 않았다는 이유로 두 장로, 엘닷과 메닷이 예언하는 것을 말려야 한다고 주장했다. 이런 여호수아에 대한 모세의 반응을 글자 그대로 번역해 볼 수 있다.

> 네가 나를 두고 시기하느냐? 이제 주님의 백성 모두를 선지자가 되게 하실 분은 누구인가? 주님께서 그의 영을 그들에게 주실 것이기 때문이다(민 11:29, 나의 번역).

모세는 이스라엘의 '모든 사람'이 예언하기를 간절히 바라고 있다.

이제 요엘의 상상 속에서, 모든 사람이 그렇게 한다. 이는 '장로들'만 예언하는 모세와 장로들의 이야기와 얼마나 다른가. 그들은 이스라엘에서 승인된 남성 권위자들이다. 그들만이 모세와 함께 나라를 이끌 권한을 보장받는 이상을 경험하기 위해 모세로부터 영을 받는다.

요엘이 이 이야기를 변형함에 따라, 그런 순조로운 순환이 사라지고 영은 장로들뿐만 아니라 여종에게까지 풍성히 부어진다. 심지어 "내 영을 부어"라는 말은 이상의 시작과 끝에 반복되어 강조된다. 처음 영을 받는 자는 아들들이지만, 마지막에 받는 자는 여종들이다. 여기에 영의 낙수효과는 없다.

요엘서의 다른 부분들은 전통적 방식을 따르고 있지만, 영의 이런 부어짐은 예사롭지 않다. 종들이 포함되는 것은 질서의 원칙을 파괴한다. 여성

---

[9] [예, 창 6:12; 신 5:26; 시 65:2; 사 49:26; 66:23]

과 딸과 여종의 포함도 마찬가지다. 이 관점에서, 요엘은 자신의 전통 경계를 크게 넘어섰다. 우리는 더 이상 요셉, 모세, 여호수아, 기드온, 미가, 이상적 통치자, 이상적 종과 같은 존경받을 만한 남성들이나 심지어 발람, 입다, 삼손, 사울과 같은 미심쩍은 남성들을 대면하고 있지 않다. 이제 영은 여성에게, 가장 미천한 여성에게까지 약속된다.

이 부어짐은 단순히 사회 질서의 재정립이 아니다. 물론, 그런 면도 있지만. 그것은 부의 재분배가 아니다. 물론, 그럴 수도 있겠지만. 그것은 나이나 성별에 따라 특권을 누리던 자들에게서 권위를 빼앗는 일만도 아니다. 물론, 분명히 그런 면도 있지만. 또한, 영의 부어짐은 천재지변의 징조의 본질이다.

> 하늘과 땅에 베풀리니 곧 피와 불과 연기 기둥이라 여호와의 크고 두려운 날이 이르기 전에, 해가 어두워지고 달이 핏빛같이 변하려니와(욜 2:30-31).

이 부어짐은 비록 더욱 극적이면서 불길하긴 하지만, 영감된 통치자에 대한 이사야의 이상(사 11장)을 공유하고 있다. 이는 세계의 기울기가 변하고, 그 궤도가 정의 쪽으로 휘어질 시대에 대한 기대인데, 느릿느릿한 점진적 진화를 통해서가 아닌 격변을 통해서이다. 요엘은 이보다 더 큰일은 있을 수 없음을 안다.

인간이 자유롭고 관대하게 자신의 부하와 종(남녀를 막론하고 현재뿐만 아니라 앞으로도 늘 자신의 부하와 종이 될 자들)이 내는 예언의 목소리를 귀담아들을 가능성은 하늘에 피가 나타날 가능성만큼이나, 아니 그보다 더 작을 것이다. 증폭된 그 목소리를 귀담아 듣는 일은 한 방울 단위로 세밀히 측량된 영이 아니라 모든 육체에 폭우처럼 퍼붓는 영을 통해 일어날 것이다.

5. 애통과 회한

요엘서의 예언이 광대함으로 두드러진다면, 스가랴서[10]의 예언은 구체성이 돋보인다.

> 내가 다윗의 집과 예루살렘 주민에게 은총[연민]과 간구하는 심령을 부어 주리니 그들이 그 찌른 바 그를 바라보고, 그를 위하여 애통하기를 독자를 위하여 애통하듯 하며 그를 위하여 통곡하기를 장자를 위하여 통곡하듯 하리로다(슥 12:10).[11]

---

10 여기서 논하는 스가랴서의 본문은 마지막 여섯 장에 속하는 부분으로, 원래는 먼저 기록된 앞의 여덟 장과 별개의 책이었을 수도 있다. 캐롤과 에릭 마이어즈(Carol Eric Meyers)는 이 주제에 대한 광범위한 논의를 보여 준다. *Zechariah 9-14: A New Translation with Introduction and Commentary*, Anchor Bible 25C (New York: Doubleday, 1993), 15-45.

11 이것이 하나님의 영과 관련이 있는지, 아니면 단지 하나님이 특정한 자들에게 연민과 간구의 '마음'과 같은 기질을 부어 주실 것이라는 말인지에 대해서는 논쟁의 여지가 있다. 기질 또는 영감, 인간과 하나님의 영, 태도 또는 신들림의 구분은 고대 이스라엘 문학의 표면에 쉽게 드러나지 않는 것 중 하나이다. 예를 들어, 아내가 남편에게 성적 부정을 저지르고도 들키지 않았을 때의 경우이다.
[민 5:14-15] 그 남편이 의심[질투의 영, a spirit of jealousy]이 생겨 그 아내를 의심하였는데 그의 아내가 더럽혀졌거나 또는 그 남편이 의심이 생겨 그 아내를 의심하였으나 그 아내가 더럽혀지지 아니하였든지 그의 아내를 데리고 제사장에게로 가서.
그러면 제사장은 끔찍한 시험을 한다. 만일 소제물을 마시고 그의 자궁이 떨어지면 유죄로 여겨진다.
질투의 영은 남편을 사로잡고 있는 실제 영인가, 아니면 질투심에 대한 표현인가?
하나님께서 부리시는 악령이 나와 사울을 괴롭히고 다윗에 관해 분노하게 만드는 사울의 이야기는 실제 신들림에 대한 믿음을 보여 주는 것일 수도 있다.
그렇다고 해도 만일 하나님께서 질투의 영을 부리신다면, 왜 제사장이 굳이 그 아내를 시험해야 하는가?
질투의 영의 존재만으로 충분하지 않은가?
영이 다른 명사와 결합되어 사용될 때(연민과 간구의 영, 질투의 영) 그 개념에 대한 이런 애매성, 또는 다면성에 관한 또 다른 예는 이사야 28:5-6의 이상적 통치자에 관한 묘사이다.
[사 28:5-6] 그날에 만군의 여호와께서 자기 백성의 남은 자에게 영화로운 면류관이 되시며 아름다운 화관이 되실 것이라. 재판석에 앉은 자에게는 판결하는 영이 되시며 성문에서 싸움을 물리치는 자에게는 힘이 되시리로다.

이는 찌르는 폭력 행위에 근거한 강력한 예측이며 애통의 언어로 가득하다. 요엘과는 정반대로, 이 부어짐의 수혜자는 인류의 작은 부분, 곧 다윗의 집과 예루살렘 주민에 한정된다. 집사와 하녀는 어디에도 보이지 않는다. 뒤이어지는 애통하는 자의 목록(슥 12:12-14)은 이 부어짐을 받을 자들을 보여 준다. 곧 다윗의 족속(왕족), 나단의 족속(아마 다윗의 왕궁 선지자), 레위의 족속(제사장들과 레위인들)이다.

따라서 이는 포괄적 부어짐이 아니라 상류층에 한정된다. 이는 광야에 정의가 거하게 할 부어짐(사 32:15-20)이나, 강한 물살로 와서 여러 시민의 유입을 촉진할 부어짐(사 44:3-5)이나, 장로부터 여종까지 이르는 모든 육체 위의 부어짐(욜 2:28-32)과는 다르다. 이는 찌르는 폭력 행위에 책임을 져야 하는 어떤 특권층을 향한 연민과 간구의 영의 한정된 부어짐이다.

한정적이지만 미미하지는 않다. 이 부어짐을 통해 예루살렘은 엄청난 지각 변동을 겪는다. 영은 연민 혹은 호의를 일으킬 것이다. 다시 말해, 다윗 족속, 나단 족속, 레위 족속이 폭력을 호의로 대체할 것이다. 그 결과, 다윗 족속, 나단 족속, 레위 족속이 찔린 사람의 용서를 구할 것이다. 이 악한 가해자들은 철저히 비탄에 빠질 것이다.

"애통하다" 또는 "통곡하다"로 번역된 히브리 동사는 위의 본문에서 세 차례 나오는 반면, 애통의 위력은 애통의 대상으로 두 차례 표현된다. 그 대상은 다름 아닌 독자와 장자다. 절대적 허망. 절대적 애통.

에스겔 39:28-29과 요엘 2:28-31의 약속에도 사용된 "부어지다"라는 동사가 스가랴의 약속에서 잊을 수 없는 반향을 일으킨다. 그것은 주로 폭

이 본문은 하나님을 면류관, 화관, 투사의 힘으로 묘사한다.
그렇다면 '판결하는 영'도 은유인가, 아니면 이상적 통치자에게 지혜와 지식과 같은 덕을 부여하는 존재로 보이는 영이 나오는 이사야 11:1-6에 비추어 이해되어야 하는 표현인가?
이를 판단하기는 지극히 어렵고 아마도 불가능할지도 모른다. 그리고 고대 "루아흐"의 개념의 풍성함을 고려할 때, 그런 판단이 꼭 바람직하거나 책임 있는 일인 것도 아니다.

력 행위에서 피 흘림(부어짐)을 묘사하기 때문이다. 짐승을 희생하면 피가 흐르거나 부어진다. 더욱 살벌하게는, 부정한(범죄적) 살인을 묘사할 때 그 동사가 사용된다.[12] 살인 때 피 흘림을 묘사하는 그 동사가 스가랴서에서는 폭력적 찌름 이후의 화해에서 영의 부어짐을 묘사하기 위해 사용된 사실은 다소 역설적이다.

요엘서에서와 마찬가지로 "그날에"라는 그 예견의 시기는 불분명하다. 그렇지만 부어짐에 관한 다른 이상들을 넘어설 수 있는 이 본문의 힘은 그 구체성에 있다. 이사야, 에스겔, 포로기의 이사야, 요엘의 약속은 웅장하지만, 이 예견은 그것보다 더 실제적인 정치적 사건, 즉 폭력적이고 사악한 찌르는 행위에 근거하고 있다. 이는 사자와 어린양이 함께 눕고 새로워진 사막에 에셀나무가 뻗어 나가는 이상이 아니다.

주인이 그들의 종을 선지자로 여기는 상상의 세계를 불러일으키지도 않는다. 이는 형언할 수 없는 폭력으로 상대방을 대했던 강포한 정치인, 제사장, 왕궁 선지자들이 진정한 애통을 통해 그들을 포용하게 되는 이상이다. 바로 이 이상이 실제 정치와 정치인에 관한 것이기 때문에, 완전한 회심을 일으키고 가족 전체를 절대적 애통에 빠트리는 하나님의 영, 그 부어짐의 힘은 잊힐 수 없다. 독자와 장자를 잃은 애굽인의 애통을 잊을 수 없는 것처럼.

---

12 [창 9:6; 37:22; 민 35:33; 신 21:7; 삼상 25:31; 왕하 21:16; 사 59:7]

제6장

충만한 영

*이 장을 읽기 전에 읽어야 할 논문

- 창세기 41:25-45
- 출애굽기 28:1-5
- 출애굽기 31:1-11; 36:1-7
- 다니엘 4:1-18
- 다니엘 5:1-16
- 다니엘 6:1-5
- 미가 3:5-8

오순절 날이 이미 이르매 그들이 다같이 한 곳에 모였더니 홀연히 하늘로부터 급하고 강한 바람 같은 소리가 있어 그들이 앉은 온 집에 가득하며 마치 불의 혀처럼 갈라지는 것들이 그들에게 보여 각 사람 위에 하나씩 임하여 있더니 그들이 다 성령의 충만함을 받고 성령이 말하게 하심을 따라 다른 언어들로 말하기를 시작하니라(행 2:1-4).

여기 교회의 탄생 시점에 영의 충만함의 윤곽은 뚜렷하다. 예수님의 추종자들은 기대에 부풀어 몇 주를 기다린 끝에, 마침내 성령의 충만함을 받고 불의 혀를 경험하며, 찬송받아 마땅하신 하나님의 행위를 이방 언어들로 전파했다. 영감에 대한 이 묘사의 근본에는 예수님의 추종자들이 이전에 없던 것, 즉 단순한 영의 충만함이 아니라 성령의 충만함을 받았다는 믿음이 있다.

이스라엘 성경에서 영의 충만함은 얼핏 비슷한 경험처럼 보인다. 미가 선지자는 영으로 충만해졌다고 주장한다. 성막을 건설하는 장인들은 지혜의 영으로 충만해졌다. 요셉과 다니엘에게는 영이 있다고 한다. 이들 각자는 놀라운 일을 행하기 위해 영을 받은 것으로 보인다. 그것이 꿈을 해석하는 일이든, 벽에 나타난 이상한 글씨를 해석하는 일이든, 광야에서 하나님을 위한 장막을 짓는 일이든. 이 일을 위해 그들은 영을 받아야 한다.

혹은 그런 듯이 보인다. 구약과 신약의 유사성은 매혹적이어서 신약에 비추어 구약을 해석하고자 하는 유혹이 있다. 그러나 이는 큰 실수일 것이다. 왜냐하면, 이스라엘 성경에서의 영의 충만함과 초대 교회의 서신들과 이야기들에서의 영의 충만함이 아주 똑같지는 않다는 충분한 단서가 이스라엘 성경 속에 있기 때문이다. 만일 우리가 구약을 신약에 대충 비추어 보기보다 그런 단서에 주의를 기울이고 살펴본다면, 신약을 보충해 주는 영에 대한 상당한 통찰을 얻게 될 것이다.

1. 요셉

요셉의 이야기(아마도 유대인 성경에서 가장 이른 시기의 이야기 중 하나)부터 다니엘의 이야기(BCE 2세기로 추정할 수 있는 가장 늦은 시기의 이야기 중 하나)까지 이스라엘과 유대의 여러 저자는 인간이 하나님으로부터 나온 영에 충만할 수 있다는 믿음을 표현했다. 이는 유대인 성경에서 영과 관련되어 가장 오래도록 반복되는 말 중 하나이며, 또한 새로운 점을 제시한다. 이는 곧 영이 외부에서 강림하는 것이 아니라 영-숨이 내부에서 깨어난다는 점이다.

이스라엘에게는 잊을 수 없는 이야기 속에서, 애굽의 통치자 바로는 그의 모사들 누구도 해석할 수 없는 불길한 꿈을 꾼다. 바로의 술 맡은 관원장은 꿈을 해석하는 요셉의 남다른 기술을 떠올린다. 한때 그가 요셉과 같이 옥에 갇혀 있었을 때, 요셉이 그의 꿈을 해석해 주었다. 그래서 요셉은 감옥에서 나와 바로에게 가게 되어 즉시 그의 꿈을 해석한다. 이에 대한 반응으로 바로는 질문을 한다.

> 이와 같이 하나님의 영에 감동된 사람을 우리가 어찌 찾을 수 있으리요(창 41:38).

그리고 그는 재빨리 스스로 답한다.

> 하나님이 이 모든 것을 네게 보이셨으니 너와 같이 명철하고 지혜 있는 자가 없도다(창 41:39).

평행이 돋보인다. 바로는 "이와 같이" 하나님의 영에 감동된 사람을 찾을 수 있는 자가 있는지 묻고 "너와 같이" 명철하고 지혜 있는 자가 없다고 답한다. 심지어 애굽인(외부인)도 요셉 안에 있는 하나님의 영과 요셉의 비상한 지혜의 연관성을 알 수 있다.

요셉이 영의 사람이 되는 과정은 이야기의 표면에는 잘 드러나지 않지만 그럼에도 분명히 나타난다. 요셉 안에 있는 "루아흐 엘로힘"(*rûaḥ ʾĕlōhîm*)의 특별한 자질은 놀라운 능력을 부여하는 영의 갑작스런 유입이 아니라 평생 훈련의 산물이다.

바로가 요셉의 해몽 능력을 그 '안에 있는 루아흐'의 신적 특성으로 여길 때, 그는 하나님의 영이 요셉에게 강림하거나 머문 것으로 묘사하지 않는다. 이는 요셉의 출생부터 그 안에 영이 있었다는 함축이다. 이런 이해는 창세기 앞부분의 영에 관한 언급으로 증명된다. 예를 들어, 창세기 6:3

에서는 이렇게 말한다.

> 나의 영[루아흐]이 영원히 사람과 함께하지 아니하리니 이는 그들이 육신이 됨이라 그러나 그들의 날은 백이십 년이 되리라 하시니라(창 6:3).

창세기 6:3에서 다루는 문제는 사람의 수명이다. 하나님이 거의 모든 "생명의 기운(루아흐)"(6:17; 7:15) 또는 "생명의 기운의 숨(루아흐)"(7:22)이 있는 자들을 멸하시는 홍수 이야기의 관점도 비슷하다. 창세기의 영(루아흐)은 모든 사람뿐만 아니라 모든 동물 안에서 찾아볼 수 있는 영-숨이다. 그러나 모든 인간과 동물이 요셉과 같은 영의 '특성'을 가진 것은 아니다. 그 특성으로 인해 바로는 이 루아흐가 '하나님의' 영인 것을 알게 되었다.

요셉은 어린 시절부터 해몽하는 기술을 연마했다. 그는 곡식 단과 별이 특정한 한 사람에게 절하는 꿈(형제들의 미움을 산)을 해석했다. 바로 요셉이다(창 37:5-11). 애굽의 감옥에서는 술 맡은 관원장과 떡 굽는 관원장의 꿈을 해석했다(40장). 바로의 꿈으로 나아가는 단계는 해몽에 관한 요셉의 평생 경험을 고려하면 작은 일이었다. 그의 놀라운 해몽 실력은 영의 유입('은사의 부여'라고도 부를 만한)으로 말미암은 새로운 능력이 아니라 일평생 배우며 오랫동안 연습한 결과였다.

요셉 안에 있는 영의 중요성에 관한 또 하나의 단서는 그가 해몽 이상의 일을 한다는 것이다. 그는 바로의 꿈에 대한 해석에 지시 사항을 덧붙이는데, 이는 해몽을 넘어서는 일이다. 바로는 풍년의 때에 곡식의 오분의 일을 따로 떼어 놓아야 하는 등의 대비를 해야 한다(창 41:33-37). 이도 역시 요셉 안에 있는 하나님의 영에 대한 증거이다.

그리고 정확히 이야기의 이 지점에서 바로는 요셉 안에 있는 하나님의 영을 인식한다. 동시에 이는 힘들게 얻는 경험의 산물이다. 요셉은 애굽에서 지내는 중에, 친위대장 보디발의 집에서 가정 총무를 맡았으며, 보디발이 그를 가두었던 감옥의 제반 사무를 맡았다. 그는 보디발의 집과 자신이 갇힌 감옥 모두를 잘 섬겼기에, 보디발이나 간수장 모두 요셉이 맡은 일에 있어서는 조금도 살펴보지 않았다(창 39:6, 23). 바로가 요셉 안에 하나님의 루아흐가 있다는 사실을 알게 될 때까지, 요셉은 해몽과 행정 모두에 능숙해져 있었다.

안에 있는 하나님의 영, 실제 해몽 경험, 행정즉 선견지명의 수행, 이 세 가지가 요셉의 영감의 필수 요소를 이룬다. 그의 인생은 고통과 실망으로 가득한 일생에서 얻은 지혜와 잘 훈련된 기술을 갖추고 잘 살아온 삶이다. 이런 특징들이 바로로 하여금 "이와 같이 하나님의 영에 감동된 사람을 우리가 어찌 찾을 수 있으리요"(41:38)라고 묻게 만들고 "하나님이 이 모든 것을 네게 보이셨으니 너와 같이 명철하고 지혜 있는 자가 없도다"(41:39)라고 자답하게 했다.

그러므로 바로는 요셉 안에 있는 영의 존재와 요셉의 탁월한 지혜의 관련성을 포착하고, 구약에서 영-숨과 평생의 학습('영감된 학습'이라고 부를 만한) 사이의 첫 번째 명백한 연관성을 끌어낸다.

2. 미가

만일 요셉의 이야기가 유대인 성경에서 영과 지혜의 관련성을 보여 주는 가장 초기의 산문 중 하나를 제시하는 것이라면, 이르면 BCE 8세기에 기록된 미가서는 가장 초기의 예언적 계시(prophetic oracle)를 제공한다. 미가는 동시대 활동하던 이사야가 신경 쓰던 도시 정치 같은 것들을 거부했다. 미가는 이사야가 예루살렘 성전의 신봉자로서 겪은 일종의 과시적인 (미가는 그것을 현란하고 가식적이라 여겼을 것이다) 소명의 이상(사 6)을 멀리한 다. 그것은 지성소 바로 곁에 앉아 겉옷을 걸치고 불길 같은 스랍들에게 둘러싸여 계신 하나님을 본 이사야의 이상이다.

좀 더 구체적으로, 미가는 반대편 선지자들의 모든 계시와 이상에 대해 격분했다. 그는 다른 선지자들('거짓' 선지자들)이 이익을 위해 예언한다며 맹렬히 비난했고, 그들이 "이상을 보지 못할 것"이며 "점 치지 못할 것"이라고 예견했다. 제물에서 피어오르는 연기와 같은 여러 징조를 통해 방향을 살피는 이런 "선견자"와 "술객"은 더 이상 할 말을 찾지 못할 것이다. 왜냐하면, 그들은 왕실이 듣고 싶어 하는 말 외에는 거의 하지 않았기 때문이다. 미가의 메시지는 분명하다.

> 내 백성을 유혹하는 선지자들은
> 이에 물 것이 있으면
> 평강을 외치나
> 그 입에 무엇을 채워 주지 아니하는 자에게는
> 전쟁을 준비하는도다
> 이런 선지자에 대하여 여호와께서 이르시되
> 그러므로 너희가 밤을 만나리니 이상을 보지 못할 것이요
> 어둠을 만나리니 점 치지 못하리라 하셨나니
> 이 선지자 위에는
> 해가 져서 낮이 캄캄할 것이라
> 선견자가 부끄러워하며
> 술객이 수치를 당하여
> 다 입술을 가릴 것은
> 하나님이 응답하지 아니하심이거니와 (미 3:5-7).

미가는 이 모두를 비난하고 거부하지만, 하나님의 영은 무시하지 않는다. 미가는 "오직 나는"이라며 주장한다.

> 오직 나는 여호와의 영으로 말미암아
> 능력과 정의와
> 용기로 충만해져서
> 야곱의 허물과
> 이스라엘의 죄를 그들에게 보이리라(미 3:8).

이사야서의 계시에서처럼, 영은 능력과 정의와 용기와 함께 나타난다. 그러나 이것이 전체 그림이 아니다. "여호와의 영으로 말미암아 능력과 정의와 용기로 충만해져서"라는 미가의 주장은 새롭게 영을 받았다거나, 힘이나 지식이 유입되었다는 주장이 아니다. 미가의 주장은 루아흐를 자신이 계속해서 정의롭게 살아가며 힘차게 말할 수 있도록 영감을 주는 자기 안의 영구적 자질로 여기는 것이다.

이 인식의 핵심은 미가가 세 가지 영구적 속성, 곧 능력과 정의와 용기로 충만해 있다는 점이다. 이 속성들은 일시적 자질이 아니다.

예를 들어, 정의는 무척 본질적이기에 미가는 지도자들에 대한 수사적 질문을 던지며 반대심문을 시작한다.

> 정의를 아는 것이 너희의 본분이 아니냐(미 3:1).

물론, 그래야 마땅하다!

실제로 정의는 너무도 자명한 진리이기에, 미가는 누구나 알아 마땅한 사실을 알지 못한 연유로 그의 백성을 고발할 수 있다.

> 사람아 주께서 선한 것이 무엇임을 네게 보이셨나니 여호와께서 네게 구하시는 것은 오직 정의를 행하며 인자를 사랑하며 겸손하게 네 하느님과 함께 행하는 것이 아니냐(미 6:8).

미가에게 충만한 정의는 그에게 충만한 영처럼 그의 영구적 성격의 일부이지 이따금씩 진정성 있는 선포를 유발하는 일시적 또는 무대에서만 반짝하는 자질이 아니다. '모든 사람'이 정의가 무엇인지 알아야 한다. 물론, 미가는 안다. 그는 편의에 따라, 또는 이따금씩 정의로 충만한 것이 아니며, 산발적으로 또는 상황에 따라 영으로 충만한 것도 아니다.

그러므로 정의는 특이한 예언적 계시의 산물이 아니다. 사람들은 이미 정의를 안다. 아니면, 알아야 한다.

> 사람아 주께서 선한 것이 무엇임을 네게 보이셨나니 (미 6:3a).

미가에게 충만한 영의 본질은 그가 다른 선지자들을 고발할 때에도 분명히 드러난다. 거짓 선지자들은 이상과 계시와 점술, 즉 짧게 폭로된 신의 뜻에서 영감을 찾는다. 이와 대조적으로, 유다를 향한 미가의 메시지는 그에게 항상 충만한 능력과 정의와 여호와의 영과 용기로부터 솟아나온다. 다른 선지자들의 일시적 계시와 이상은 밤이 되어 버릴 것이다(미 3:6). 그와 반대로, 미가는 절대 사라지지 않을 특성으로 충만하다.

미가는 자기와 거짓 선지자들 사이에 공통분모가 거의 없다고 생각한다. 그들은 현재 상황을 유지하기 바라지만 미가는 죄를 폭로한다. 그들은 거짓 평화를 선포하지만, 미가는 미래의 위험을 인식한다. 그리고 아마도 가장 본질적인 차이는 그들이 이상과 계시로 연명하는 반면, 미가는 능력과 여호와의 루아흐와 정의와 용기로 충만하다는 점일 것이다.

영에 대한 미가의 주장에는 같은 시대 선지자, 예루살렘의 이사야의 음성이 울린다(사 1-39). 비록 미가는 시골 변방에 있었고 이사야는 도시 중심에 있었지만, 비록 미가는 예루살렘을 비판했고 이사야는 권력의 회랑에서 편안히 활동했지만, 두 선지자는 모두 영과 정의의 관계를 확인한다. 둘 중 누구도 영을 계시와 연관 짓지 않는다. 둘 중 누구도 영을 일시적 경험의 근원으로 보지 않는다.

둘 모두 영을 지속가능하며 알 수 있으며 정의로운 것, 다시 말해 '학습된' 것에 연관 짓는다. 이사야가 상상한 영감된 통치자와 영감된 선지자 미가는 통렬한 말을 통해 성취되는 정의에 대한 선호를 공유한다. 이사야의 기름 부음 받은 통치자는 이렇다.

> 그의 눈에 보이는 대로 심판하지 아니하며
> 그의 귀에 들리는 대로 판단하지 아니하며
> 공의로 가난한 자를 심판하며
> 정직으로 세상의 겸손한 자를 판단할 것이며
> 그의 입의 막대기로 세상을 치며
> 그의 입술의 기운으로 악인을 죽일 것이며
> 공의로 그의 허리띠를 삼으며
> 성실로 그의 몸의 띠를 삼으리라(사 11:3-5, 나의 강조).

영감된 통치자에 대한 이사야의 묘사는 미가가 받은 소명의 요소를 반영한다.

> 오직 나는 여호와의 영으로 말미암아
> 능력과 정의와
> 용기로 충만해져서,
> 야곱의 허물과
> 이스라엘의 죄를 그들에게 보이리라(미 3:8, 나의 강조).

이사야서의 이 본문은 미가서와 완벽히 부합한다. 미가의 자전적 서술은 이사야의 기름 부음 받은 통치자와 완벽히 부합한다. 영이 임한 통치자는 특히 정의로 알려진다(사 11:3-5). 영이 충만한 미가는 정의를 향한 집요한 헌신으로 알려진다(미 3:5-8). 영감된 통치자에 대한 이사야의 서술과 미가 자신의 신념에 대한 서술 모두에서, 지식, 정직한 말, 정의, 영, 이 요소들이 결합하여 도시의 지도층 선지자와 예루살렘 지도층에 대한 시골의 비판가 사이에 놀랍게도 통일된 교차점을 형성한다. 두 서술 모두에서 루아흐가 힘들게 얻은 지식과 구체화된 정의로 특징되는 영구적 존재라는 믿음이 나타난다.

우리가 이사야가 말하는 영감된 통치자와 영감된 선지자 미가에 대해 알지 못하는 사실은, 언제 영이 그들의 영구적 자질이 되었는지에 관해서이다. 그 통치자의 경우, 영감은 메시아 또는 왕으로 임명되거나 기름 부음을 받을 때 함께 오는 것으로 보인다.

미가의 경우, 영감의 시작은 덜 분명한데, 출생 때부터였거나 일종의 소명을 받을 때부터였을 수도 있다. 이를 단정 짓기에는 미가의 말은 너무 간결하다. 우리가 아는 사실은, 이르면 8세기 후반(BCE 700년대)에 두 선지자가 영구적 자질로서의 영과 정의(학습된 정의와 가르친 정의)에 헌신된 삶 사이의 밀접한 관련성을 도출했다는 것이다.

이스라엘 역사의 이른 단계에, 두 개별적 목소리가 명쾌히 전달하는 바는 계시와 이상이 아닌 영감과 학습이 용감한 예언과 영감된 통치의 기저에 깔려 있는 한 쌍의 본질이라는 사실이다.

3. 사막의 장인들

이스라엘 역사의 작지 않은 부분이 광야의 장막과 성막을 짓는 방법에 대한 꼼꼼한 지침에 할애되었다(출 25:1-31:11; 35:4-33). 비록 이 지침들은 열 마디의 말씀(20:1-17)이나 아마도 히브리 성경에서 최초의 법이었을 언약 법전(20:22-23:19)에 가려 빛을 보지 못하지만, 성막에 대한 이 지침들은 그 둘을 합친 것보다 훨씬 장황할 뿐만 아니라, 곧 십계명만큼이나 시내산에서 하나님께 직접 받은 계시의 산물로 여겨진다.

성막 건설 이야기는 유례없는 관대함의 예를 게시한다.[1] 비록 이런 특징은 따분하기 그지없는 물품 목록과 물질적 치수에 가려지기 쉽지만, 세부 사항에 대한 이런 사랑은 이스라엘의 관대함의 충동을 확실히 인식시켜 준다. 만들어지고, 건설되고, 짜이고, 꿰매지고, 봉합되고, 물들여지고, 쳐서 만들어지고, 싸여진 모든 것들은 마음에서 우러난 자발적인 봉헌으로 되었다. 이는 호사스러운 헌물의 순간이었기에, 여기서 영의 충만함에 관한 풍성한 언어가 나타나는 것은 놀라운 일이 아니다.

1) 영감된 장인들

아론과 제사장직을 맡은 이들을 위한 제의를 짜야 할 때가 오자, 하나님이 모세에게 말씀하셨다.

> 너는 무릇 마음에 지혜 있는 모든 자 곧 내가 지혜로운 영으로 채운 자들에게 말하여 아론의 옷을 지어(출 28:3).

이 짧은 지시에서 영과 학습(하나님이 '장인들'을 지혜의 영으로 채우신다)의 연계는 이론의 여지가 없다. 그러나 더 뚜렷이 감지되는 사실이 있다. 하나님이 이 숙련공들을 택하신 까닭은 그들로 하여금 지혜로운 영의 자질을 받게 하기 위해서가 아니라 '이미' 그들이 실력을 증명했기 때문이다.

---

[1] 대다수의 학자가 이 이야기의 대부분을 후기 포로 시대 또는 바사 시대(BCE 539년 이후)의 작품으로 여긴다. 왜냐하면, 예배와 예배 장소에 대한 구체적 관심이 역대기에 견줄 만하기 때문이다.

숙련자들, 곧 마음에 지혜 있는 자들은 지혜로운 영으로 채워져야 한다.² 장인들이 '이미' 마음에 지혜 있는 자들이라는 인식은 다음의 질문을 유발한다.

만일 장인들이 이미 지혜로 충만하다면, 어떻게 하나님이 그들을 지혜로운 영으로 채우신다는 말인가?

그러나 이는 "채우다"라는 동사가 빈 그릇을 처음 채운다는 의미로 사용될 때에만 난제가 될 것이다. 그런데 그렇지 않다. "채우다"(히브리어 "밀레"[millē'])라는 단어는 처음 채움을 서술할 수 있다. 물을 채운 가죽부대(창 21:19), 곡물로 채운 자루(42:25), 기름으로 채운 뿔(삼상 16:1)이 그 예이다. 이것은 결코 그 의미의 전부가 아니다. 그 동사의 의미는 첫 채움으로부터 완료, 충만한 채움, 완성으로 유연하게 달라진다.

- 해산의 기한이 끝난다("찬즉", 창 25:24).
- 정결하게 되는 기한이 완료된다("차기 전에", 레 12:4, 6).³
- 공간도 채워진다. 애굽인의 집들이 파리 떼로 가득 찰 때는 몇 마리의 파리 정도에 그치지 않는다(출 8:21; MT 8:17).
- 하나님의 옷자락이 성전을 가득 채울 때는 옷자락의 끝이 지성소에 닿는 정도가 아니다(사 6:1).
- 예레미야가 땅이 우상으로 가득하다고 말할 때는 단지 몇 가지 우상을 가리키는 것이 아니다(렘 16:18).

---

2 이 이야기 전체에 걸쳐(예, 출 36:8), "마음에 지혜 있는 자"라는 표현은 미숙한 자들과 대조되는 숙련공들을 지칭한다. 보다 상세한 분석은 다음의 내 책을 보라. *Filled with the Spirit* (Grand Rapids: Eerdmans, 2009), 51-65.

3 라헬을 얻기 위한 요셉의 기다림이 끝났다("찼으니", 창 29:21). 서원이 이행된다("차기까지", 민 6:5). 잔치가 끝난다("지나매", 에 1:5). 바벨론 유배 시절이 종료된다("끝나면", 렘 25:12).

• 요단 강물이 둑에 찰 때는 강물이 그 둑에 넘친다(수 3:15).[4]

이런 관점에서 볼 때, "내가 지혜로운 영으로 채운"이라는 간단한 표현은 충만한 채움, 즉 결실, 완전함, 충분히 연마된 기술을 뜻한다. 이 간단한 동사 "채우다"는 이제 이런 숙련공에게 당면한 과제를 탁월하게 완수하기에 차고 넘치는 영이 있음을 알려 준다.

이 장인들은 적당한 수준으로 갖춰진 사람들이 아니다. 그들은 지혜로운 영으로 넘칠 만큼 가득하다. 다시 말해, 그들이 갈고 닦은 기술들로 넘쳐나는, 바로 그 지혜로 충만한 그들의 마음이 하나님의 임재를 위한 장막을 건설하게 할 것이다. 제사장 예복의 색감과 질감이 생생하게 살아 있는 호화로운 장면 속에서, 그런 영예로운 옷을 제작하는 장인들도 "무릇 마음에 지혜 있는 모든 자 곧 내가 지혜로운 영으로 채운 자들"이라는 화려한 용어로 동등하게 묘사된다.[5]

2) 대표 건축가들과 장인들

특히, 장인들의 책임자들에게는 영이 충만하다. 하나님은 브살렐과 오홀리압에 관해 모세에게 말씀하신다.

> 내가 유다 지파 훌의 손자요 우리의 아들인 브살렐을 지명하여 부르고 하나님의 [그] 영[6]을 그에게 충만하게 하여 지혜와 총명과 지식과 여러 가지 재주로 정교한 일을 연구하여

---

4 이와 비슷한 채움의 의미는 다음의 본문에서 나타난다.
   [왕상 8:10, 15; 대하 6:4; 렘 23:24; 44:25; 겔 40:34-35; 44:4; 합 2:14]
5 형용사 '가득하다'(full)와 명사 '충만'(fullness)에 관한 간략한 논의가 포함된 좀 더 상세한 분석은 다음의 내 책을 보라. *Filled with the Spirit*, 52-58.
6 여기서와 이어서 나올 몇 번의 성구 인용에 나오는 히브리어 "바아멜레 오토 루아흐 엘로힘"(*wāʾămallē ʾōtô rûaḥ ʾĕlōhîm*)은 다음과 같이 여러 가지로 번역될 수 있다.

금과 은과 놋으로 만들게 하며 보석을 깎아 물리며 여러 가지 기술로 나무를 새겨 만들게 하리라 내가 또 단 지파 아히사막의 아들 오홀리압을 세워 그와 함께하게 하며 지혜로운 마음이 있는 모든 자에게 내가 지혜를 주어 그들이 내가 네게 명령한 것을 다 만들게 할지니 (출 31:2-6).

브살렐과 유능한 그의 보조는 다시 언급된다.
모세는 다음과 같이 말한다.

볼지어다 여호와께서 유다 지파 훌의 손자요 우리의 아들인 브살렐을 지명하여 부르시고 하나님의 [그] 영을 그에게 충만하게 하여 지혜와 총명과 지식으로 여러 가지 일을 하게 하시되 금과 은과 놋으로 제작하는 기술을 고안하게 하시며 보석을 깎아 물리며 나무를 새기는 여러 가지 정교한 일을 하게 하셨고 또 그와 단 지파 아히사막의 아들 오홀리압을 감동시키사 가르치게 하시며 지혜로운 마음을 그들에게 충만하게 하사 여러 가지 일을 하게 하시되 조각하는 일과 세공하는 일과 청색 자색 홍색 실과 가는 베 실로 수 놓는 일과 짜는 일과 그 외에 여러 가지 일을 하게 하시고 정교한 일을 고안하게 하셨느니라 (출 35:30-35).

이 평행한 서술에는 출애굽기 28:3(무릇 '마음에 지혜' 있는 모든 자 곧 '내가 지혜로운 영으로 채운' 자들)에서 장인들을 묘사했던 영과 마음의 일치가 완전히 정확하게 나온다. 이와 유사한 평행이 출애굽기 35:30-35에 나온다.

- "하나님의 그 영(the spirit of God)을 그에게 충만하게"
- "하나님의 한 영(a spirit of God)을 그에게 충만하게"
- "하나님의 영(spirit of God)을 그에게 충만하게"
- NRSV는 "신의 영(divine spirit)을 그에게 충만하게"

[하나님이] 하나님의 [그] 영을 그(브살렐)에게 충만하게 하여 지혜와 … 여러 가지 일을 하게 하시되(출 35:31).

[하나님이] 지혜로운 마음을 그들(브살렐과 오홀리압)에게 충만하게 하사 … 여러 가지 일을 하게 하시고(출 35:35).

"지혜로운 마음"에 상응하는 언어와 더불어 하나님이 "하나님의 영"과 "지혜"로 채우심은 영과 학습의 관계를 굳건하게 한다. 이제 이 숙련공들이 성막을 건설할 것이다. 그들은 실력으로 선발된다.

그러나 미가의 예언에서처럼 여기에는 또 다른 사실이 있다. 미가의 주장과 마찬가지로 이 본문은 영의 새로운 유입을 뜻하지 않는다. 이는 영구적이고 지속적인 무언가를 뜻한다. 마음은 있다가 사라졌다 하는 무언가가 아니다. 영도 마찬가지다. 마음과 영의 거울상은 루아흐의 채움이 장인들과 그들의 지도자들이 일생의 학습을 통해 갈그 닦은 영의 '충만한' 채움으로 이해해야 한다는 점을 시사한다.

다른 장인들과 마찬가지로 브살렐과 오홀리압의 마음은 이미 숙련되었으며 그들의 영은 이미 박식했는데, 이런 경우 습득된 학습을 통해 이미 지혜로워진 마음과 영에 지혜의 선물이 찾아왔다. 비록 이 이야기에 새로운 마음이나 영은 없지만, 여기에는 어떤 새로운 점이 있다.

이스라엘 역사의 이 특별한 순간, 애초부터 브살렐과 장인들을 채우고 있던 하나님의 영이 지혜와 통찰과 지식으로 훨씬 더 충만해졌다는 사실이다. 이 장인들과 그들의 유능한 지도자들은 하나님의 영이 넘치도록 가득했는데, 평생의 학습에 발맞추어 루아흐로 넘친다. 그래서 그들은 황량한 광야에 신성한 장막을 건설할 수 있었다.

3) 영감된 교사들

이런 이야기들에 있어 영감에 관한 모든 논의들이 배움의 중심성을 흐리지 않게 하는 일은 중요한다. 브살렐과 오홀리압이 그들의 영감된 학습을 통해 했던 일은 인상적이다.

> 또 [하나님이] 그와 단 지파 아히사막의 아들 오홀리압에게 가르칠 마음을 주셨다 (출 35:34, 나의 번역).[7]

간단히 말해, 그들은 장인들을 '가르쳤다.'

이 짧은 구절은 장인들이 어떻게 "지혜로운 [한] 영으로 충만"하게 되었는지, 하나님이 어떻게 "지혜로운 마음이 있는 모든 자에게 내가 지혜를 주어"라고 주장하실 수 있는지에 관한 충분한 단서를 준다. 충만한 영의 이미지는 직접적인 신적 개입(은사적 부여)을 나타낼 수도 있는 반면, 가르침의 역할은 그럴 수 없다. 이 장인들이 지혜로운 영으로 충만하게 되고 마음에 지혜를 얻게 된 것은 모든 기술을 숙달한 탁월한 스승들로부터 배웠기 때문이다.

---

7 NRSV는 동사를 "감동시키다"(inspire)로 번역하는데, 이는 지나치게 은사적 부여를 상기시킨다.
[출 35:34] 또 [하나님이] 그와 단 지파 아히사막의 아들 오홀리압을 감동시키사 가르치게 하시며(여기서 개역개정은 NRSV와 일치한다–역주).
헬라어 역본, 70인역의 본을 따라 히브리어 동사 '주다'를 단순히 '주었다'로 번역하는 것이 더 낫다. "하나님이 가르칠 마음을 주셨다."

4. 다니엘

영이 충만한 이스라엘 사람의 가장 늦은 시기의 이야기는 가장 이른 시기의 이야기를 반영한다. 다니엘은 요셉과 많이 닮아 보인다. 다니엘의 이야기는 아마도 마카비 시대(BCE 167-160년경)의 산물인 것으로 보이지만, 그 이야기는 그보다 이른 시기, 즉 바벨론 유배가 시작된 끔찍한 시대를 배경으로 한다.

다니엘을 중심으로 하나된 이야기에, BCE 587년 예루살렘이 파괴된 뒤의 어느 시점에 바벨론으로 강제 유배를 가게 된 이들 중 네 사람이 나온다. 바벨론은 이스라엘 유배민들을 이끌기 위해 훈련시킬 사람들 중에 다니엘과 나머지 세 사람을 선발한다(단 1장).

그 다음 이어지는 몇 장에서 다니엘은 놀라운 일들을 한다.

- 그는 큰 신상에 대한 느부갓네살의 꿈을 해석한다(2장).
- 그와 그의 동료들은 느부갓네살의 금 신상을 섬기지 않는다는 이유로 던져진다(2장)
- 거기에서 구출된다(3장).
- 그는 웅장한 나무가 잘라지는 느부갓네살의 꿈을 해석한다(4장).
- 그는 느부갓네살의 아들, 벨사살이 펼친 연회에서 벽에 나타난 글씨를 해석한다(5장).
- 마지막으로, 그는 그는 다리오 왕의 정치적 동지들의 시기로 말미암아 던져진 사자 굴에서 구출된다(6장).

이 이야기들에서 루아흐의 존재는 삼대에 걸친다. 상당한 기간이다. 다니엘은 사자 굴 속의 평범한 젊은이가 아니다. 그는 늙어 가면서 필연적으로 영과 동화된 사람이다.

첫 번째 세대에 다니엘이 바벨론의 느부갓네살왕의 꿈을 해석하고 나서 느부갓네살은 세 번이나 "그의 안에는 거룩한 하나님(들)의 영이 있다"(4:8, 9, 18; MT 4:5, 6, 15; 나의 번역)고 말한다. 아람어는 대부분의 영어 번역보다 그 뜻이 더 애매하다. 이는 "그의 안에는 거룩한 하나님의 영이 있다" 또는 "그의 안에는 거룩한 신들의 영이 있다"와 같이 여러 가지로 번역될 수 있다. 어떤 번역이든 간에, 다니엘 안에 있는 거룩한 영의 존재가 이 본문의 중심이다.

두 번째 세대에 벨사살의 연회 중 벽에 나타난 해괴한 글씨에 관해 들은 느부갓네살의 며느리는 자기 아버지의 언어를 반영한 말을 한다.

> 왕의 나라에 거룩한 신들의 영이 있는 사람이 있으니, 곧 왕의 부친 때에 있던 자로서 명철과 총명과 지혜가 신들의 지혜와 같은 자니이다(단 5:11).

그는 다니엘을 기억해 낸다.

> 이 다니엘은 마음이 민첩하고 지식과 총명이 있어 능히 꿈을 해석하며 은밀한 말을 밝히며 의문을 풀 수 있었나이다(단 5:12).

그의 남편, 느부갓네살의 아들 벨사살도 다니엘의 "하나님의 영"(루아흐 엘라힌[*rûaḥ ʾĕlāhîn*])과 "비상한 지혜"(5:14)에 대해 알고 있다.

세 번째 세대에 메대의 다리오는 다니엘을 제국 정책의 최고 책임자로 세우고자 하는데, 이는 "그에게 뛰어난 영"(6:3; MT 6:4; 나의 번역)이 있기 때문이었다. 이는 이전 세대 동안 말한 것의 반복이다.

이는 풍성한 영의 언어이며, 또한 요셉의 이야기, 성막을 건설한 장인들의 이야기, 영에 대한 미가의 주장 이야기의 형식에 부합한다. 느부갓네살, 벨사살, 다리오, 삼대에 걸쳐 다니엘은 그런 지혜를 보여 주어 연이어 계승된 이방 통치자들이 그 안에 있는 오직 하나님으로부터만 올 수 있는 루아흐를 인정한다. 다니엘이 삼대에 걸친 지혜를 가지고 있었던 것은, 이는 그가 이따금씩 특별하게 하나님의 영을 부여받았기 때문이 아니라 그 안에 있는 영이 통찰과 지혜와 혜안의 영원한 원천이기 때문이다.

실제로 영이 6회 이상 언급되는 마지막 장면에서, 영은 다니엘의 지혜와 결합된다. 특히, 두 번째 이야기에서는 영과 지혜의 뚜렷한 언어적 유사성이 부각된다.

- 그 안에 … '루아흐 야티라'(rûaḥ yattîrâ) - 그 안에 강렬한 **영**(단 5:12)
- 그 안에 … '호크마 야티라'(ḥokmâ yattîrâ) - 그 단에 강렬한 **지혜**(단 5:14)

이 유사성은 다니엘의 지혜의 원천에 대한 궁금증을 자아낸다. 이 지혜가 일종의 임시적 은사일 수도 있겠지만, 그럴 때 이 해석에는 몇 가지 꺼림칙한 부분이 있다.

첫째, 다니엘의 본이 되는 요셉처럼 그는 주로 훈련을 통해 지혜를 얻었다. 다니엘서를 여는 이야기에서, 바벨론은 이스라엘의 지식인들을 훈련시켰다.

> 곧 흠이 없고 용모가 아름다우며 모든 지혜를 통찰하며 지식에 통달하며 학문에 익숙하여 왕궁에 설 만한 소년을 데려오게 하였고, 그들에게 갈대아 사람의 학문과 언어를 가르치게 하였고(단 1:4).

이야기가 진행되면서 다니엘과 그의 절친한 세 친구는 제국의 권세 아래 출세하기 위해 그들의 두뇌나 체력을 사용하지 않았다. 삼 년 동안 왕궁에서 왕의 진귀한 음식과 포도주를 대접받고 누렸던 거의 모든 왕궁 안의 난민들과 달리, 다니엘은 그러지 않았다.

> 왕의 음식과 그가 마시는 포도주로 자기를 더럽히지 아니하리라 하고 자기를 더럽히지 아니하도록 환관장에게 구하니(단 1:8).

세 친구도 다니엘과 함께 풍성한 음식과 포도주를 금하고 채식을 했다. 자진해서 금욕한 이 기간 동안에 그들은 다음과 같았다.

> 하나님이 이 네 소년에게 학문을 주시고 모든 서적을 깨닫게 하시고 지혜를 주셨으니 다니엘은 또 모든 환상과 꿈을 깨달아 알더라(단 1:17).

바로 이 지점이다. 왕실 식사에 대한 다니엘의 저항에 따른 시련 속에서, 야망에 대한 그의 거부에서, 권력에 대한 그의 거부에서, 단순함에 대한 그의 애호에서, 지위를 추구하지 않는 그의 태도에서, 다니엘은 처음으로 환상과 꿈의 해석자로 인정을 받는다. 이 시기의 끝에 그는 다음과 같이 되었다.

> 왕이 그들에게 모든 일을 묻는 중에 그 지혜와 총명이 온 나라 박수와 술객보다 십 배나 나은 줄을 아니라(단 1:20).

물론, 이 서술들은 하나님이 다니엘과 그의 친구들에게 일시적 은사로, 아니면 때때로 재발되는 영의 발현으로서 지식과 지혜와 총명을 주셨던 것으로도 해석될 수 있었을 것이다. 유배되어 온 네 명의 젊은이에 관한 앞서 나온 세부적 묘사가 없었다면 말이다.

곧 흠이 없고 용모가 아름다우며 모든 지혜를 통찰하며 지식에 통달하며 학문에 익숙하여 왕궁에 설 만한 소년을 데려오게 하였고 그들에게 갈대아 사람의 학문과 언어를 가르치게 하였고(단 1:4).

간략히 말해, 다니엘과 그의 친구들이 왕실 식사에 저항했을 무렵, 그들은 이미 잘 교육받은 상태였다. 이 이야기에서 영감은 인간의 성실, 학습, 신적 지혜의 은사 간 값진 공생의 산물이다. 인간적 안락함에 대한 거부와 집중적 교육의 결합을 통해, 다니엘은 처음으로 꿈을 해석하게 되었다. 그리고 바로 이 능력을, 훗날 여러 이방 통치자들은 그 안에 있는 루아흐 때문인 것으로 여길 것이다.

둘째, 또 달리 주목해야 할 사실은 다니엘 안의 영과 지혜가 "야티라 루아흐"(*yattîrâ rûaḥ* 혹은 "루아흐 야티라"[*rûaḥ yattîrâ*])로 묘사된다는 점이다(5:14; 6:3). NRSV처럼, "야티라"를 "탁월한"으로 옮기는 것은 기만적이다. 아람어와 히브리어에서는 다른 의미를 전달한다. 즉, 극단성이다.

- 느부갓네살 신상의 광채는 '극심'했다(2:31).
- 사드락, 메삭, 아벳느고가 던져진 풀무불은 '지극히' 뜨거웠다(3:22).
- 다니엘의 환상에 등장한 짐승은 '지극히' 무서웠다(7:19).

이 단어는 탁월성과는 다른 어떤 의미를 전달한다. 그것은 순수한 광채, 순수한 열기, 순수한 공포, '순수한 영', 곧 너무도 완벽한 영이라 하나님으로부터 나온 것이 분명한 영을 뜻한다. 이야말로 다니엘이 소유했던 것이며, 이야말로 다니엘을 구별되게 하는 것이다.[8]

8　다음의 내 책에서 한 장을 할애하여 다니엘의 이야기를 대중적으로 썼다. *Fresh Air: The Holy Spirit for an Inspired Life* (Brewster, MA: Paraclete, 2012), 42-67.

5. 기술의 근원인 영

하나님이 사람을 영으로 채우시고, 기술과 지혜의 보고로 육성할 수 있다는 믿음은 이스라엘의 가장 이른 시기의 이야기에서부터 가장 말기의 이야기에 이르기까지 지속되었다. 이스라엘 문학의 연대를 확립하는 것은 알려진 바와 같이 무척 어렵지만, 이 정도는 말할 수 있을 것이다. 만일 요셉의 이야기를 BCE 722년 북왕국이 멸망하기 전의 시기로 추정한다면, 그리고 그 멸망이 임박했을 즈음에 미가가 소명을 받은 것으로 본다면, 성막의 이야기를 바사 시대(페르시아, BCE 539년 이후) 로 추정한다면, 다니엘서를 마카비 시대(BCE 167-160년경)에 기원한 것으로 본다면, 적어도 600년에 걸친 해석의 흐름을 추적하는 일이 가능하다.

이 믿음의 토대에는 영이 왔다 갔다 하는 것이 아니라는 확신이 있다. 하나님이 주신 영은 사람 안에 존재하며, 그중 일부는 그들의 기술을 탁월하게 연마하여 지혜가 충만한 루아흐로 특징지어진다.

다니엘에 관한 묘사(삼대를 아울러 순수한 영, 순수한 지혜로 충만한)는 비록 표현 방식의 차이는 있지만 요셉의 이야기, 성막을 건설했던 장인들의 이야기, 심지어 미가 선지자의 이야기와 핵심적 신념에 있어서는 동일하다. 이 신념은 영을 평생에 걸친 지혜와 기술의 보고로 이해하는 것과 연관된다.

아마도 유대인 성경에 있어서 가장 이른 시기와 늦은 시기라고 할 수 있을 요셉과 다니엘의 이야기에서, 두 사람은 모두 기이한 일을 해석하고 거대 제국을 유능하게 운영한다. 이는 그들이 생의 이른 시기(곧 요셉은 감옥과 보디발의 집에서, 다니엘은 유배 시절 초반)에 배우려고 애썼기 때문이었다. 요셉과 다니엘이 남다른 지식을 가지고 있었다면, 이는 그들이 이따금씩 영의 은사를 받았기 때문이 아니라 그들 안에 있는 영이 통찰과 지혜와 혜안의 영원한 원천이 되었기 때문이었다.

지혜는 영과 교육의 신비로운 결합의 산물이다. 이 두 가지 모두가 그들을 구별되게 하는 데 있어 필수적이다. 이른 시기에 그들이 했던 노력은 이방 통치자들 앞에서 결실을 맺고, 그 통치자들은 그들 안에 있는 영이 그들의 지혜의 근원임을 인정한다. 뒤늦게 온 영이 아니라 날 때부터 있던 이 영은 쉽게 알아볼 수 있는데, 다니엘의 경우 최소 삼대에 걸쳐 있다.

또한, 다니엘의 지식은 루아흐(지혜로운 영)로 충만했던 사막의 장인들의 이야기를 상기시킨다. 그들은 브살렐과 오홀리압이라는 유능한 지도 아래 그들의 기술을 연마했다. 브살렐과 오홀리압은 "하나님의 [그] 영을 그[들]에게 충만하게 하여 지혜와 총명과 지식과 여러 가지 재주로" 충만했던 영감된 스승들이었다.

다니엘의 지혜는 미가의 지혜도 반영한다. 간헐적으로 계시를 받았던 다른 선지자들과 달리 미가는 능력과 정의와 용기와 함께 하나님의 영으로 충만하다고 주장했다. 미가는 정의는 학습되며 특별한 자질이 필요하지 않다는 사실을 안다.

요셉, 장인들, 다니엘과 더불어 아마도 미가에게도 영은 일평생 그들 안에 있으며 지혜의 영원한 원천이 된다. 아마도 영감에 관한 이런 개념은 어느 순간 영이 강림하는 것으로 묘사되는 이사야의 영감된 메시아와 차이가 날 것이다. 그러나 영이 지식, 지혜, 정의와 결합되는 데 있어서는 조금도 차이가 없다. 영의 존재에 있어 상당히 차이 나는 이 두 형태의 기저에는 매끄럽게 이어지는 하나의 결합이 깔려 있다.

또한, 다니엘 이야기의 관점은 핵심 인물들에게 영이 임하여 이스라엘 백성과 지도자들에게 말하는 장면을 보여 주는 역대기와도 차이가 난다. 아사랴(대하 15:1)와 야하시엘(대하 20:14) 같은 자들은 일시적으로 영을 받은 것으로 짐작되지만, 그들이 말하는 바는 평생의 학습을 통한 것이다. 그래서 그들은 새로운 목적을 위해 고대의 전통을 기용한다.

간략히 말해, 영은 풍성한 배움을 통해 말할 수 있게 그들을 감동시킨다. 그들이 전해야 하는 내용에는 학습과 영감의 명백한 연관성이 있다. 그들은 일평생이 아니라 일시적으로, 영속적이 아니라 이따금씩 영을 경험한 것일 수도 있지만, 영과 학습 사이의 관련성에 있어서는 이사야의 영감된 통치자처럼 역대기의 이 인물들도 다니엘이나 요셉, 미가나 장인들과 그들의 특출한 스승들과 차이가 없다. 그들 모두에게 있어서, 영 안에서의 삶과 평생의 학습 사이에는 빈 틈이나 차이가 전혀 없다. 교육과 영감은 서로를 강화한다.⁹

---

9 이번 장의 성경 본문들에 관한 더욱 상세한 연구를 위해서는 다음의 내 책을 참고하라. *Filled with the Spirit*, 34-105.

제7장

정결하게 하는 영

> *이 장을 읽기 전에 읽어야 할 논문
>
> · 시편 51편
> · 에스겔 11:14-25
> · 에스겔 18:1-32
> · 에스겔 36:16-32

BCE 2세기 동안에는, 그리스-로마 세계가 팔레스타인에 소용돌이를 일으키며 유대인들은 경기장에서 이방인인 상대편과 벗은 채 레슬링을 했고, 그리스의 교육 체계 풍조는 유대인들을 끌어들였으며, 예루살렘보다는 아테네나 로마에 더 어울려 보이는 건물들이 팔레스타인 해안 도시들과 도심의 지평선을 가득 채웠다.

쿰란의 유대인들은 그 무엇도 받아들이려고 하지 않았다. 그들은 사해 근처 축구장 정도 넓이의 작은 불모지에 스스로를 격리시킴으로써 그리스 문화의 유혹에 대응했다. 이들은 그리스 축제와 시합의 찬란함에도, 경기장과 빼어난 극장에도 유혹되지 않았다.

또한, 로마의 기술과 건축의 편의가 깃든 어떤 곳이나, 심지어 수로를 통해 흐르는 신선하고 시원한 식수에도 유혹되지 않았다. BCE 31년에 지진으로 그들의 거처가 파괴되었을 때조차, 그들은 더 매력적이고 편안한 장소로 이주하지 않고 남아서 재건하는 길을 택했다.

사해 사본이라는 불후의 유산을 이 세상에 남긴 이 작은 공동체에게 가장 중요한 가치는 정결이었다. 그들은 시리아, 그리스, 로마 사람들과 아무런 관계도 맺으려 하지 않았다. 심지어 자신들의 태양력이 아니라 음력을 따르고, 이방인과 교류하면서 살아가며, 자신들이 지독하게 부패했다고 여긴 성전에서 예배하던 유대인들과도 관계를 줄이려고 했던 것으로 보인다.

그들의 제약과 규제로 인해 몇 년에 걸친 엄격한 과정을 통해서만 쿰란 공동체에 들어갈 수 있었다. 이 오랜 과정을 마친 사람(아마도 오직 남성만)은 공동체에 입회할 수 있었다. 이는 단순히 가입에 관한 문제가 아니었다. 이는 '정화'의 문제였다. 그들의 입회 의식에 대한 장황한 설명은 외부인과 내부인, 부정한 자와 정결한 자, 회개하지 않은 자와 신실한 자를 엄격히 구분한다.

회개하지 않은 자의 "지식과 힘과 부"는 "'야하드'[1]에 들어올 수 없다. 분명, 그는 악의 진창에서 일하기에 더러운 얼룩이 그의 회개를 먹칠할 것이다. 그러나 빛의 길보다 어둠의 길을 바라보기를 좋아하면서 고집스러운 자기 마음이 합법적이라고 선언한 것으로는 의롭게 될 수 없다. 그런 눈을 가지고서는 흠 없다고 여겨질 수 없다."[2]

따라서 그는 부정하기에 "속죄 의식이 그의 순결을 회복시키지 못하며, 예전적 물도 그의 정결함을 회복시킬 수 없다. 그는 바다와 강에서의 세례로 거룩하게 될 수 없으며, 단순히 씻음의 예식으로 정결하게 될 수 없다. 하나님의 공동체 야하드에서 훈련받기를 거부하며 하나님의 율법을 거부

---

[1] "야하드"는 쿰란에서 '공동체'를 뜻하는 히브리 단어의 음역이다. 여기서 사용한 사해 사본의 역본은 Martin Abegg, Michael Wise, and Edward Cook, *The Dead Sea Scrolls: A New English Translation*, rev. ed. (New York: HarperCollins, 2005)이다.

[2] *Community Rule* (1QS) 3.2-4.

하는 모든 날 동안 그는 부정하고 부정할 것이다."³ 다시 말해, 외부의 예전으로는 강퍅함의 딜레마나 죄의 지배를 해결할 수 없다.

이 유대인 신자들의 작은 집단은 죄에 대한 해결책이 영의 존재에 있다고 이해했다. 이는 쿰란공동체 안에서만 통용되던 문서에서 볼 수 있다.

> 오직 하나님의 참된 공동체 속에 퍼져 있는 영을 통해서만 사람의 모든 죄악을 위한 속죄가 있을 수 있다. 그렇게만 그는 생명의 빛을 바라볼 수 있고, 하나님의 거룩한 영으로 하나님의 진리에 참여하여 모든 죄악에서 정화될 수 있다. 정직하고 겸손한 태도를 통해 그의 죄는 덮어질 수 있고, 하나님의 모든 율법 앞에 자신을 낮춤으로써 그의 육체는 깨끗하게 될 수 있다. 그렇게만 그는 정말로 정화시키는 물을 받고 씻어 내리는 물결에 깨끗하게 될 수 있다."⁴

기독교인에게는 거룩한 영을 통한 내적 정화와 물을 통한 외적 정화의 연관성이 신약, 특히 세례에 관한 설명인 것처럼 보일 수 있다.⁵ 신약이 철저히 유대 문서들의 집합인 사실을 고려하면, 그것이 신약에 어울릴 것이라는 사실은 분명하다.

초대 교회보다 한 세기 이상을 앞선 쿰란공동체는 초대 교회의 많은 특징을 미리 보여 주었지만, 거기에는 한 가지 현격한 차이가 있다. 쿰란공동체는 이방인을 기피하는 강도 높은 격리생활을 받아들인 반면, 초대 교회는 이방 세계에 다가가기 위해 엄청난 에너지를 쏟았다.

영과 정결함의 이런 결합은 유대인 성경의 다양한 개작 속에도 반영되었다. 창세기에 관한 흥미로운 초기 유대 개작인 희년서 같은 경우, 쿰란

---

3   *Community Rule* (1QS) 3.4-6.
4   *Community Rule* (1QS) 3.6-9.
5   [예, 행 2:38; 딛 3:4-7; 히 10:21-22]

공동체가 보유했던 사본의 개수로 보자면 그들이 이를 높이 평가했음이 분명하다.

희년서(*Jubilees*)의 도입부에서, 모세는 시내산에서 하나님과 함께하며 밑에서 기다리는 그의 이스라엘 동료들을 위해 중보한다.

> 오 주님, 당신의 자비를 당신의 백성에게 베푸시고, 그들에게 정직한 영을 창조하소서. … 그들에게 정결한 마음과 거룩한 영을 창조하소서. 그리고 이제로부터 영원까지 그들이 죄에 빠지지 않게 하소서(*Jub*. 1:19-20).

여기 모세의 탄원은 "정직한 영"의 언급과 관련해서는 시편 51편, 깨끗한 마음과 새 영의 연관에 있어서는 에스겔 36:25-26을 합친 것이다. 하나님은 시편 51편과 에스겔 11:19-20을 합친 것 같은 약속으로 응답하신다 (*Jub*. 1:22-25).

> 또 나는 그들의 마음의 포피와 그들의 자손의 마음의 포피를 잘라 낼 것이다. 또 그들에게 거룩한 영을 창조하고, 그들을 정화시켜 그날로부터 영원토록 나를 따르는 데서 돌아서지 않게 할 것이다. 그리고 그들의 영혼은 나와 내 모든 계명에 충실할 것이다.[6]

거룩한 영을 통한 정결(정화)에 대한 이런 강조는 쿰란공동체에서 강렬하면서도 제도화되어 있다. 이는 감성이나 감각의 문제가 아니다. 이는 그들의 입회 의식의 부분이자, 정결을 지키기 위한 규범의 이행이 매일 요구되는 일상의 경험이다. 정결에 대한 이런 애호는 희년서같이 그들이 소중

---

[6] 희년서 같은 위경 본문의 역본은 다음 책에서 인용했다. James H. Charlesworth, ed., *The Old Testament Pseudepigrapha*, 2 vols. (New York: Double-day, 1983, 1985).

히 여기는 이야기들을 통해 매개되어 성경에 대한 그들의 이해에까지 스며들었다.

히브리 성경에는 영과 정화 사이의 그런 체계적 연관성이 없다. 희년서에서 나타나는 바와 같이, 비록 드물고 미약한 수준일 수 있겠지만 시편 51편과 예언적인 에스겔서 같은 시에는 연관성이 나타난다.

1. 새롭게 된 마음과 영

이스라엘 역사의 어느 시점에, 한 시인은 다윗과 밧세바의 부정한 밀회를 통렬하게 회고하는 시를 썼다. 그것이 의도적이었는지 우연인지는 우리가 알 수 없다.

다른 많은 이야기, 계시, 시에서처럼, 시편 51편의 "루아흐"도 단순한 숨이 아니다. 일시적으로 부여된 하나님의 영도 아니다. 구원의 확신을 주는 은사도 아니다. 이 영은 영-숨의 조합으로 바람, 숨, 영, 성령과 같이 어떤 하나의 영어 단어보다 훨씬 다양한 표현이 담긴 히브리어 루아흐이다. 이 시에 네 번 등장하는 단어 "루아흐"를 이런 빈약한 의미 중 하나로 축소하기에는 너무 많은 것(죄 앞에서의 혐오감과 죽음 앞에서의 두려움)이 걸려 있다.

시인이 청한다.

> 하나님이여 주의 인자를 따라
> 내게 은혜를 베푸시며
> 주의 많은 긍휼을 따라
> 내 죄악을 지워 주소서
> 나의 죄악을 말갛게 씻으시며

> 나의 죄를 깨끗이 제하소서
> 무릇 나는 내 죄과를 아오니
> 내 죄가 항상 내 앞에 있나이다
> 내가 주께만 범죄하여
> 주의 목전에 악을 행하였사오니
> 주께서 말씀하실 때에 의로우시다 하고
> 주께서 심판하실 때에 순전하시다 하리이다
> 내가 죄악 중에서 출생하였음이여
> 어머니가 죄 중에서 나를 잉태하였나이다(시 51:1-5; MT 51:3-7).

이 애통함 속에는 무언가 지독히 잘못된 일이 있다. 다윗과 밧세바의 성적 부정처럼 구체적인 어떤 것이든, 아니면 시의 모든 독자가 내밀하게 대입할 수 있는 알 수 없는 다른 것이든. 무언가 끔찍이 잘못되었다는 느낌은 시인을 자책하게 만들고 절망과 실의에 빠지게 만들 수도 있었을 것이다. 그러나 그렇지 않다.

죄에 대한 이 통렬한 인식은 시인을 자기 비하에 빠트리지 않고 도리어 자신의 혐오스러운 행동 너머에 있는 소망으로 이끈다. 시인의 간청에 대한 응답, 곧 해결책은 루아흐에 분명히 드러난다.

> 하나님이여, 내 속에 정한 마음을 창조하시고,
> 내 안에 정직한 영[루아흐]을 새롭게 하소서
> 나를 주 앞[파님]에서 쫓아내지 마시며,
> 주의 성령[루아흐]을 내게서 거두지 마소서
> 주의 구원의 즐거움을 내게 회복시켜 주시고,
> 자원하는[각오된] 심령[루아흐]을 주사 나를 붙드소서(시 51:10-12; MT 51:12-14).

정화를 위한 이 기도는 결코 전형적이지 않다. 시인은 성전 공예배의 언어나 개인적 경건 시간의 언어로 시작하지 않고 창조의 언어로 시작한다.

> 하나님이여 내 속에 정한 마음을 창조하시고 내 안에 정직한 영을 새롭게 하소서 (시 51:10).

이 단어, "창조하시고"는 히브리 성경에 두 번째로 나오는 단어를 생생히 떠오르게 한다.

> 태초에 하나님이 천지를 창조하시니라 (창 1:1, 나의 강조).

또한, 이 명령어는 심히 많고 아주 마른 뼈가 가득한 에스겔의 골짜기 환상과도 닮았다. 거기서 새로운 영이 옛 것을 대신해 멸절된 이스라엘 속을 채우고, 바짝 마른 뼈가 가득한 골짜기에서 새로운 "아담"이 생겨서 생기와 사방에서 불어오는 바람(두 단어는 모두 히브리어 "루아흐"이다)의 기막힌 조화로 감동되어, 천천히 뼈걱대며 일어나 마침내 살아난다(겔 37:1-14). 시인이 자기 안에 '새롭게 된' 영을 하나님께 간구하는 그 다음 행은 이 진심 어린 현실을 잘 보여 준다. 우주의 창조(창 1장)와 이스라엘의 재창조(겔 37장)와 이런 친척 같은 유사성에도 불구하고, 시편 51편은 존재의 다른 차원과 관련된다. 이는 흑암의 깊은 물의 차원이 아니라 사람 마음의 깊음의 차원이며, 루아흐가 들어와 흙에서 한 민족이 생기는 차원이 아니라 한 개인의 마음과 폐와 정맥과 동맥(즉, 인간 능력 너머의 세계)에서 영-숨이 규칙적 박동을 하는 차원이다.

이 시는 소망이 전적으로 새롭고 완전히 다른 마음에만 놓이는 것이 아니라는 점을 보여 준다. 이 시의 첫 간구는 전적으로 새로운 창조가 아니라 씻음과 정결이다. 자신이 죄 중에서 잉태되었다는 시인의 확신에도 불구하고, 이어지는 간구는 재활의 가능성, 곧 하나님이 시인에게 지혜를 은밀히 가르치실 수 있다는 믿음(시 51:6; MT 51:8), 정결과 정화가 여전히 가능하다는 확신(51:7; MT 51:9), 물리적 치료가 여전히 가능하다는, 즉 꺾인 뼈들이 다시 즐거워할 수 있다는 전제(51:8; MT 51:10)를 암시한다.

시인은 필사적으로 매달린다. 시인이 창조하시고 재창조하시는 하나님의 성향 범위를 벗어날 수 있는 죄가 없다는 사실을 상기시키는 대상이 하나님인지, 아니면 자기 자신인지는 분명하지 않다. 시인은 이를 알며, 아마도 두 대상 모두 해당될 수 있을 것이다.

이런 확신에 비추어 보면, "내 속에 정한 마음을 창조하시고"라는 긴급 청원은 옛 마음을 일소하는 기적적 변화를 위한 기도가 아니라 청결, 변화, 지혜의 가르침을 위한 기도이다. 이것이 시인이 뒤에서 말하는 바의 핵심이다.

> 주께서는 제사를 기뻐하지 아니하시나니
> 그렇지 아니하면 내가 드렸을 것이라 주는 번제를 기뻐하지 아니하시나이다
> 하나님께서 구하시는 제사는 상한 심령이라
> 하나님이여 상하고 통회하는 마음을 주께서 멸시하지 아니하시리이다(시 51:16-17; MT 51:18-19).

거기에는 여전히 하나님께 받아들여지는 것이 존재한다. 바로 순전한 참회, 곧 상한 영, 상한 마음이다. 그렇다면 용서, 개선, 치료를 위한 희망의 수단이 남아 있다. 정직하고 너그러운 영의 가능성이 남아 있다. 만일 하나님이 정결함을 주신다면(내부에 정한 마음과 정직한 영), 하나님은 궁지에 몰린 시인에게서 주의 얼굴(파님)을 돌리시거나 주의 성령(루아흐)을 거두지 않으실 것이다.

시인이 하나님이 거두어 가실까 싶어 두려워하는 성령은, 기독교 전통에서 말하는 하나님이 신자에게 주시는 성령이 아니다. 이 시에서 "거룩한"이란 형용사는 "정직한"과 "자원하는" 같은 다른 형용사들과 바로 나란히 쓰인다. 이 형용사들은 영이 시인 안에 일평생 존재한다는 점을 나타낸다. 시인은 한정된 기간이 아니라 그의 평생에 있을 정직한 영, 너그러운 영, '거룩한' 영을 구한다.

실제로 시인은 구원의 즐거움의 회복과 더불어, 대체되는 새로운 영이 아닌 원래 영의 '회복'을 구한다. 이 시의 소망은 시인의 부정한 영이 하나님의 정화를 통해 다시 거룩해질 수 있다는 것이다.

이 시에서의 "루아흐"를 이해하기 위한 또 다른 단서는 마음과의 필수적 관계에 놓여 있다. 마음 또한 시인의 삶 중추에 놓인 영구적 실체로 여겨진다. 마음과 영은 모두 시인의 본질을 나타낸다. 아니면 씻기고, 지도받고, 재설정되어야 하는 것을 나타낸다. 이 두 핵심적 실체(마음과 영)의 관계는 "정한 마음"과 "정직한 영"(시 51:10) 그리고 특히 "상한 심령"과 "상하고 … 마음"(51:17)의 깔끔한 평행에서 두드러진다.

마음과 영은 너무 밀접하게 연관되어 있어서 서로 같은 것으로, 혹은 거의 같은 것으로 여겨질 수 있다. 예를 들어, 신명기 2:30의 회상이다.

> 헤스본 왕 시혼이 우리가 통과하기를 허락하지 아니하였으니 이는 네 하나님 여호와께서 그를 네 손에 넘기시려고 그의 성품[영]을 완강하게 하셨고 그의 마음을 완고하게 하셨음이 오늘날과 같으니라(신 2:30).

이스라엘의 시인들은 마음이 상한 자와 영이 부서진 자를 동일시한다(시 34:18; MT 34:19). 그들은 심령이 상한 자와 마음이 참담한 자를 동일시한다(143:4). 이사야 56–66장의 선지자는 마음의 고통을 영의 비통함에 이어 붙인다(사 65:14).

성막을 지었던 장인들의 이야기는 영과 마음의 긴밀한 연관성을 새로운 수준으로 이끈다.

> 너는 무릇 마음에 지혜 있는 모든 자 곧 내가 지혜로운 영으로 채운 자들에게 말하여 아론의 옷을 지어 그를 거룩하게 하여 내게 제사장 직분을 행하게 하라(출 28:3).

안타깝게도 번역가들은 "지혜의 영"이라는 히브리어를 "기술"(NRSV), "지혜"(NIV), "특별한 능력"(CEB)으로 번역하며 원어의 의미를 가린다. 또한, '마음의 지혜'라는 히브리어를 "능력을 갖춘 모든 자"(NRSV), "숙련공들"(NIV), "숙련된 모든 자"(CEB)로 번역하며 원어에 있는 마음의 존재라는 의미를 숨긴다.

번역상의 혼란이 정리되고 나면, 우리는 마음에 지혜 있는 자들이 지혜로운 영으로 채워졌다는 사실을 분명히 알 수 있다. 이 이야기를 히브리어로 살펴보면, 영과 마음의 관계는 두 가지 모두가 하나님이 고무시키시거나 넘치도록 채우실 수 있는 인간의 영구적 양상이라는 점을 의미한다.

그러므로 시인은 자신이 믿음의 행위로, 영감의 순간에 혹은 세례 같은 성례를 통해 받은 성령에 대해 기도하고 있는 것이 아니다. 거룩한 영은 정직한 마음과 결합된다. 둘 모두 상한 게 분명하다. 둘 모두 새롭게 될 수 있다.

마음과 함께 시인의 핵심적 요소로 인식되는 영은 나란한 두 가지 요청을 선명하게 해 준다.

> 나를 주 앞[파님]에서 쫓아내지 마시며 주의 성령[루아흐]을 내게서 거두지 마소서 (시 51:11).

가장 기본적인 수준에서, 하나님 앞에서 쫓겨나는 것은 사망을 의미한다. 예레미야는 결국 거짓 선지자들과 그들을 따르는 이스라엘 백성들에게 멸절의 위협으로 비난한다.

> 내가 … 내가 너희와 너희 조상들에게 준 이 성읍을 내 앞에서 내버려 너희는 영원한 치욕과 잊지 못할 영구한 수치를 당하게 하리라 하셨느니라(렘 23:39-40).

시편 104:29을 다시 살펴보면 우리는 시인의 절박한 호소에 한층 더 가까이 다가갈 수 있다. 우리가 제1장에서 이 본문을 살펴본 것처럼, 거기서 영은 사망의 그늘에 있다.

> 주께서 낯[파님]을 숨기신즉 그들[동물들]이 떨고 주께서 그들의 호흡[루아흐]을 거두신즉 그들은 죽어 먼지로 돌아가나이다(시 104:29).

시편 51편의 생명과 죽음에 대한 단순한 폭로는 시편 51:14(MT 51:16)의 "피 흘린 죄에서 나를 건지소서"라는 청원을 설명하는 데 도움을 준다. 단순히 말해, 시인은 죽고 싶어 하지 않는다. 그 안에 있는 영원히 거하시는 하나님의 거룩한 영이 그렇게 만들기 때문이다.

이 참회의 시편 51편의 핵심에는 하나님의 영의 차원이 있는데, 이는 덕의 문제이다. 영의 갱신, 영의 거룩함, 영의 자원함, 영의 회개. 시편 51편에서 이해하기 어려운 루아흐(영어에 꼭 맞는 번역어가 없는)의 특질은 점점 강해진다.

루아흐는 단순한 숨, 몸의 물리적 생기가 아니다. 루아흐는 흔히 세례나 다른 어떤 신앙의 행위, 또는 전례에 결부된 구원의 선물도 아니다. 루아흐는 하나님이 특히 활기차게 거하시는 인간의 중심(이를 마음과 영혼으로 부를 수 있을 것이다)이다. 하나님은 정직한 영을 새롭게 하신다. 하나님은 거룩한 영을 보존하신다. 하나님은 자원하는 영을 세우신다. 하나님은 상하고 통회하는 영을 받으신다.

삶은 숨인 루아흐 이상이다. 삶은 구원의 근원인 루아흐 이상이다. 삶, 참된 삶, 활기찬 삶, 생기 넘치는 삶은 영-숨의 정직함, 거룩함, 자원함, 회개와 함께 경험된다. 이렇게 살아가는 자들(모든 숨이 정직함, 거룩함, 자원함, 상함을 향한)은 하나님의 임재-얼굴(파님)을 기민하게 의식한다.

그렇다. 이런 삶의 방식은 물리적이다. 또한, 구속적이다. 그러나 그것은 이것들을 한 가지씩 별개로 떼어 놓은 것 이상이다. 그것은 불굴의 헌신으로 정직하고, 거룩하고, 자원하며, 상한 영을 계발하는 것이다. 그것은 하나님이 새롭게 하고자 하시는 종류의 루아흐를, 하나님이 유지하시려는 종류의 루아흐를, 하나님이 절대 멸시하지 않을 것이라고 시인이 알고 있는 종류의 루아흐를 양육하는 것이다.

2. 새로운 마음과 영

에스겔은 영에 관해 경이로운 점이 있다.

그는 날씨와 지형을 배경으로 "루아흐"라는 단어를 사용한다. 예를 들어, 폭풍(겔 1:4; 17:10; 19:12; 27:26), 바람(5:10-12), 사방에서 불어오는 바람(37:9) 혹은 단순히 나침반의 네 방향(42:16-20)이다.

그는 인간과 관련해 그 단어를 사용한다. 예를 들어, 생물의 숨(1:12, 20-21), 힘(2:2; 3:24; 21:12)과 인간 안에 있는 영(3:14), 이스라엘의 선지자들처럼 하나님의 영감에 반대될 수도 있는 인간의 마음(14:4, 7)과 유사한 생각의 자리(11:5; 20:32)이다.

루아흐는 단지 개인에게만이 아니라 하나님이 루아흐를 쏟아붓기로 약속(39:29)하신 빈사 상태의 국가(37:1-14)에게도 새 생명이 스미게 할 수 있다. 에스겔은 자기 경험을 통해 루아흐를 하나님의 손처럼 그에게 내린 힘(8:1)으로, 그에게 말하게 만든 힘(11:5)으로 이해한다.

마지막으로, 그는 곧잘 영으로 이동되었다고 주장한다. 이는 환상 속에서 벌어진 일로 여겨지는데, 그는 바벨론으로 가서 포로들을 만나고(3:14-15), 예루살렘으로 돌아와서 성전 안뜰로 간 뒤(8:3), 성전 동문에 이르러(11:1) 그룹들이 떠나는 실망스러운 장면을 보고, 다시 포로들에게 돌아온다(11:24). 십 년간의 바벨론의 참담한 예루살렘 통치 이후(BCE 597-587년), 다시 한번, 그는 환상 속에서 정교하게 회복되어 영광이 가득한, 가까운 미래에 현실이 될 성전으로 돌아간다(43:5).

이 모든 활동, 심지어 광란과도 같은 일은 매혹적이면서도 당혹스럽다. 그러나 그런 중에도 동시에 루아흐와 연관된 차분하고, 도전적이며, 희망적인 생각의 한 가닥을 감는다. 이 가닥은 에스겔 11:17-21; 18:30-32; 36:25-26에 나온다.

이 세 본문(주제에 따른 변주곡)은 에스겔의 일생에서 다른 시기에 나온 것이다. 이를 이해하기 위해서는 세 가지 중요한 사건을 중심으로 모여 있는 선지자로서 에스겔의 삶의 방향을 파악하는 것이 중요하다.

BCE 597년, 당시까지 고대 근동의 지배적 제국이었던 바벨론의 느부갓네살은 아람과 팔레스타인을 정복하기 위한 군대를 이끌었다. 그는 유다의 변덕스러운 왕 여호야긴을 유다의 다른 지도자들과 함께 바벨론의 먼 곳으로 유배를 보내고 시드기야를 왕으로 세웠다.[7] 에스겔은 이때 유배된 자들 가운데 하나였다.

4년 뒤, BCE 593년, 에스겔은 바벨론의 그발강 가에 앉아 소명을 받는다. 그 소명은 의자보다는 자이로스코프를 훨씬 더 닮은 보좌 위에서 움직이는 하나님에 대한 기이하고 강렬한 일련의 환상들이었다(겔 1-3장). 이런

---

[7] 충분하지는 않지만 세부적 내용은 열왕기하 24:13-15에서 볼 수 있다.

하나님의 이미지는 혁명적인 것으로, 성전에 믿음을 둔 나라에 적합한 것으로 입증된다. 대다수의 사람은 하나님이 성전에 계시기 때문에 예루살렘을 정복할 수 있는 제국은 없을 것이라고 믿었다.

시편 46편 같은 찬양은 이 믿음의 깊이를 보여 준다.

> 하나님이 그 성 중에 계시매 성이 흔들리지 아니할 것이라 새벽에 하나님이 도우시리로다 뭇 나라가 떠들며 왕국이 흔들렸더니 그가 소리를 내시매 땅이 녹았도다 만군의 여호와께서 우리와 함께하시니 야곱의 하나님은 우리의 피난처시로다(시 46:5-7).

하나님에 대한 에스겔의 환상은 이런 국지적인 하나님의 이미지를 약화시키고, 바벨론에 유배된 자들이 그들의 고향으로부터 아주 멀리 떨어진 곳에서도 이스라엘의 하나님을 계속 예배할 수 있게 해 준다.

그리고 BCE 587년에 이르기 전 어느 시점에, 유다 왕 시드기야는 바벨론에 반역했다. 이때에 바벨론은 무자비했다. 그들은 예루살렘을 짓밟고 훨씬 더 많은 사람을 사로잡아 강제 이주를 시켰다(왕하 25:12). 에스겔은 이 참혹한 시대의 유다의 비탄을 기록한다.

> 우리의 뼈들이 말랐고 우리의 소망이 없어졌으니 우리는 다 멸절되었다(겔 37:11).

에스겔의 예언적 음성은 두 시기로 나눌 수 있다.

첫째, 대략 BCE 594년에서 587년까지 6-7년 동안, 에스겔은 성전을 청결하게 하고, 제사장직을 깨끗하게 만들며, 제국의 권력이 아니라 이스라엘의 하나님에게 순종함으로써 그들의 행동을 정결하게 하도록 그의 백성을 설득하기 위한 모든 말과 행동을 했다. 그래도 성공하지 못했다.

둘째, 그는 자신의 상처를 핥으며 아무튼 모두에게 경고했다고 주장하는 대신, BCE 587년 예루살렘의 멸망 이후, 백성에게 소망을 주는 일에 착수했다. 대략 6년 동안, 에스겔은 하나님이 예루살렘을 지키실 것이라는 거짓된 확신을 깨트리려고 노력했다. BCE 587년 이후에는 절망에서 희망을 끌어내기 위해 여생을 보냈다.

물론, 에스겔의 예언 활동 초기에도 많은 절망이 도사리고 있었다. 바벨론의 올가미가 이스라엘의 목을 조여 오자, 어떤 사람들은 자연스레, 아마 당연하게, 속담의 형식을 빌어 책임에 대한 의문을 제기했다.

> 아버지가 신 포도를 먹었으므로 그의 아들의 이가 시다고 함은 어찌 됨이냐(겔 18:2).[8]

왜 부모의 잘못으로 인해 자녀들이 고통받아야 하는가?

에스겔은 각 개인의 죄나 순종의 행위가 각자의 운명을 결정한다는 사실을 소상히 입증함으로써 대답했다. 그 속담에 대한 이 장황한 대답은 도전으로 끝난다.

> 너희는 너희가 범한 모든 죄악을 버리고 마음과 영을 새롭게 할지어다[새 마음과 새 영을 만들지어다] 이스라엘 족속아 너희가 어찌하여 죽고자 하느냐 주 여호와의 말씀이니라 죽을 자가 죽는 것도 내가 기뻐하지 아니하노니 너희는 스스로 돌이키고 살지니라 (겔 18:31-32).

---

8 에스겔과 동시대의 연장자인 예레미야도 이 속담을 인용한다.
[렘 31:29-30] 그때에 그들이 말하기를 다시는 '아버지가 신 포도를 먹었으므로 아들들의 이가 시다' 하지 아니하겠고, 신 포도를 먹는 자마다 그의 이가 신 것같이, 누구나 자기의 죄악으로 말미암아 죽으리라.

에스겔은 백성에게 '자신들을 위해' 새로운 마음과 영을 '만들라'고 명령한다. 이런 경험은 이스라엘 백성이 직접 이룰 수 있는 것으로, 그들이 보장할 수 있는 조건이다. 그들은 죄악을 버릴 수 있다. 에스겔은 각 개인이 회개뿐 아니라 자기 안에 새 마음과 새 영을 이루어 나가는 일을 스스로 통제할 수 있다고 주장한다. 이 명령은 별로 놀라운 것이 아니다.

우리는 덕망 높은 이스라엘 사람들(예, 요셉, 모세, 다니엘)을 보았는데, 그들은 끈질긴 훈련을 통해 그들 안에 있는 하나님의 영과 동일하게 여겨지게 된 인물들이었다. 본질적으로, 그들은 스스로 지혜로운 마음을 만들었다.

그러나 에스겔의 약속에는 반전이 있다. 갱신은 기분 전환이나 변화의 문제가 아니다. 갱신은 '대체'의 문제이다. 오직 새 마음과 새 영이 그렇게 할 것이다. 그러나 놀라울 수도 있겠지만, 에스겔은 이런 대체 수완에 대한 책임을 하나님 앞에 두지 않는다. 각 개인이 죄악을 멈추고 자신을 위해 새 마음을 만들 수 있다.

적어도 이 초창기에 있어서, 에스겔은 개인이 각자의 운명을 결정할 수 있다는 낙관주의를 가진 것처럼 보인다. 자녀들은 그들의 이가 시다고 불평하기를 멈춰야 한다. 대신에 그들은 이를 악물고 죄악을 버리고, 자신들을 위해 새 마음과 영을 만들어야 한다.

그러나 에스겔은 BCE 587년 아직 예루살렘이 멸망하기 전, 여전히 건재했던 성전의 죄가 점점 더 괴기스러워지는 일련의 환상 속에서 이 주제를 다시 다룬다(겔 8-11장). 제사장들은 자신들의 숨은 죄와 바벨론 신들을 향한 잘못된 충성(만일을 대비해 보험에 들어 둔 것으로 보인다)으로 성전을 더럽혔다. 에스겔은 영화로운 그룹들이 성전을 떠나게 만든 죄악에 역겨움을 느끼면서도, 유배된 자들이 한 마음과 새 영으로 다시 모이게 될 약속을 전달할 힘을 낸다.

제7장 정결하게 하는 영 193

> 너는 또 말하기를, 주 여호와의 말씀에 내가 너희를 만민 가운데에서 모으며 너희를 흩은 여러 나라 가운데에서 모아 내고 이스라엘 땅을 너희에게 주리라 하셨다 하라. 그들이 그리로 가서 그 가운데의 모든 미운 물건과 모든 가증한 것을 제거하여 버릴지라. 내가 그들에게 한 마음을 주고 그 속에 새 영을 주며 그 몸에서 돌 같은 마음을 제거하고 살처럼 부드러운 마음을 주어 내 율례를 따르며 내 규례를 지켜 행하게 하리니 그들은 내 백성이 되고 나는 그들의 하나님이 되리라(겔 11:17-20).

성전의 끔찍한 가증스러움에도 불구하고, 에스겔은 백성에게 여전히 미래가 있다는 희망에 차 있다. 그들이 죄의 원인을 제거한다면, 하나님은 회복된 포로들에게 온전한 하나님의 백성이 되게 해 주는, 완전히 순종할 수 있게 해 주는 한 마음과 새 영을 주심으로써 응답하실 것이다. 그러나 에스겔이 처음 이 약속을 한 뒤로 어떤 변화가 있다. 새로운 마음과 영은 더 이상 인간에게서 비롯된 산물이 아니다. 이제 그것은 하나님의 선물이다. 비록 바벨론이 유다의 숨통을 조이고 있을 지라도, 에스겔은 여전히 희망을 드러낸다.

이 희망은 에스겔에게만 주어진 것이 아니다. 동시대의 예레미야도 비슷한 희망을 나타냈다. 예레미야는 하나님이 맺으실 새로운 언약을 약속했다.

> 그러나 그날 후에 내가 이스라엘 집과 맺을 언약은 이러하니 곧 내가 나의 법을 그들의 속에 두며 그들의 마음에 기록하여 나는 그들의 하나님이 되고 그들은 내 백성이 될 것이라 여호와의 말씀이니라(렘 31:33).

에스겔과 예레미야는 미래에 대한 이상을 공유했다. 그러나 에스겔만 그 미래가 새 영에 달려 있다고 보았다.

시편 51편의 희망처럼, 에스겔의 희망도 갱신이나 변화에 대한 것이 아니다. 다시금 하나님은 이스라엘의 돌 같은 마음을 살처럼 부드러운 마음으로 대체하며 이스라엘 속에 새 영을 주는 외과적 수술을 단행할 것이다. 하나님의 사역은 임상적이기도 하다. 먼지 위에 무릎을 꿇고 첫 번째 인간의 얼굴에 생명을 불어넣는 일은 끝났다. 대신에 이제 하나님은 이스라엘 속에 루아흐를 '두신다.' 한결 더 깔끔한 이미지다.

명령(겔 18:30-32)과 약속(11:17-20)은 세 번째로 다시 나타난다. 이번에는 예루살렘의 멸망 '이후'이다. 앞의 두 가지는 모두 BCE 587년의 재앙 이전의 것으로, 이스라엘 백성이 그들의 죄악을 버리고 우상을 청산할 수 있다는 신념을 공유한다. 세 번째 것에서는, 이스라엘의 악한 면(돌무더기가 된 예루살렘이 증거인)이 인간의 노력을 배제시킨다.

> 내가 너희를 여러 나라 가운데에서 인도하여 내고, 여러 민족 가운데에서 모아 데리고 고국 땅에 들어가서, 맑은 물을 너희에게 뿌려서 너희로 정결하게 하되, 곧 너희 모든 더러운 것에서와 모든 우상 숭배에서 너희를 정결하게 할 것이며, 또 새 영을 너희 속에 두고 새 마음을 너희에게 주되, 너희 육신에서 굳은 마음을 제거하고 부드러운 마음을 줄 것이며, 또 내 영을 너희 속에 두어, 너희로 내 율례를 행하게 하리니, 너희가 내 규례를 지켜 행할지라. 내가 너희 조상들에게 준 땅에서 너희가 거주하면서, 내 백성이 되고 나는 너희 하나님이 되리라(겔 36:24-28).[9]

---

9 이 약속은 느닷없이 나온 것이 아니라 신명기적 전승에 대한 에스겔의 충실함에서 나왔다.
[신 30:1-5] 내가 네게 진술한 모든 복과 저주가 네게 임하므로, 네가 네 하나님 여호와로부터 쫓겨간 모든 나라 가운데서 이 일이 마음에서 기억이 나거든, 너와 네 자손이 네 하나님 여호와께로 돌아와 내가 오늘 네게 명령한 것을 온전히 따라 마음을 다하고 뜻을 다하여 여호와의 말씀을 청종하면, 네 하나님 여호와께서 마음을 돌이키시고 너를 긍휼히 여기사 포로에서 돌아오게 하시되, 네 하나님 여호와께서 흩으신 그 모든 백성 중에서 너를 모으시리니, 네 쫓겨간 자들이 하늘 가에 있을지라도 네 하나님 여호와께서 거기서 너를 모으실 것이며, 거기서부터 너를 이끄실 것이라. 네 하나님 여호와께

예루살렘의 몰락 이후, 희망은 달라졌다. '더 어둡다.' 하나님은 이스라엘이 본향으로 회복될 것이라고 간단히 약속하실 수 없다. 일찍이 예루살렘의 멸망을 초래한 이스라엘 민족에게는 선한 것이 거의 없었기 때문이다. 포로된 이스라엘에게 더 이상은 회개(11:14-21)나 그들을 위한 새 마음과 새 영을 만들 것(18:30-32)을 요구할 수 없다. 그들에게는 기회가 있었지만 무능함만을 선보였다.

그러므로 새 마음과 영에 대한 에스겔의 이 마지막 약속에서는 새로운 요소, 즉 '정결의 명령'이 나타난다. 하나님이 맑은 물을 뿌려서 이스라엘을 정결하게 할 것이다. 이것, 즉 물 뿌림은 온화한 이미지처럼 보인다. 그러나 그렇지 않다. 토라에서 동사 '뿌리다'가 사용되는 거의 모든 경우는 도살한 짐승의 피를 제단에 쏟거나 뿌릴 때이다.[1]

이 정결은 아프고, 폭력적이기까지 하며, 역설적이게도 회막에서의 동물 희생 제사를 떠올리게 한다. 게다가 더욱 고통스럽게는 에스겔의 시대에 예루살렘에 더 이상 그런 희생 제사가 없다는 사실을 떠올리게 하는데, 이는 이스라엘의 죄 때문에 성전이 폐허가 되었기 때문이다.[11] 이스라엘에게는 그들에게 살짝 뿌려지기보다는 흠뻑 적셔 버릴 물이 필요하다.

서 너를 네 조상들이 차지한 땅으로 돌아오게 하사 네게 다시 그것을 차지하게 하실 것이며, 여호와께서 또 네게 선을 행하사 너를 네 조상들보다 더 번성하게 하실 것이며. 에스겔은 이 전통에 충실했지만, 예루살렘의 몰락으로 인해 초래된 심각한 상황이 이 전통을 한 옥타브 올려 전달하게 했다. 신명기 30장은 청결 '없이' 회복을 약속한 반면, 이스라엘의 경험이 에스겔에게서 정화를 위한 더 급진적인 해결책을 불러일으킨다.
[겔 36:25] 맑은 물을 너희에게 뿌려서 너희로 정결하게 하되, 곧 너희 모든 더러운 것에서와 모든 우상 숭배에서 너희를 정결하게 할 것이며.

10   [예, 출 29:16, 20; 레 1:5, 11; 왕하 16:13; 대하 29:22]
11   이 시기 동안, 예루살렘에서 북쪽으로 몇 마일 떨어진 미스바에서 예배가 계속되었던 것으로 보인다. 팔레스타인과 바벨론에서의 생활에 대한 간략한 설명을 다음의 내 책을 보라. *The Holy Spirit before Christianity* (Waco: Baylor University Press, 2019), 138-41, 220-21nn59-78.

이 일이 이뤄지면, 하나님은 이전에 약속하신 일을 하실 것이다. 곧 이스라엘의 돌 같은 마음을 제거하여 살처럼 부드러운 마음으로 대체하실 것이다. 그리고 마치 약속을 강조하듯이, 하나님은 이스라엘 속에 하나님의 영을 줄 것이라고 '두 번' 약속하신다. 이 영이 이스라엘을 감동시켜 하나님의 율례를 따르고 하나님의 규례를 준수하게 할 것이다.

이 세 가지 표현 모두에서, 에스겔은 전통을 사용한다. 신명기는 하나님이 이스라엘의 마음에 할례를 행하실 것이라고 약속한다(신 30:6). 에스겔에게는 할례만으로 충분하지 않다. 완전히 새로운 마음이 필요하다. 그러나 새로운 마음만이 아니다. 새로운 마음 '그리고 새로운 영'이다.

이 신명기적 전승의 발전은 참신하다. 그것은 이스라엘의 고집(겔 11:24-31; 18:30-32)이라는 모루 위에 망치질로 다듬어져, 마른 뼈의 골짜기에 생기가 들어가는 에스겔의 환상을 위한 길을 닦는 약속(36:25-26)을 가져온다.

> 내가 또 내 영[영-숨]을 너희 속에 두어 너희가 살아나게 하고 내가 또 너희를 너희 고국 땅에 두리니 나 여호와가 이 일을 말하고 이룬 줄을, 너희가 알리라 여호와의 말씀이니라(겔 37:14).

제사장권, 성전, 왕가를 비판했다는 이유로 오랫동안 자신의 민족으로부터 유리되어 지내야 했던 에스겔은, 그곳이 심지어 생명체라곤 없는 사막이라 할지라도 여전히 그들을 위한 희망을 찾고자 한다. 멸망 이후, 그 생명의 상실이 하나님이 이스라엘에게 새 영, 곧 그들이 하나님의 명령을 따르도록(다시 말해, 덕의 근원인 영과 함께 살도록) 감동시킬 영을 주실 기회를 창출한다.

시편 51편과 에스겔의 예언은 서로 다른 관심사(개인적 죄와 국가적 죄)와 다른 장르(시적 애가와 예언적 계시)에 의해 분리되지만, 하나님의 영이 지혜와 덕과 연결된다는 점에서 같은 신념을 가진다. 시편 51편에서, 시인(한 개인)은 새 마음의 창조와 정직한 영의 갱신을 위해 기도한다.

에스겔 선지자는 명령과 약속의 형태로 공동체 전체를 하나님의 명령으로 돌아가게 감동시킬 새 마음과 새 영을 제시한다. 에스겔의 예언에서 순종에 대한 희망은 정직하고, 자원하고, 거룩한 영에 대한 시인의 희망을 떠올리게 한다.

이 수준의 거룩함에 이르기 위해서는 하나님의 역사가 필요하지만, 그 역사는 유대인 성경에서 고정적이지 않다. 이스라엘이 사막에 능숙히 성막을 건설했던 이야기에서, 하나님은 마음에 지혜 있는 자들을 지혜로운 루아흐로 채우셨다(출 28:3; 35:30-35). 장인들은 새롭게 된 영도, 새로운 영도 필요하지 않았다. 그들의 마음과 영은 진즉 지혜로웠고 잘 다듬어져 있었기에, 그들은 한없이 가혹한 사막에 이동식 예배 장소를 건설하는 비범한 작업을 완수하기 위해 그들의 영이 지혜로 넘쳐나기만 하면 되었다.

그와 반대로, 시편은 참회와 '새롭게 된' 마음과 영에 대한 바람으로 피를 흘린다. 시인은 그렇게 하지 않고서는 죽음을 면할 수도, 하나님의 얼굴이 사라지는 일을 막을 수도 없다고 믿는다.

에스겔은 앞의 화자와 시인보다 훨씬 대담하게 성큼 나아가 이스라엘 '전체'를 위한 마음과 영의 '대체'를 갈망한다. 그들의 마음과 영이 뼛속까지 썩었기 때문이다. 충전된 영이나 새롭게 된 영이 아니라 전적으로 새로운 영이 궁극적으로 망한 나라를 위한 유일한 해결책이 될 것이다. 에스겔은 이스라엘이 정결해져야 한다는 사실을 안다. 부슬비나 가랑비가 아니라 박박 문지르고, 첨벙 튀기고, 붓는 물이다. 오랫동안 사라진 희생제에 대한 쓰라린 회상이다.

이 신념에 있어서 에스겔은 혼자가 아니다. 시편 51편에서 표현된 깊은 회개로 유명한 시인도 이를 잘 알고 있다. 그는 하나님께 죄악을 '지워' 달라고 두 번이나 구하며 하나님의 활을 향해 집중 포화를 날린다(시 51:1, 9;

MT 51:3, 11). 절차나 예의 따위는 안중에도 없이, 시인은 이중적 요구를 가지고 덤벼든다. 인사말을 나누거나 정중함을 갖출 상황이 못된다. 그 요구는 더러운 옷을 문질러 빠는 방식으로[12] 죄악에서 말끔히 씻기는 것과 병자가 치유된 후에 정결하게 되는 방식으로[13] 죄에서 깨끗하게 되는 것이다 (51:2; MT 51:4).

그는 우슬초로 정화되기를, 눈보다 더 희어질 때까지 문질러 씻기기를 간청한다(51:7; MT 51:9). 두 가지 간청은 모두 이상한 점이 있어 눈에 띈다. 일반적으로 우슬초는 팔레스타인에 자라지 않으며 눈도 거의 보기 드물다. 이 기도들은 서로 이리저리 나뒹군다. 죄와 슬픔에 찬 시인은 말을 더듬고, 같은 말을 되풀이하며, 안쓰럽게도 같은 것을 반복해서 구한다.

마침내 그의 안팎이 모두 깨끗해질 때까지 엄청나게 문지른다. 이따금 내가 그렇게까지 씻을 때면, 어머니께서는 "파리도 미끄러지겠네"라고 말씀하시곤 하셨다. 철저하지 않으면 안 된다. 죄로 쇠진한 시인은 깨끗해지기를 지겨울 정도로 반복하며 간구한다.

---

12 [예, 출 19:10-14; 레 6:20-17:16(27회)]
13 [예, 레 13:6-59]

제8장

서서 안내하는 영[1]

> *이 장을 읽기 전에 읽어야 할 본문
>
> · 이사야 63:7-19
> · 학개 2:1-9

유배지의 버드나무에 걸린 수금처럼, 이스라엘은 하나님이 계셨고 태초부터 활동하셨다는 신념에 깊은 헌신과 함께 그들의 운명을 걸었다. 바로 노예였던 그들이 애굽 밖으로 올라섰을 때였다. 이스라엘은 애굽으로부터 해방되는 순간 간접적이긴 하지만, 분명히 하나님을 보았다.

성취와 풍요의 시대만이 아니라 궁핍과 절망의 시기에도 이 믿음은 근본적이었다. '특히', 절망의 시기에, 이스라엘은 고대 제국의 손아귀에 놀아나면서도 언제가 탈출하기 위해 그들이 어떻게 간신히 살아남았는지를 기억했다. 그들의 탈출, 곧 그들의 '출애굽'은 놀랍고 경이로웠지만 끔찍한 광야로 나오게 된 그들은 거기서 오랫동안 떠돌며 소멸되어 갔다.

그러나 그들이 후대에 기억하는 바대로 그들 홀로 떠돌지 않았다. 분명 하나님은 그들의 길을 안내한 신비한 존재들의 무리 속에 계셨다. 낮에

---

[1] 근래에 나는 이 주제만으로 책을 썼다. *The Holy Spirit before Christianity* (Waco: Baylor University Press, 2019).

는 구름 기둥, 밤에는 불 기둥이 있었고, 그들 위로 올랐다가 내리는 구름이 있었으며, 길을 안내하는 무서운 천사가 있었다. 심지어 하나님의 "파님"(*pānim*)처럼 이상한 얼굴이 오합지졸이던 그들을 젖과 꿀이 흐르는 땅으로 인도했다. 그곳에서 그들이 행복하게 살지는 않았다고 하더라도, 적어도 이따금 위안을 얻으며 수 세기 동안 살았다.

이스라엘은 이런 위험과 공급의 충격적 시기를 기억하고 있는 순간에도, 하나님이 루아흐로서 그들과 함께 계셨다는 믿음을 나란히 품었다. 우리가 되풀이해서 살펴본 바와 같이, 500년이 지나는 기간 동안(8세기 선지자 호세아, 미가, 이사야에서부터 안티오쿠스 4세 에피파네스의 박해에 대응하여 기록된 다니엘서에 이르기까지) 이스라엘 백성과 유대인 저자들은 루아흐의 존재와 힘과 약속을 받아들였다.

이 전통의 두 영역(출애굽과 루아흐)은 바벨론과 바사 시대(BCE 587년과 445년 사이)의 두 예언 문학의 짧은 단락, 곧 학개 2:4-5과 이사야 63:7-14에서 합쳐진다. 이런 결합은 영에 대한 이스라엘의 이해에 있어 유례없는 발전을 보여 주었다.

이런 병합의 크기는 내가 아내, 프리실라와 함께 스코틀랜드 오크니 제도로 여행했던 1989년의 경험으로 묘사될 수 있다. 춥고 침침한 아침, 우리는 스코틀랜드 북동쪽 끝에 있는 마을 존오그로츠의 여객선 터미널에서 커피와 초코 라이스크리스피를 먹었다. 정작 여객선에서는 북해와 대서양 모두 찾지 못했다. 스코틀랜드 본토에서 오크니 제도로 가는 길은 북해와 대서양이 만나는 곳이었다. 우리는 이 커다란 두 힘이 만나는 경계를 따라 항해했다.

대서양과 북해의 만남은 이스라엘 역사에서 바벨론과 바사 시대에 일어났던 일과 흡사하다. 그때 영과 출애굽(전통의 거대한 두 대양)은 이례적인 결과를 마주했다(스코틀랜드에서의 내 경험보다 훨씬 납득할 만한).[2]

---

2 내 책 『기독교 이전의 성령』(*Holy Spirit before Christianity*)은 이 유례없는 발전의 타당

1. 출애굽의 주체들

공동체적 회상의 뿌연 안개를 통해, 이스라엘은 홍해, 광야, 시내산, 요단 동편에서 하나님이 행동하셨다는 신념을 끈질기게 고수했다. 혹 그들이 겪은 후대의 혼란 속에 하나님이 계시지 않다고 해도, 그때에는 하나님이 계셨었다는 신념이 이스라엘의 피 속에 흐르고 있었다.

하나님이 '어떻게' 계셨었는지 쉽게 답할 수 없지만, 이스라엘은 애굽에서 약속의 땅까지 긴 여정 속에서 활동했던 다양한 주체, 즉 불 기둥, 구름 기둥, 기이한 천사, 하나님의 존재(또는 얼굴이나 임재-얼굴[파님])를 기억함으로써 그 신념을 견지했다.

처음부터 하나님의 인도는 주로 기둥들에 있다. 적어도 이는 이스라엘의 기억이 노예로서 도망하던 중에 하나님의 인도를 처음으로 정확히 포착했던 지점이다.

> 여호와께서 그들 앞에서 가시며 낮에는 구름 기둥으로 그들의 길을 인도하시고 밤에는 불 기둥을 그들에게 비추사 낮이나 밤이나 진행하게 하시니 낮에는 구름 기둥, 밤에는 불 기둥이 백성 앞에서 떠나지 아니하니라(출 13:21-22).

이 기둥들은 하나님의 존재의 기초이다. 유대인 성경의 나머지 부분에서도 이 주제를 다양하게 보여 주지만, 적어도 여기서 두 기둥 안에 있는 하나님의 존재의 본질은 단순하고 견고하다. 하나님이 낮이나 밤이나 기둥으로 인도하셨다.

그러나 도망자들이 미처 어딘가 당도하기도 전에, 애굽 군대가 그들을 에워싸 바다와 진영 사이로 몰아넣었다. 해방 전날 밤, 두 기둥은 하나의 성을 입증한다.

불과 구름 기둥으로 합쳐진 듯한 모습으로 바닷가에 멈췄다.

> 이스라엘 진 앞에 가던 하나님의 사자가 그들의 뒤로 옮겨 가매 구름 기둥도 앞에서 그 뒤로 옮겨 애굽 진과 이스라엘 진 사이에 이르러 서니 저쪽에는 구름과 흑암이 있고 이쪽에는 밤이 밝으므로 밤새도록 저쪽이 이쪽에 가까이 못하였더라(출 14:19-20).

이것은 기묘한 발전이다. 하나님이 불 기둥과 구름 기둥으로 유랑하던 이스라엘 앞에서 인도하던 단순한 시절은 지나갔다. 이제 그 기둥들은 하나가 되었다. 그리고 천사와 함께 밤을 밝혀 이스라엘을 인도하려고 멈춰 섰다.

애굽의 병거들과 마병들이 맹렬히 쫓아오자 "새벽에 여호와께서 불과 구름 기둥 가운데서 애굽 군대를 보시고 애굽 군대를 어지럽게 하신다"(출 14:24). 다시금 두 기둥이 하나가 된다. 하나님이 기둥 위에 있는지, 안에 있는지, 뒤에 있는지 말하기는 불가능할지도 모른다.

그러나 하나님은 기둥을 '통해서' 보셨다. 이 기둥은 하나님이 애굽 군대를 어지럽게 하기 위해 내다보신 창이다.[3] 그래서 또 다시 하나님은 기둥들(이번에는 '한' 기둥)과 긴밀히 결합되어 이를 통해 옛 열쇠 구멍을 통해 보듯 애굽을 보실 수 있다.

이스라엘 사람들은 이 기억들을 기록으로 수집할 때 깔끔하게 정리하지 않았다. 기둥이 하나였는지 둘이었는지, 멈춰 섰는지 계속 움직였는지는 중요한 문제가 아니다. 기둥들이 움직였다는 '사실', 기둥들이 피난민들을 보호했다는 '사실', 하나님이 그 기둥(들) 속에 계셨다는 '사실', 바로 이것들이 그들이 약속의 땅에서 살기 오래 전, 초창기 하나님의 존재에 대한

---

[3] 창세기 26:8에서, 블레셋 왕은 이삭이 리브가를 "껴안은" 것을 창을 통해 내다보았다. 열왕기하 9:30, 32에서, 이세벨은 창을 통해 예후를 보았고, 예후도 그 창을 통해 이세벨을 보았다.

이스라엘 기억의 핵심적 신념이다.

그 기둥만이 출애굽의 참혹한 전날 밤을 지켜 주던 유일한 주체는 아니었다.

> 이스라엘 진 앞에 가던 하나님의 사자가 그들의 뒤로 옮겨 가매 구름 기둥도 앞에서 그 뒤로 옮겨(출 14:19).

천사가 기둥과 함께 앞에서 뒤로, 선수에서 선미로 이동했다. 이 각본에서 천사는 다소 불필요해 보인다. 안내는 기둥이 한다. 천사가 하는 일은 아직 분명하지 않다.

이 이야기의 뒤에서, 이스라엘이 시내산에 안전하게 자리 잡자 천사가 하는 일이 아주 명료해진다.

> 내[하나님]가 사자를 네 앞서 보내어 길에서 너를 보호하여 너를 내가 예비한 곳에 이르게 하리니 너희는 삼가 그의 목소리를 청종하고 그를 노엽게 하지 말라 그가 너희의 허물을 용서하지 아니할 것은 내 이름이 그에게 있음이니라 네가 그의 목소리를 잘 청종하고 내 모든 말대로 행하면 내가 네 원수에게 원수가 되고 네 대적에게 대적이 될지라 내 사자가 네 앞서 가서 너를 아모리 사람과 헷 사람과 브리스 사람과 가나안 사람과 히위 사람과 여부스 사람에게로 인도하고 … (출 23:20-23).

천사의 행동은 불가피하고 이스라엘에게는 큰 유익이 되는데, 그들의 행동은 연속된 핵심 동사들로 묘사된다. 천사가 여정 중에 이스라엘을 '보호할' 것이다. 바닷가에서의 순조롭던 첫날밤에 주어졌던 것이 이제는 영원토록 공급된다. 천사가 하나님이 예비하신 장소로 그들을 '데려갈' 것이다. 다시 말해, 천사가 애굽에서 시작된 일을 마칠 것이다. 천사가 이스라엘 백성에게 '말할' 것이다. 하나님은 그들에게 "그의 목소리를 청종"하라고 명하신다. 천사가 이스라엘 백성을 "앞서 갈" 것이다. 여기서 마침내 하나님과 기둥들의 특권이 천사에게도 동등하게 주어진다.

조금 뒤에서 하나님은 연이어 두 번씩 이 약속을 다시 말씀하신다.

> 내 사자가 네 앞서 가리라(출 32:34).

그 뒤에 이스라엘이 금송아지를 만든 일(시내산에서 모세가 하나님과 보낸 시간이 너무 길어지자 초조해진 그들이 벌인 일)로 인해 짧지만 강력한 역병이 발생하고 나서, 하나님은 다시 약속하셨다.

> 내가 사자를 너보다 앞서 보내어 가나안 사람과 아모리 사람과 헷 사람과 브리스 사람과 히위 사람과 여부스 사람을 쫓아내고(출 33:2).

이스라엘의 고집이 어떠하든지 간에 하나님이 이 약속을 철회하게 만들 수 없다.

하나님이 천사에 대한 약속을 반복하실 때, 성경의 반복이 대개 그러하듯 이 반복에도 강한 반전이 따른다. 하나님은 또 다시 천사의 안내를 약속하신다. 다만 그 약속에는 더 이상 하나님이 이스라엘을 인도하지 않겠다는 거부가 따른다.

하나님은 "내가 사자를 너보다 앞서 보내어"라고 맹세하신다. 그러나 다음과 같이 말씀하기도 하신다.

> 나는 너희와 함께 올라가지 아니하리니 너희는 목이 곧은 백성인즉 내가 길에서 너희를 진멸할까 염려함이니라(출 33:3).

천사는 이스라엘과 함께 갈 것이지만 하나님은 그렇지 않을 것이다. '하나님의' 천사에 대한 약속이 이제 하나님 '없는' 천사에 대한 약속이 된다. 그러므로 세 번째로 나타나는 이 약속은 불길한 징조이다.

그것은 단지 추상적인 불길한 징조, 곧 일종의 예감이 아니다. 이 변형된 약속은 하나님과 모세의 격렬한 대화의 근거가 된다. '대화'라는 단어는 틀릴지도 모르겠다. '협상'이라는 말이 더 낫다. 아니 '치열한 협상'이 더 좋겠다.

모세가 이 비틀린 약속에 항의하는 말을 꺼내기도 전에 두 장면이 나타난다.

첫째, 이스라엘 백성은 금송아지 사건을 회개한다(출 33:4-6).

둘째, 모세가 진 바깥, 하나님의 기둥이 내려오는 회막에서 정기적으로 하나님을 만나며, 친구처럼 하나님께 이야기하는 것을 보여 준다(33:7-11). 동료애가 느껴지는 이런 언급은 모세와 하나님이 대결 구도를 형성하며 재빨리 사라진다. 복잡하게 얽혀 고통스러운 대화 속에서 모세는 하나님께 이스라엘과 동행해 주실 것을 간청한다. 그는 "이 족속을 주의 백성으로 여기소서"라며 하나님을 독촉한다(33:13). 모세의 말에는 천사는 그렇지 않을 것이라는 함의가 있다. 놀랍게도 하나님의 묵인은 즉각적이다.

내[파님]가 친히 (너와 함께) 가리라 내가 너를 쉬기 하리라(출 33:14).

묵인이 즉각적이라고 해도, 모세의 입장에서는 충분하지 않다. 하나님은 자기 존재에 대한 약속에 이스라엘을 포함시키지 않으신다. 이 약속에서 하나님은 단지 모세만을, 여기서는 단수형 "너"만을 언급하신다.

"내 존재가 너, 모세에게 쉼을 줄 것이다."

그래서 모세는 다시 한번 하나님의 보살핌이 온 백성에게 미치기를 요청한다.

> 주[파님]께서 친히 가지 아니하시려거든 우리를 이 곳에서 올려 보내지 마옵소서 나와 주의 백성이 주의 목전에 은총 입은 줄을 무엇으로 알리이까 주께서 우리와 함께 행하심으로 나와 주의 백성을 천하 만민 중에 구별하심이 아니니이까(출 33:15-16, 나의 강조).

모세의 의견은 분명하고, 단호하며, 애매하지 않다. 전원이 아니면 누구도 아니다. 모세의 전략이 통한 듯이 보인다.
하나님은 다시 한번 마음을 푸신다.

> 네가 말하는 이 일도 내가 하리니(출 33:17).

그렇지만 아직 안도의 한숨을 쉴 때가 아니다. 이것이 대화의 끝이 아니다. 모세가 "원하건대 주의 영광을 내게 보이소서"(33:18)라고 청하면서 긴장감은 고조되고, 아주 기묘하게도 하나님은 자기의 선함을 모세에게 보여 주고자 하시면서 또 다른 거절도 하신다.

> 네가 내 얼굴[파님]을 보지 못하리니 나를 보고 살 자가 없음이니라(출 33:20).

여기까지다. 다만 이것은 치열한 협상이기에 이야기의 끝인 것처럼 보여도 실은 그렇지 않다. 몇 차례 합의를 물리신 하나님은 이제 모세가 요청한 영광이 지나가는 것을 허락하시며 모세를 어르신다. 하나님이 모세를 덮은 손을 거두시자, 모세는 하나님의 임재-얼굴[파님]이 아니라 하나님 '뒤에' 있는 것을 본다. 모세는 뒤에서 하나님을 본다(33:21-23).

이 협상에는 엄밀한 현실주의가 있다. 하나님과 모세는 모두 유리한 자리를 선점하고자 한다. 하나님은 위협과 약속을 하시고, 그 모두를 물리시며, 또 부분적으로는 수긍하신다. 모세는 자신의 요구를 내세우며 모든 이점을 취하려고 하지만, 막상 얻는 것은 없다. 결국, 남은 것은 명확하지 않다.

모세는 하나님의 영광을 보았는가?
하나님의 임재-얼굴[파님]을 보았는가, 아니던 아무것도 보지 못했는가?
어떻게 하나님의 임재-얼굴이 보이지 않은 채로 백성과 함께할 수 있는가?

먼지가 가라앉으며 출애굽의 새로운 주체가 출현한다. 바로 하나님의 임재-얼굴 혹은 "파님"이다. 모세가 이 임재-얼굴을 봤는지 우리는 결코 알 수 없을지도 모른다(전체 이스라엘 백성은 분명 못 본 듯하다). 그러나 이스라엘을 노예에서 해방시켜 약속의 땅으로 인도하는 증가하는 주체들에 이제는 하나님의 임재-얼굴이 추가되었을 것이다.

안도의 한숨 없이 이 열정적 협상을 떠나기는 어렵다. 우리가 이를 주의 깊게 읽었다면, 숨죽여 읽었을 것이다. 어떻게 이런 격렬한 언쟁이 친구와 대면하여 이야기하는 것 같을 수 있는지 상상하기 힘들다. 오히려 이 협상은 이스라엘의 역사 초창기 동안에 하나님의 동행에 관한 전통에 스며든 긴장의 정점, 혼란의 끝을 보여 준다.

하나님이 그들과 동행하셨는가(출 13:21-22; 33:2-3)?
거기에 두 기둥(13:21-22) 또는 한 기둥(14:19-20; 33:9-10) 또는 구름과 불이 합쳐진 한 기둥(14:24)이 있었는가?

아니면 거기에 때때로 빛을 발하는 구름, 또는 끊임없이 빛을 발하지만, 밤에만 보이는 구름이 있었는가(14:19-20)?
그 기둥(들)의 주 목적은 무엇이었나?
이스라엘을 인도하고 보호하는 것(13:21-22; 14:19-20, 24)인가, 진 바깥 회막에 내리는 것(33:9-10)인가?
그렇다면 하나님의 임재-얼굴에 대한 모세의 선호가 커짐에 따라 처음의 무게감이 심각히 사라진 천사의 목적은 무엇이었나(14:19; 23:20-23; 32:34; 33:2-3, 14-15)?

이 그림은 중첩과 모호함으로 가득하다. 아무도 바벨론 유배 시절의 공허함 속에 앉아서 이 그림의 중첩된 부분을 펴지 않았다. 아무도 BCE 539년의 팔레스타인으로 돌아가서 다른 전통을 없애지 않았다. 아무도 진부하게 여겨지는 것들을 검열하지 않았다.

아무도 "그것은 두 기둥이 아니라 단 하나의 기둥이었다"고 말하지 않았다. 아무도 "그것은 천사가 아니라 기둥이었다"고 적지 않았다. 아무도 "그것은 기둥이 아니라 그들을 인도했던 하나님의 '파님'이었다"고 주장하지 않았다. 이 모든 주체는 이스라엘의 기억 속에서 관심을 얻고자 애썼다. 이 모두는 단지 이스라엘의 기억 표면뿐만 아니라 골수에 이르기까지 뻗쳤다.

출애굽의 주체들에 대한 이 기억(들)은 무질서해 보일지도 모르지만, 거룩한 영의 오랜 고향이다. 세월이 흐름에 따라 이스라엘은 고통스러운 경험을 하며 변해 갔지만, 다양한 주체(심지어 그에 대한 기억도 세월에 따라 변했지만) 속에 하나님이 계셨다는 본질적 신념을 간직하고 있었다. 전례 없던 변화가 두 예언적 기록, 곧 학개 2:5과 이사야 63:7-14에서 가장 극적으로 나타나는데, 이를 통해 영에 대한 이스라엘의 이해의 새 시대를 추적할 수 있다.

이 본문의 저자들은 하나님이 주요 신적 주체들, 즉 기둥들, 천사, 하나님 자신의 얼굴 혹은 파님을 통해 이스라엘을 애굽에서 구출하신 이야기가 있는 출애굽 전승에 영을 도입했다. 이스라엘이 가진 영의 개념에서 이런 움직임이 의미하는 바는 아주 극적이다.

2. 보증의 말씀

학개는 촉구한다.

> 일할지어다 내가 너희와 함께하노라 만군의 여호와의 말이니라 이는 너희가 애굽에서 나올 때에 내가 너희와 함께 잘랐던 말에 따른 것이니(학 2:4-5).[4]

그리고 그는 명령에 약속을 덧붙인다.

> 나의 영이 너희 가운데에 서 있나니 너희는 두려워하지 말라(학 2:5, 나의 번역).

처음에는 눈치채지 못할 수도 있겠지만, 다시 보면 이 보증의 말씀은 분명 당혹스럽다. 이스라엘이 애굽에서 나올 때 하나님은 많은 말씀을 하셨다. 예를 들어, 열 마디의 말씀(출 20:1-17), 거룩하고 구별된 제사장 나라로 이스라엘을 지명하신 일(19:3-6), 순종하라는 명령, 바쳐야 할 희생들, 드려야 할 헌물들, 세워야 할 장막들에 관한 말씀들이다.

---

[4] 이는 나의 번역으로 영어로 이상한 표현이긴 하지만, 동사 "자르다"(cut)를 보존시키고자 했다.

꼬리에 꼬리를 무는 말씀이다. 약속에 명령이 따른다. 명령에 약속이 따른다. 온 공동체를 위한 말씀이 있다. 모세에게만 은밀히 하신 말씀도 있다. 그중 어떤 것은 유쾌한 우정의 대화이며, 어떤 것은 치열한 논쟁이다. 그들이 애굽을 나올 때 너무 많은 말씀이 있었다.

단, 이 말씀, 즉 "나의 영이 너희 가운데 서 있나니"는 아니다. 이 말씀은 하나님이 하지 '않으신' 말이다. 이 말씀은 하나님이 자르지 '않으셨다.' 그 서약은 그들이 애굽에서 나올 때 하나님이 하지 '않으셨다.' 학개는 최소한 문자적으로, 히브리 성경 어디에도 존재하지 않는 약속을 언급한다.

학개 2:5의 이 회상에서, 또 다른 당혹스러운 측면은 여기를 제외하고는 히브리 성경에서 거의 400회나 언급되는 "루아흐" 중에 단 한 곳에도 서 있는 루아흐가 없다는 점이다. 영은 다른 여러 행동과 더불어 갑자기 임하고, 강림하며, 부어지고, 비워지며, 불어오고, 입혀지며, 머문다. 그러나 영은 '서지' 않는다. 그러나 그것이 학개의 보증 말씀의 핵심에 놓인 단어이다.

학개가 "서다"라는 단어를 채택한 이유를 알아내는 것은 어렵지 않다. 그것은 먼 옛날, 이스라엘이 애굽에서 나오던 아주 위험했던 순간에 있었던 영의 존재를 떠올리게 했다. 이스라엘은 애굽 군대와 바다 사이에 끼여 멸망의 위기에 처했다. 그러나 불 기둥과 구름 기둥이 그들과 함께했다. 저녁이 되어 위험이 대두되자, 갑작스런 일이 벌어졌다.

> 이스라엘 진 앞에 가던 하나님의 사자가 그들의 뒤로 옮겨 가매 구름 기둥도 앞에서 그 뒤로 옮겨 애굽 진과 이스라엘 진 사이에 이르러 서니 저쪽에는 구름과 흑암이 있고 이쪽에는 밤이 밝으므로 밤새도록 저쪽이 이쪽에 가까이 못하였더라(출 14:19-20, 나의 강조).

구름 기둥이 이스라엘과 애굽 군대 사이에 '서서' 탈출을 앞둔 그들을 지켜 주었다. 선수에서 선미로의 이 이동이 없었다면, 선두에서 후위로의 기둥의 이동이 없었다면, 이스라엘은 결코 바다를 건널 수도, 광야를 횡단할 수도, 약속의 땅에 정착할 수도 없었을 것이다. 이것은 구원의 특별한 순간이었다.

실제로 '기둥'이라는 단어는 '서다' 혹은 '자리에 앉다'와 동일한 히브리 어근에서 비롯된다. "그리고 서다"는 "웨이야아도드"(wayyaʿāmōd)이고 "기둥"은 "아무드"(ammûd)다. 동사와 명사가 같은 히브리 어근, ʿmd를 가진다. 따라서 학개는 이스라엘 가운데에 영이 서 있다고 약속할 때 아무 동사나 고른 것이 아니다. 학개 2:5은 출애굽 이야기에 나오는 동사 "서다"와 명사 "서 있는 기둥" 모두를 떠오르게 한다.

학개는 이스라엘이 애굽에서 나올 때 하나님이 그들과 이 말씀을 잘랐다('자르다'라는 단어는 언약을 맺는다는 히브리 관용구를 상기시킨다)고 주장하며 출애굽의 기둥들을 상기시킨다. 여기에는 그럴 만한 이유가 있다.

바벨론에서의 유배생활이 끝나고 바사의 새로운 관할이 된 유다의 거주민들은 몇 해가 지나도록 성전 건축을 마치지 못했다. 그들은 기근으로 무력해졌고, 자기 이해에 사로잡혔으며(성전보다 주택 건설이 시급했다), 한 번도 본 적 없는 낯선 땅에 발 디뎠고(그들이 포로였던 것이 아니라 그들의 조부모와 증조부모가 포로였다), 이전에는 몰랐던 불안정한 바사의 정지적 지형(왕이 아닌 총독)을 마주하며 망설였다.

적어도 제단이나 성소보다 그들에게 더 긴급해 보이는 것들을 고려하면 그들의 망설임을 공감하기 어렵지 않다. 다시 말해, 그들은 두려웠다. 부족함이 두려웠다. 그 땅 타인들의 위협이 두려웠다. 새 정책을 통해 포로들을 고향으로 돌려보내 주었지만 왕조는 회복시켜 주지 않은 바사가 두려웠다. 그래서 학개는 첫 번째 출애굽을 '자신들의' 출애굽으로 변화시킨다.

> 나의 영이 너희 가운데에 서 있나니(학 2:5).

학개의 약속에서 과거와 현재가 딱 맞아 떨어진다. 회복의 백성이 출애굽의 백성이다. 바벨론 포로에서 풀려난 백성이 애굽에서 풀려났던 백성이다. 오래 전 과거 세대가 아니라, 바로 학개의 백성이 하나님 말씀의 수신자요, 하나님 보호의 대상이다.

바사의 통치자 고레스의 귀환 칙령과 재건 칙령 이후, 초기 재건 기간에 학개가 가리킬 수 있는 물리적 기둥이나 하나님의 존재를 알려 주는 형체를 띤 구름은 없다. 그러나 이스라엘 가운데에 서서 하나님의 보호하심을 알려 줄 수 있는 다른 것이 있다. 바로 영, 루아흐이다. 이는 잠재적인 적 또는 실제적인 적의 손에 닿지 않게 바닷가에 서 있는 기둥들과 같다.

3. 고뇌에 찬 탄식시

특히, 활발히 부상했던 바벨론이 급격히 바사에 몰락한 지정학적 변화로 인해 가중된 혼란 속에서, 이스라엘은 자신들의 전통을 비현실적이고, 달성 불가능하며, 완전히 잊어버려도 되는 것으로 치부하며 버릴 수도 있었다.

그러나 그들은 그런 전통에 비추어 자신들의 실패를 평가하는 다른 전략을 취했고, 영에 대한 그들의 이해에 있어 불가피한 것으로 드러난 변화 속에서 그들은 실망과 절망에도 굴하지 않고 전통을 재창조했다. 적어도 격동의 5, 6세기를 버텨낸 글 속에서만큼은 굴종이 아닌 창의성이, 무미건조함이 아닌 활력이 가득했다.

이스라엘 전통에 대한 그런 창의적 전유 중 하나가 다음의 소박한 탄식시에 나타난다.

그들의 모든 환난 속에서 그의 임재의 천사로 하여금 그들을 구원하시며[5]

그의 사랑과 그의 자비로 그들을 구원하시고

옛적 모든 날에 그들을 드시며 안으셨으나

그들이 반역하여

주의 성령을 근심하게[또는 거역하여] 하였으므로

그가 돌이켜 그들의 대적이 되사

친히 그들을 치셨더니

백성이 옛적 모세의 때를

기억하여 이르되

백성과 양 떼의 목자를 바다에서 올라오게 하신 이가

이제 어디 계시냐

그들 가운데에 성령을 두신 이가

이제 어디 계시냐

그의 영광의 팔이

모세의 오른손을 이끄시며

그의 이름을 영원하게 하려 하사

그들 앞에서 물을 갈라지게 하시고

그들을 깊음으로 인도하시되

광야에 있는 말같이 넘어지지 않게 하신 이가

이제 어디 계시냐

여호와의 영이 그들을 골짜기로 내려가는 가축같이

편히 쉬게 하셨도다

주께서 이와 같이 주의 백성을 인도하사

---

5 이사야 63:9의 이 행은 히브리어 본문을 근거로 한 나의 번역이다. 이와 반대로 NRSV는 주로 헬라어 역본 70인역을 근거로 한다.

이름을 영화롭게 하셨나이다 하였느니라(사 63:9-14).

이 탄식시에는 출애굽 전승에 대한 몇 가지 암시가 있다. 먼저 "그의 임재의 천사"라는 독특한 표현에 나타난다. 이 간략한 표현은 실제로 이스라엘 전통의 두 존재, 곧 출애굽의 천사와 하나님의 임재-얼굴 혹은 "파님"의 창의적 합성이다.

이 표현을 좀 더 자세히 살펴보기 전에, 히브리어 본문과 헬라어 역본 사이에 차이가 있다는 사실을 주지하는 것이 중요하다. 히브리어 본문은 "그들의 모든 환난 속에서 그의 임재의 천사로 하여금 그들을 구원하시며"이다. 반면, 헬라어 역본은 "사자나 천사가 아니라 여호와께서 스스로 그들을 구원하시며"이다.

헬라어 번역자들은 히브리어 본문과 상반된 해석(이스라엘을 구원한 것은 천사가 아니었다)을 택했다. 이는 아마도 하나님이 아니라 천사에게서 비롯된 구원에 대한 그들의 꺼림칙함 때문이었을 것이다.

헬라어 번역자들이 히브리어 본문의 난점들을 제거하는 일은 드문 일이 아니었다. 예를 들어, 히브리어로 창세기 2:2은 하나님이 그가 하시던 일을 일곱째 날에 마치셨다고 말한다. 이는 하나님이 일곱째 날에 일을 '마치는' 일을 하심으로써 안식일을 범한 셈이 된다. 헬라어 번역자들은 일곱을 여섯으로 약간의 변화를 주어 이 문제를 해소했다. 따라서 헬라어 역본은 하나님이 그가 하시던 일을 여섯째 날에 마치셨다고 말한다. 그리고 하나님은 일곱째 날에 쉬셨다.

이사야 63:9의 히브리어 본문이 원문을 반영한 것이라고 보는 타당한 이유들이 있다. 무엇보다 헬라어 역자들은 하나님이 아닌 천사에게 출애굽의 공을 돌리고 싶지 않았을 수 있다.[6] "그의 임재의 천사"라는 표현의

---

6   이는 복합적 주제인데, 다음의 내 책에서 길게 다루었다. "The Dubious Preference for

중요성이 드러나는 것은 히브리어 본문이다.

앞서 우리는 하나님이 자신의 권한을 가진 천사(하나님의 이름이 그 천사에게 있었다)로 하여금 그들을 약속의 땅으로 인도하도록 이스라엘에게 약속하신 것을 보았다. 그 뒤 하나님은 모세와 독대하여 격렬한 대화를 주고받는 중에 자신이 직접 인도하는 것과 천사가 인도하는 것의 차이를 둔다. 천사는 가겠지만 하나님은 가지 않으실 것이다. 그래서 하나님은 하나님의 존재 혹은 파님을 제안하시지만, 하나님이 이 약속을 이행하셨는지는 조금도 명확하지 않다.

하나님과 모세의 이 협상은 치열하긴 하지만, 별다른 해결책을 제시하지 않으며, 오히려 해결된 것보다 더 많은 의문을 제기한다. 애초부터 천사와 임재-얼굴(파님)의 관계가 모호하다. 적어도 모세의 생각에 천사는 열등한 존재였다. 그러나 얼마나 열등한지는 분명하지 않다. 이 질문에는 또 다른 질문이 따른다.

하나님의 임재-얼굴(파님)이나 천사가 이스라엘 전체와 함께할 것인가, 아니면 단지 모세와 함께할 것인가?

출애굽기 33장의 모세와 하나님의 대화에는 이 질문들에 대한 답변이 없다.

'누가' 동행할 것인가?
하나님의 천사인가, 아니면 하나님의 임재-얼굴("파님")인가?
그 천사나 임재-얼굴이 '누구와' 동행할 것인가?
모세인가, 아니면 백성 전체인가?

Greek Isaiah 63:7-14" in *Holy Spirit before Christianity*, 134-37, 219-20nn46-58.

이 질문들은 시내 광야 시절에 대한 이스라엘의 기억 속을 맴돌며 남아 있다. 어떤 대답도 웬만큼 명쾌한 결론에는 미치지 못한다.

이사야 63:7-14을 기록한 탄식의 선지자는 천사와 하나님의 임재-얼굴 사이에 있는 이런 긴장을 일거에 해소시킨다. 하나님의 임재'의' 천사가 그들을 애굽에서 구출했다. 출애굽기에서 경쟁하던 이 두 존재, 하나님의 천사와 하나님의 존재가 이사야 63장의 히브리어 본문에서는 하나의 존재, "하나님의 임재의 천사"가 된다. 또 이 탄식시는 하나님의 임재의 천사가 '누구를' 이끌지에 관한 질문에도 답을 한다.

> 자기 앞의 사자로[그의 임재의 천사로] 하여금 그들을 구원하시며 그의 사랑과 그의 자비로 그들을 구원하시고 옛적 모든 날에 그들을 드시며 안으셨으니(사 63:9, 나의 강조).

하나님의 임재의 천사는 단지 모세만이 아니라 이스라엘 전체를 애굽에서 해방시켰다. 모세를 번잡하게 만든 협상의 쟁점, 즉 하나님이 그의 모든 백성과 동행하실 것인지의 문제는 이 탄식시에서 깔끔히 정리된다.

이것은 이 한탄시에 나타나는 변형의 시작에 불과하다. 뒤이어 더 많은 것이 나타난다. 천사와 하나님의 임재-얼굴을 섞은 조합은 이제 성령과 천사의 특이한 결합으로 나타난다. 선지자는 이스라엘의 행위를 떠올린다.

> 그들이 반역하여
> 주의 성령을 근심하게 하였으므로
> 그가 돌이켜 그들의 대적이 되사
> 친히 그들을 치셨더니(사 63:10).

한탄시의 이 부분에는 분명한 순서가 있다. 하나님의 임재의 천사에서부터 하나님의 성령까지이다. 그러나 실제로 여기에는 천사와 영의 긴밀한 관계의 순서 이상의 것이 있다. 바로 하나님의 임재의 천사와 하나님의 성령의 동일시이다. 이는 첫 번째 동사 "반역하다"가 이 성령과 결부되며 분명히 드러나는데, 그 동사의 어근은 시내산에서 받은 '천사'에 대한 첫 번째 약속에 있다.

이 탄식시에 나오는 하나님의 성령에 관한 것은 일찍이 하나님의 약속에 나온 하나님의 천사에 관한 것이었는데, 그때 하나님은 이스라엘에게 약속의 천사를 거역하지 말라고 경고하셨다.

> 너희는 삼가 그의 목소리를 청종하고 그를 노엽게 하지[거역하지] 말라 그가 너희의 허물을 용서하지 아니할 것은 내 이름이 그에게 있음이니라(출 23:21).

학개 약속의 특징이 되었던 것이 이제 선지자의 탄식시의 특징이 된다. 영이 출애굽 전승에서 주체의 역할을 차지한다. 학개에게 이 주체는 이스라엘의 중앙에 서 있던 기둥이다. 이제 학개는 영이 성전을 재건해야 하는 이들 가운데 서 있기에 두려워할 필요가 없다는 사실을 보장한다.

이사야 63장에서, 이스라엘이 반역하지 말아야 할 대상은 하나님의 임재의 천사이다. 그런데 지금 선지자는 이스라엘이 하나님의 성령을 반역한 것을 탄식한다. 하나님의 임재의 천사와 성령은 하나의 동일한 존재이다.

불과 몇 행 뒤에서 선지자는 더 많은 한탄을 표한다.

> 백성과 양 떼의 목자를 바다에서 올라오게 하신 이가
> 이제 어디 계시냐
> 그들 가운데에 성령을 두신 이가
> 이제 어디 계시냐
> 그의 영광의 팔이

모세의 오른손을 이끄시며
그의 이름을 영원하게 하려 하사
그들 앞에서 물을 갈라지게 하시고
그들을 깊음으로 인도하시되(사 63:11-12).

이 맥락에서 바다를 통한 구원이 끼여 들어 말하려는 바는 청원이다.

그들 가운데에 성령을 두신 이가 이제 어디 계시냐(사 63:11).

이 질문의 난점은 하나님이 바다를 통해 이스라엘을 구원하실 때 그들 안에 성령을 두지 '않으셨다'는 단순한 사실에 있다. 적어도 출애굽 이야기 자체를 보면 그렇다. 구원의 주체들은 기둥과 천사였으며, 이들은 애굽 군대의 진격으로부터 그들을 보호하기 위해 "그들의 뒤로 옮겨" 갔다(출 14:19). 해방 전날 밤, 천사는 선수에서 선미로 이동하여 이스라엘의 후방을 맡았다. 천사와 기둥은 이스라엘을 보호하여, 다음날 바다를 통한 구원이 가능하게 했다.

하나님의 천사에서 성령으로의 전환은 갑작스럽지 않다. 선지자는 이미 하나님의 임재의 천사를 하나님의 성령과 같은 것으로 여겼으며, 출애굽기 23장의 천사가 아니라 성령을 거역의 대상으로 보았다. 이제 선지자는 성령이 어디에 계신지 묻는다.

이스라엘이 바다의 깊음을 헤치고 나아가려고 할 때, "그들 가운데에 성령을 두신 이가 이제 어디 계시냐?"
그 천사는 지금 어디에 계신가?
그 성령은 지금 어디에 계신가?
그 하나님은 지금 어디에 계신가?

이 탄식시의 마지막 행들에서 최종 변화가 일어난다.

> 여호와의 영이 그들을 골짜기로 내려가는 가축같이 편히 쉬게 하셨도다(사 63:14).

이 행들에서 다시 한번 선지자는 출애굽 전승을 참고하는데, 이번에는 그 여정의 끝에서 약속의 땅에 발을 내딛는 장면이다. 그리고 여기에 또다시 난점이 있다. 출애굽 전승에는 영이 이스라엘을 쉬게 했다는 말이 없다. 두 세트의 두 돌판을 받는 과정 사이에 잊을 수 없게 단단히 끼여 있는 모세와 하나님의 지독한 협상은 다시 한번 "여호와의 영이 그들을 … 편히 쉬게 하셨도다"라는 선지자의 믿음의 기원이 된다.

협상을 자세히 살펴보면, 하나님은 모세에게 말씀하신다.

> 내 임재-얼굴[파님]이(내가-개역개정) 너와 함께 가리라 내가 너를 쉬게 하리라 (출 33:14).

그러자 모세는 다음과 같이 답한다.

> 주의 임재-얼굴[파님]이(주께서-개역개정) 친히 가지 아니하시려거든 우리를 이곳에서 올려 보내지 마옵소서(출 33:15).

모세는 오직 하나님이 친히 가실 때에만, 지구 표면(파님-이런 언어유희는 국제적일 것이다)의 만민 중에 모세와 그의 백성의 구별됨이 드러날 것이라 주장한다.

오가는 협상 속에는 하나님의 임재-얼굴과 쉼 사이의 긴밀한 연관성이 스며 있다.

내 임재-얼굴[파님]이(내가-개역개정) 너와 함께 가리라 내가 너를 쉬게 하리라 (출 33::14).

이 핵심적 약속만이 "여호와의 영이 그를[그들을] 쉬게 하셨도다"라는 탄식시의 회상에 대한 타당한 전조이다. 출애굽 전승에서 하나님의 임재-얼굴이 이루었던 일, 즉 쉬게 하는 일을 이제 후기의 탄식시에서는 영이 이룬다. 다시 한번, 영이 출애굽 전승의 안내하는 주체의 역할을 차지한다. 이사야서의 마지막 다섯 장에 소박하게 끼여 있는 공동체의 탄식시에는 전례 없이 독특하고 혁신적인 다섯 단계가 있는데, 이것이 아니었다면 그저 평범한 탄식시였을 것이다.

첫째, 저자는 출애굽의 구별된 두 주체, 즉 천사(출 23:20-23; 32:34; 33:2)와 하나님의 임재(33:14-15)를 병합한다.
둘째, 이사야 63장에서, 그 둘은 하나님의 임재의 천사가 된다. 그리고 저자는 거의 눈치채기 힘들 정도로 이 천사를 성령으로 전환한다.

자기 앞의 사자로[하나님의 임재의 천사로] 하여금 그들을 구원하시며 … 그들이 반역하여 주의 성령을 근심하게 하였으므로(사 63:9-10).

셋째, 성령이 출애굽에서의 천사 역할을 차지한다. 출애굽기 23:21에서의 천사에 대한 거역이 이사야 63:10에서는 성령에 대한 거역이 된다.
넷째, 다시 한번, 영은 하나님이 출애굽 시기에 이스라엘 가운데에 둔 천사와 동일시된다.

그들 가운데에 성령을 두신 이가 이제 어디 계시냐(사 63:11).

다섯째, 여호와의 영이 파님 혹은 하나님의 임재-얼굴의 역할을 차지한다. 출애굽기 33장에서 하나님의 임재 혹은 파님이 주실 거라고 한 쉼이 이사야 63장에서는 여호와의 영이 주신 쉼이 된다.

이 혁신의 규모는 엄청나다. 장장 500년이 넘는 기간, 8세기 선지자들에서부터 다니엘서에 이르기까지, 수많은 이스라엘 사람이 루아흐의 힘을 받아들였다. 그러나 학개 2:4-5과 이사야 63:7-14이 구성되기 전에는 이스라엘의 시인들, 선지자들, 작가들은 영을 "활동적이지만 하나님을 대신하여 행동하는 주체는 아니라고" 여겼다. 이 관점은 BCE 587년 이후 어느 시점에 그저 평범했을 수도 있었을 공동체 탄식시를 통해 독특한 혁신을 이루어지면서, BCE 539년 이후 어느 시점에 학개 선지자가 독특한 혁신을 이루면서 변화되었다.

이스라엘 가운데 기둥이 서 있었다는 출애굽 전승에 근거하여, 학개는 출애굽 이후 몇 세기가 흐른 이제는 영이 '그들' 가운데 섰다고 주장하며 자기 동포들을 격려했다. 마찬가지로 출애굽 전승에 근거하여, 탄식시의 선지자도 영의 범위를 확장시켰다. 이 탄식시에서 출애굽의 주체들의 권한이 영, 곧 하나님의 '거룩한' 영의 권한이 된다.

언젠가 천사(이제는 하나님의 임재의 천사)가 적의에 부딪혔던 곳에서, 이제는 성령이 거역의 대상이 된다. 언젠가 하나님이 이스라엘 가운데에 천사를 세우신 곳에, 이제는 성령이 이스라엘 안에 거하신다. 언젠가 파님이 쉬게 하겠다고 약속했던 곳에서, 이제는 여호와의 영이 이스라엘을 쉬게 한다. 이스라엘 성경 곳곳에서, 영은 불어오고, 갑자기 임하며, 강림하며, 부어진다.

그러나 이런 동사들 중 어느 것도 이스라엘이 하나님의 임재의 천사가 인도했던 구원을 기억하며 그 구원이 어떻게 하나님의 영의 영역 안에 있는지를 되새길 때, 용솟음치는 영의 주체성을 포착하지 못한다.

이런 인식은 구약에서는 영을 '힘'으로 여기고 신약에서는 영을 '인격'으로 여긴다고 보는 편리한 구분을 무력화한다. 만일 우리가 마지막 장에서 연구를 중단했다면, 그 구분은 옳았을 수도 있다. 그렇다면 우리는 이스라엘 백성이 어떤 식으로 영을 비인격적 힘으로 여겼는지(불어옴과 호흡, 갑작스런 임재와 강림, 나눠지고 전달됨, 부어짐, 충만함, 정화와 갱신의 원천으로서의 역할)를 기록할 수 있었을 것이다.

영을 비인격적 영역에 두게 되는 이런 가능성은 한 선지자의 탄식시와 또 다른 선지자의 약속으로 인해 사라져 버린다. 그들에 따르면, 천사, 기둥들, 하나님의 임재-얼굴처럼 영이 이스라엘 안에 서 있었고, 적어도 한 때 그들을 약속의 땅으로 인도했다.

결론

데만 사람 엘리바스는 당황스러운 채로 서서, 멍하니 있다가, 입을 열어 쉬지 않고 욥에게 말한다. 욥이 듣기 원하지 않는 말이지만 엘리바스가 해야 하는 말은 비록 평범한 방식은 아니지만 영감된 것이다.

엘리바스의 설명은 아주 유순하며, 그의 인상은 지극히 나긋나긋하고, 그의 고백은 무척이나 진정성이 있기에, 우리는 욥이 죄를 지었기 때문에 황량하고 빈곤하며 절망하는 모습으로 매일 재 위에 앉아 있다고 보는 결함 있는 추론으로 욥의 숨통을 옥죄는 이 남자를 거의 용서할 수 있을 것이다. 적어도 잠깐은 엘리바스가 사람처럼 보인다.

그는 욥에게 "어떤 말씀이 내게 가만히 이르고" 깊은 밤 가느다란 소리가 들렸는지 말한다. 그는 몹시 두려워 뼈마디가 흔들렸음을 시인한다.

> 그때에 영[루아흐]이 내 앞으로 지나매, 내 몸에 털이 쭈뼛하였느니라 (욥 4:12-15).

소름. 예감. 불가해하고, 불가사의하며, 규정하기 힘든 무언가를 마주했을 때의 순간적 전율. 마치 유령을 본 듯하다. 바로 이것이 그날 밤 오싹한 시간에 엘리바스가 느꼈던 것이다. 그러나 이어서 엘리바스가 이 영에 대해 말하는 바가 훨씬 더 통찰이 있다고 할 수 있을 것이다.

> 그 영이 서 있는데 나는 그 형상을 알아보지는 못하여도 오직 한 형상이 내 눈 앞에 있었느니라 (욥 4:16).

"나는 최대한 노력했지만, 완전히 이해할 수 없었다."
그리고 더 이상한 일이 일어난다.

> 침묵이 흘렀다(조용한 중에-개역개정, 욥 4:16).

엘리바스는 이 영, 이 루아흐에 순전한 침묵이 동반됨을 안다(이 점 외에는 그는 가치 있는 무언가를 거의 알지 못하는 듯하다). 마치 폭풍 뒤의 고요처럼.[1] 마치 지진과 바람과 불 뒤에 겉옷을 싸맨 채 굴 어귀에 선 엘리야처럼.[2] 침묵. 순전한 침묵.

"나는 최대한 노력했지만, 완전히 이해할 수 없었다."

책의 필수적 결함은 때로는 침묵만이 필요할 때에도 말로 가득 차 있다는 것이다. 소름. 모골이 송연함. 신비로움에 대한 전율은 우리를 떨리게, 깨어 있게, 살아 있게, 무섭게 놔둔다. 이는 유대인 성경의 루아흐를 연구한 뒤에 따르는 적절한 여파이다.

따라서 나는 이 책을 깔끔하게 다듬는 일이 조심스럽다. 유대인 성경에서 398회 가량 불규칙하게 언급되는 "루아흐"는 나를 주저하게 한다. 안절부절하거나 미적거리게 하는 것이 아니라 잠시 멈추게 한다.

"나는 최대한 노력했지만, 완전히 이해할 수 없었다."

이것이 우리가 탐험한 고대의 낯선 세계이다. 그곳에서 메추라기를 몰고 온 바람은 감동된 것으로 72인의 장로들에게 임하여 그들로 하여금 예언하게 했던 영과 조금의 차이도 없다.

그곳은 영이 바벨론 점술가로 하여금 이스라엘을 축복하게 함으로써 기존의 경계를 넘어서는 세계이다. 그곳은 영이 겉옷을 통해 스승에게서 제

---

1 시 107:29에 같은 명사가 나타난다.
2 왕상 19:12에 같은 명사가 나타난다.

자에게 전달되는 세계이다. 그곳은 장인들이 기술과 영(두 가지 모두)으로 넘칠 만큼 가득 차서 외딴곳에 장막을 세울 수 있는 세계이다. 그곳은 정치 지도자들이 죄를 진정으로 참회하며 우는 세계이다. 그곳은 여종들이 예언하는 세계이다.

가상의 구획을 세우고 적합하지 않은 분류 체계를 도입함으로써 이 책을 다듬게 되면 신비로움 자체의 예리함은 무뎌질 것인데, 그것이야말로 실제 위험이다. 그러나 관련 구절들을 대략적으로라도 추적해 보는 것만으로도 이 책에서 의미를 얻을 수 있을 것이다.

"나는 최대한 노력했지만, 완전히 이해할 수 없었다."

그런 구절들을 살포시 붙들어 본다면, 결함 있는 범주들, 부적절한 전제들, 근거 없는 개념들을 폭로하며 궁극적으로는 영의 미묘한 세계를 보다 유연하고 유익하게 이해할 수 있게 될 것이다.

1. 정의(definition)를 넘어서

그러나 어디서부터 시작해야 하는가?

유대인 성경의 첫 구절들은 수정 가능한 출발점을 제시한다.

> 태초에 하나님이 천지를 창조하시니라 땅이 혼돈하고 공허하며 흑암이 깊음 위에 있고 하나님의 영(루아흐)은 수면 위에 운행하시니라 (창 1:1-2).

우리가 첫 부분에서 시작한다면, 루아흐에 대한 통찰을 제법 얻게 될 것이다.

우리가 예상한 대로 바람과 숨과 영 사이의 경계는 상호 침투적이다. 다양한 영어 역본을 통해서도 분명히 드러난다.

- NRSV: "하나님에게서 나온 바람이 물 위를 운행하였다."
- CEB: "하나님의 바람이 물 위를 운행하였다."
- NIV: "하나님의 영이 물 위를 맴돌고 있었다."

물론, 루아흐에는 바람의 의미가 있지만 "루아흐 엘로힘"(*ruah ʾĕlōhim*, "하나님의 루아흐")이라는 표현을 단순히 하나님에게서 나온 바람으로 해석할 수 없다. 유대인 성경의 다른 곳에도 많이 나타나는 이 표현은 하나님에게서 나온 바람에 대한 간략한 언급이 아니다.

- 요셉에게는 하나님의 영("루아흐 엘로힘")이 있다(창 41:38).
- 성막 건설의 책임자인 브살렐과 오홀리압도 "루아흐 엘로힘"으로 충만하다(출 31:3; 35:31).
- 하나님의 영이 발람(민 24:2)과 사울(삼상 10:10, 20, 23; 11:6)에게 동일하게 임한다.
- 아사랴와 스가랴(대하 15:1; 24:20)에게도 임한다.

그나마 이를 하나님의 바람으로 볼 유일한 가능성은 에스겔에게 있는데, 그마저도 그를 들어올린 것은 환영적인 것으로 실제 바람과는 다른 것이다(겔 11:24). 그렇다면 창세기 1:2의 "루아흐 엘로힘"을 하나님에게서 나온 바람으로 보는 것은 그 표현이 유대인 성경의 다른 곳에 쓰인 모든 경우의 기본적 의미에서 벗어나는 것이다.

그러나 "영"도 완전히 적합한 것은 아닐 수 있다. "루아흐 엘로힘"이란 표현이 사용된 다른 모든 경우, 영이 내재하거나 임재하게 되는 개인이 언급된다. 이와 대조적으로, 창세기는 물과 함께 아마 바람도 있는 우주를 배경으로 한다.

또 다른 가능성 역시 대두된다. 바로 숨으로서 루아흐이다. 이 첫 장면에서, 하나님은 연이어 창조의 말씀을 하신다. 하나님은 말씀으로 빛과 어둠, 땅과 바다, 낮과 밤을 나누신다. 이 첫 시에서, 반복되는 구절 "하나님이 이르시되"가 창조의 질서와 아름다움에 대한 찬양을 구성한다(창 1:1-2:4). 다른 말로 하면, 심연에서 아름다움을 가져오는 반복된 창조 행위 속에는 하나님의 입안을 맴도는 숨이 있다. 따라서 창세기 1:2의 "루아흐"는 하나님의 숨의 임박한 현실을 반영하는 것일 수도 있다.

루아흐는 바람인가, 영인가, 숨인가?

모두 옳다. 그리고 제각각의 의미 이상일 수 있다.

번역자들이 히브리어 단어 루아흐의 역동성을 담아내지 못한다 해도, 이는 그들의 잘못이 아닐 것이다. 이는 언어의 차이, 말의 불일치 때문일 것이다. 히브리어 루아흐는 영어의 숨, 영, 바람보다 더 풍성하고 반향을 일으키는 단어이다.

영어로는 유대인 성경의 원어인 히브리어와 아람어가 담을 수 있는 의미의 폭을 전부 포괄할 수 없다. 숨, 바람, 영을 구분하는 것이 불가피하다고 할지라도(이따금 히브리어에서도 그런 구분이 뚜렷하다), 대체로 그것은 히브리어의 반향을 축소시키는 필요악이다. 루아흐에 관련하여 영어와 히브리어의 차이는 여느 주일 아침 옥스퍼드나 케임브리지의 유서 깊은 칼리지에서 울리는 종 소리와 소 방울 소리를 구분하는 것과 같다. 둘 모두 종이지만, 제각각 특유의 울림이 있으며 그중에 뚜렷이 선호되는 것이 있다(더 낭랑한 음색을 선호할 수도 있다).

2. 성(gender)을 넘어서

창세기 1:2의 "루아흐"의 해석에 관해 또 달리 중요한 단서는 동사 "맴돌다" 또는 "운행하다"에 있다. 이 동사로 인해 유진 피터슨(Eugene Peterson)은 『메시지』(The Message)에서 이 구절을 "하나님의 영은 심연 위에 새처럼 내려앉으셨다"로 번역한다.

루아흐의 활동에 대한 첫 인상을 남기는 동사 맴돌다는 유대인 성경의 다른 곳에서는 하나님을 독수리로 묘사할 때 사용된다.

> 자기의 보금자리를 어지럽게 하며 자기의 새끼 위에 너풀거리며[맴돌며] 그의 날개를 펴서 새끼를 받으며 그의 날개 위에 그것을 업는 것같이(신 32:11).

유대인 성경에서 루아흐의 활동을 묘사할 때 사용된 첫 단어가, 그 다음에는 어미 독수리에 대한 묘사에 나타난다.[3]

히브리어의 여성형 단어와 결부된 이런 인식은 루아흐를 하나님의 여성성과 일치시키려는 데 여념이 없는 다양한 목소리를 촉발시킬 수 있지만, 이 문제는 그렇게 간단하지 않다. 어떤 면에서 신명기의 어미 독수리 이미지는 여성성에 대한 전통적 관점이다. 어미는 새끼를 보호하고, 자식을 돌보며, 후손을 양육한다.

이 관점에서 창세기 1장(성경의 첫 구절들)의 "맴돎"은 혼란한 우주라는 가정을 맴도는 어미의 이미지를 떠올리게 한다. 불과 몇 행 뒤에서, 그것의 남성형에 상응하는 하나님이 혼돈에 질서를 잡기 위해 오신다("집에 아빠 오실 때까지 기다려!"). 그녀는 망설이고, 그는 단호하다.

---

[3] 히브리어 피엘(piel)형으로는 이 두 본문에서만 나타난다. 칼(qal)형으로는 예레미야 23:9에서도 나오는데, 이는 떨림을 뜻하는 것으로 보인다.

그러나 이 첫 인상은 그릇된 인상이다. "맴돌다"라는 단어는 이스라엘의 해방, 광야에서의 방황, 약속의 땅으로의 진입을 묘사하기 위해 신명기에서 사용된 몇 가지 동사 중 하나에 불과하다.

> 여호와께서 이스라엘을 황무지에서
> 짐승이 부르짖는 광야에서 생존하게 하셨고
> 여호와께서 이스라엘을 호위하시며 보호하시며
> 자기의 눈동자같이 지키셨도다
> 마치 독수리가 자기의 보금자리를 어지럽게 하며
> 자기의 새끼 위에 맴돌며
> 그의 날개를 펴서 새끼를 받으며
> 그의 날개 위에 그것을 업는 것같이
> 주님께서 홀로 이스라엘을 인도하셨고
> 이스라엘과 함께한 다른 신이 없었도다
> 여호와께서 이스라엘로 하여금 땅의 높은 곳을 타고 다니게 하시며
> 밭의 소산으로 이스라엘을 먹이시고
> 여호와께서 반석에서 꿀을 내어
> 굳은 반석에서 기름을 내어 이스라엘을 양육하셨다(신 32:10-13, 나의 번역).[4]

어미 독수리가 맴도는 모습과 함께 사용된 동사들은 결코 수동적이지 않다. 생존시키고, 호위하고, 보호하고, 지키고, 어지럽게 하고, 날개를 펴고, 받고, 업고, 인도하고, 높은 곳을 타게 하고, 먹이고, 양육한다. 어미 독수리가 주도적으로 이 모든 일을 한다. 그녀는 강한 발톱과 힘찬 날개로

---

[4] 이 본문은 번역하기 힘든 이유는 히브리어의 남성형 동사가 사용되고 있지만 적용되는 이미지는 어미 독수리이기 때문이다. 나는 NRSV를 참고로 하여 신명기 32:10-13을 번역하며 "그"를 "여호와"로, "그를"을 "이스라엘"로 대체했다.

새끼들을 붙잡아 위험에서 멀리 올려놓는 맹금류이다. 이 동사 "맴돌다"는 하나님과 관련되어서는 전통적 남성형, 여성형의 개념을 제거하며 가정과 공공의 영역을 초월한다.

이런 맥락에서, 세상이 시작될 때 하나님의 루아흐의 첫 행위는 심연 위에 뻗어 있고, 운행하고, 맴도는 전부를 포괄한다. 성경의 첫 구절에 처음으로 나오는 하나님의 루아흐는 맹금류인 어미 독수리와 같다. 이런 이유로, "루아흐"가 반드시 남성형일 수만은 없는 것과 꼭 마찬가지로 영이 반드시 여성형일 수만도 없다. 그 단어 자체가 숨, 바람, 영 이상을 의미하는 것처럼, 루아흐는 모성적이거나 관계적인 의미의 여성형과 강하거나 공격적인 의미의 남성형의 단순한 개념을 초월한다.

실제로 영이 강림하거나 임하거나 에워싸거나 충만하거나 부어지거나 인도하거나 서 있는 데 따른 내재된 성 구분은 없다. 그런 구분이 있다고 한다면, 오도된 것이다. 예를 들어, 삼손에게 갑자기 임한 영은 남성형이 아니며, 영의 임재는 여성형이 아니다.

유대인 성경에서 성 구분은 "루아흐"에 깔끔하게 적용되지 않는다. 우리는 "루아흐"에 여성성과 남성성의 개념을 투사하지 말아야 한다. 유대인 성경에 언급된 다른 나머지 "루아흐"의 의제를 상정하는 가장 먼저 언급된 이 "루아흐"에 있어 그런 투사는 조금도 적합하지 않다.

3. 구원을 넘어서

창세기 1:2은 간결하고 애매한 그 자체로서 루아흐의 세계에 풍성한 전채 요리를 제공한다. 성경의 첫 구절들에 비추어 보면, 루아흐는 숨, 바람, 영의 세 갈래와 남성, 여성의 두 갈래를 초월한다. 그리고 이제 살펴볼 바와 같이, 창조와 구원의 이분법도 초월한다.

영과 구원을 관련지은 서술은 신약성경 도처에 흩어져 있다. 예컨대, 사도 바울은 이렇게 주장한다.

> 우리에게 주신 성령으로 말미암아 하나님의 사랑이 우리 마음에 부은 바 됨이니(롬 5:5).

목회서신들은 구원의 행위를 축약한 명백한 구절들을 포함하고 있다.

> 우리 구주 하나님의 자비와 사람 사랑하심이 나타날 때에 우리를 구원하시되 우리가 행한 바 의로운 행위로 말미암지 아니하고 오직 그의 긍휼하심을 따라 중생의 씻음과 성령의 새롭게 하심으로 하셨나니 우리 구주 예수 그리스도로 말미암아 우리에게 그 성령을 풍성히 부어 주사(딛 3:4-6).

요한복음서는 니고데모와 랍비 예수님의 유명한 대화를 서술하고 있는데, 거기서 예수님은 그를 가르치신다.

> 진실로 진실로 네게 이르노니 사람이 물과 성령으로 나지 아니하면 하나님의 나라에 들어갈 수 없느니라 육으로 난 것은 육이요 영으로 난 것은 영이니(요 3:5-6).

모든 언급이 영과 구원을 연관시키는 것은 결코 아니지만, 구원의 과정에 있어 영이 필수적이라는 사실을 보여 주기에는 충분하다.

그것은 사실일 수 있겠지만, 영과 구원의 배타적 결합에는 명백하고 당면한 위험이 있다. 기독교 신학 용어에서, '스피리투스 상티피칸스'(*spiritus sanctificans*, 구원하는 영)는 '스피리투스 비비피칸스'(*spiritus vivificans*, 생명을 주는 영)와 지나치게 쉽게 분리된다. 다시 말해, 생명을 주는 영은 구원하는 영과 별개이다.

소수의 탁월한 20세기 신학자들은 이 구분의 위험성을 보았는데, 그중 위르겐 몰트만(Jürgen Moltmann)은 누구보다도 이를 시급한 문제로 여겼다. '스피리투스 상티피칸스'와 '스피리투스 비비피칸스'를 연결시키기 위해 끝없는 노력을 기울였고, 환경 변화의 시대에서 보면 이는 예견적이기까지 했다. 몰트만은 이렇게 말한다.

> 프로테스탄트와 가톨릭 신학과 신앙 모두, 성령을 오직 '구원의 영'으로만 보는 경향이 있다. 이 영의 자리는 교회 안에 있으며, 그것은 사람들에게 그들의 영혼을 위한 영원한 복을 보증해 준다. 이 구원의 영은 육체적 생명과 자연의 생명 모두로부터 단절되어 있다. 이 영은 사람들로 하여금 '이 세상'을 등지고 더 나은 저 세상을 희망하게 한다. 그러면 그들이 그리스도의 영을 통해 찾고 경험하는 힘은 하나님 생명의 힘과는 다른, 즉 구약 사상에 의하면 모든 피조물에 퍼져 있는 그 생명의 힘과는 다른 것이다.[5]

몰트만은 이 그릇되고 치명적인 위험이 도사린 창조와 구원의 이분법을 제거하기 위해서는 유대인 성경이 필수적이라는 점을 인식한다.

> 진보적이고 유망한 신학들이 하나님의 영에 대한 히브리적 이해에서 출발하여 그리스도의 구원하는 영과 하나님의 창조적이고 생명을 주는 영이 동일한 것이라고 전제한다.[6]

이어서 그는 더욱 시급히 말한다.

---

5 Jürgen Moltmann, *The Spirit of Life: A Universal Affirmation* (Minneapolis: Fortress, 1992), 8.
6 Moltmann, *Spirit of Life*, 9-10.

'자연의 종말'에 직면한 교회들은 그리스도와 성령의 우주적 중요성을 발견하게 되거나, 아니면 하나님의 지상 창조물을 멸망시킨 죄책을 부담해야 할 것이다.[7]

몰트만은 기독교적 관점에서 이해된 영과 유대인 성경에 뿌리를 둔 영에 대한 기본적인 통찰을 정확히 짚어 냈다. 보다 전통적인 용어로 표현하면, 구약의 관점에서 구원의 영은 다름 아닌 창조의 영이다. 이 두 가지를 서로 격리시켜서 구원의 영에만 세심한 주의를 기울이게 된다면, 우리의 세상(하나님이 탁월하게 창조하시고 유지시키신)은 멸망하게 될 것이다.[8]

또 다른 걸출한 기독교 신학자, 볼프하르트 판넨베르크(Wolfhart Pannenberg)는 비슷한 점이 있는 영의 개념을 제시한다. 판넨베르크는 이렇게 주장한다.

> 성경의 증거에 따르면, 하나님의 영은 생명을 주는 원리이며 모든 피조물의 생명과 운동과 활동은 거기서 비롯된다. 이는 특히 동물과 식물과 사람에게 적용되며, 시편은 이에 대해 다음과 같이 말한다.
> "주의 영을 보내어 그들을 창조하사 지면을 새롭게 하시나이다"(시 104:30).
> 여기에 조화되는 것은 두 번째 창조 기사이다.

---

[7] Moltmann, *Spirit of Life*, 10.
[8] Jürgen Moltmann, in *God in Creation: A New Theology of Creation and the Spirit of God* (San Francisco: Harper & Row, 1985), 96. 그는 어떻게 구원하는 영이 또 한편 창조를 유지하고 "멸망의 공허로부터 보존하는" 영인지를 설명한다.
[시 104:29-30] 주께서 낯을 숨기신즉 그들이 떨고 주께서 그들의 호흡을 거두신즉 그들은 죽어 먼지로 돌아가나이다. 주의 영을 보내어 그들을 창조하사 지면을 새롭게 하시나이다.
이것은 성령이 창조주의 효과적 힘이자 피조물을 살아 있게 하는 힘임을 의미한다. … 하나님 존재의 현현을 통해, 하나님은 멸망의 공허로부터 그의 창조를 보존하신다.

> "여호와 하나님이 땅의 흙으로 사람을 지으시고 생기를 그 코에 불어넣으시니 사람이 생령이 되니라"(창 2:7; 참조. 욥 33:4).
>
> 이와 반대로, 하나님이 자기 영을 거두시면 모든 생명은 멸망한다(시 104:29; 욥 34:14 이후). 모든 생물의 영혼과 모든 사람의 숨이 영의 손에 있다(욥 12:10).[9]

생명의 영(루아흐)에 관한 이 주장들은 유대인 성경에서 너무도 명백하다. 몰트만과 판넨베르크는 영을 풍성하고 충만하게 경험하는 데 있어 유대인 성경이 얼마나 필수적인지를 보여 준다. 그 경험은 취약하고 실패한 이분법에 속박되지 않는다.

4. 죽음을 넘어서

인류 역사의 드라마가 채 시작되기도 전에, 유대인 성경은 두 연인의 비극적 이야기를 들려준다. 토기장이 하나님의 입술이 막 지어진 사람의 형상에 숨을 불어넣고자 포개지는 친밀함은 끝없는 사랑에 대한 약속을 준다(창 2:7). 이것은 무척 흥미로우면서도 다소 어색하기도 하다. 심지어 그 생명의 첫 키스 전에, 우리는 창조의 이면을 기민하게 인식한다.

짐승과 마찬가지로 "아담"은 땅의 흙으로 지어진다. 머지않아 저주를 받아 재는 재로, 흙은 흙으로, 다시 땅으로 돌아가게 될 사람에게 풍성하고 충만하고 잠재력으로 박동하는 새 생명이 불어넣어진다(창 3:19).

---

9 Wolfhart Pannenberg, *Systematic Theology* (Grand Rapids: Eerdmans, 1991), 2:76-77; see also 1:373.

제8장 결론 235

에덴에서 흘러나와 온 지면을 적시는 강물처럼, 죽음의 아픔이 이스라엘 성경 도처에 퍼져 있다.

> 내가 평생토록 … 내가 살아 있는 동안 …(시 104:33).

이 짧은 구절에서도 죽음이 삶의 가장자리를 따라 달린다. 이스라엘의 시인들, 시편의 작사자들은 특히 영-숨이 죽음을 막아 주는 제방과 같다는 인식을 붙들고 씨름한다. 귀인들과 짐승들은 모두 똑같이 하나님으로부터 생명을 주는 영을 받으며, 그 영(시편 51편의 "거룩한 영")이 거두어질 때는 그들의 생명이 사라지고 그들의 생각이 소멸하며(시 146:4) 하나님의 현존을 떠난다.

이스라엘의 격언, 이야기, 시의 드라마와 세부 사항은 우리가 그런 이야기와 시구들을 무미건조하게 만들지 않도록, 그리고 영을 단순한 숨으로 환원하지 않도록 충분한 경고를 제시한다고 볼 수 있다. 숨은 하나님이 주시고 거두시는 선물이다.

욥은 그의 친구들에게 짐승과 새, 식물과 물고기에게 물어보라고 하는데, 이는 그것들 모두 "모든 생물의 생명과 모든 사람의 육신의 목숨(루아흐)이 다 그의 손에 있느니라"는 기본 진리를 알고 있기 때문이다(욥 12:10). 젊고 냉담한 욥의 동료 엘리후처럼, 오직 교만한 사람만이 죽음을 생각하지 못하고 그들의 교만함을 뛰어난 지식에 대한 승리주의적 주장으로 탈바꿈한다.

죽음에 대한 엘리후의 생각은 실제로 경건하게 들리며 이상하게도 욥의 생각과 비슷하다.

> 하나님의 영이 나를 지으셨고 전능자의 기운이 나를 살리시느니라 … 나와 그대가 하나님 앞에서 동일하니 나도 흙으로 지으심을 입었은즉(욥 33:4, 6).

엘리후는 본질적으로 욥과 공통점을 발견하지만, 영적 경험에 있어서는 욥과 엘리후 사이에 깊은 차이가 있다. 엘리후의 관점은 노쇠함으로 흠집 나지 않고 질병으로 상하지 않은 젊음과 건강이라는 모루 위에 새겨져 있다. 욥과 그보다 나이가 많은 세 동료의 말에 염증을 느낀 엘리후는 한창 젊을 때이다.

영에 관한 엘리후의 이해를 이끌고 있는 진짜 나침반은 그의 과대평가된 자아상이다. 엘리후는 자기 안에 있는 영을 인식하고 '그의' 경험을 모든 경험의 기준으로 삼는다. 그는 이렇게 주장한다.

> 하나님의 영(루아흐)이 나를 지으셨고 전능자의 기운이 나를 살리시느니라(욥 33:4).

영에 대한 엘리후의 인식은 위축되어 있으며 자기몰두적이다. 하나님의 영이 '나를' 지으셨고, 전능자의 숨이 '나를' 살리신다. 엘리후는 기꺼이 욥과 같은 진흙임을 인정할지 모르지만, 영에 대한 그의 감각은 '그에게' 주어진 숨에 따라 오르내린다. 영이 '그를' 창조하고, 숨이 '그를' 살린다.

비록 엘리후의 말이 욥처럼 들린다고 해도(둘은 모두 영-숨이 죽음에 인접해 있다는 점을 인식한다), 그의 말은 승리의 어조를 풍기는 캐리커처이다. 엘리후는 자기 자신도 하나님이 영일 거두실 때 죽을 것이라는 사실을 깨닫지 못한다. 부자와 권력자, 욥과 같은 이들을 비롯한 모든 사람은 죽을 것이다. 단, 엘리후만 제외하고.

아마 엘리후의 무지함을 비난해서는 안 될 것이다. 거침없는 열정의 젊음의 시절인 엘리후에게는 충분한 영-숨이 있다. 그는 죽음의 그늘 아래서 삶을 지속시키는 영-숨의 힘을 아직 경험하지 못했다. 따라서 지혜롭게 생각되는 그의 모든 말에서 엘리후의 통찰은 보잘 것 없는 반면 맥빠진 상태의 욥이 가진 영에 대한 이상은 예리하다. 욥은 영-숨이 죽음에 가려지기 전까지 자신을 감동시킨다는 사실을 편안히 받아들인다. 엘리후는 그렇지 않다.

이스라엘의 가장 현란한 환상을 통해 가장 단단한 주먹이 죽음 앞에 치켜들린다. 그러나 이 주먹은 세월이 흐름에 따라 더 단단해지고 바벨론의 존재가 부상함에 따라 더 꽉 쥐어진다. 이스라엘을 둘러싼 재앙의 불씨가 점점 더 커져감에 따라 에스겔의 신념도 점점 더 강해진다.

초기에 에스겔은 개별 이스라엘 사람들이 마음과 영을 새롭게 함으로써 스스로 변화할 수 있다고 믿었던 것으로 보이지간, BCE 587년 예루살렘의 멸망에 따라 그 소망을 단념하고 자신이 죽음의 그늘이 드리운 골짜기에 있는 것이 아니라, 심히 많고 아주 마른 뼈가 수북한 죽음의 골짜기에 있다는 사실을 깨닫는다.

절망에 맞서 희망이 솟아나는 곳이 바로 이곳이며, 이스라엘에 새 생명을 주려고 뼈와 힘줄과 살이 다시 모여 형태를 띠고 그 속에 영-바람-숨(이 세 가지 모두가 하나의 동일한 "루아흐"이다)이 들어가는 환상이 보이는 곳이 바로 이곳이다.

이것은 하나님이 약속하신 새 영과 새 마음이다. 이는 다시금 약속의 땅을 경작하기 위한 새 창조이며, 사망에서 생명으로의 구원이자 무덤에서 다시 살아나는 부활이다. 새 국가적 몸. 새 영. 새 에덴. 전적 새 창조. 이 모두가 심히 많고 매우 마른 뼈가 가득한 골짜기에 있다. 기괴한 사망의 골짜기에서 영은 가장 대범한 재창조의 작업을 완성하는 것으로 보인다.

5. 지혜를 넘어서

영문은 모르겠지만, 그릇된 인물인 엘리후가 누구보다도 더 정확히 알고 있는 듯이 보일 때도 있다. 그러나 공부를 통해서가 아니라 자발성을 통해 영이 가장 잘 작용한다고 주장하는 부분만큼은 완전히 엉터리다.

> 당신들이 말 없이 가만히 서서
> 다시 대답하지 아니한즉 내가 어찌 더 기다리랴
> 나는 내 본분대로 대답하고
> 나도 내 의견을 보이리라
> 내 속에는 말이 가득하니
> 내 영[루아흐]이 나를 압박함이니라
> 보라 내 배는 봉한 포도주통 같고
> 터지게 된 새 가죽부대 같구나
> 내가 말을 하여야 시원할 것이라
> 내 입을 열어 대답하리라(욥 32:16-20).

엘리후는 숨-영으로 터지게 된 지경이다. 그는 '무언가를' 말해야 한다. 안타깝게도 그의 전제는 잘못되었다. 그는 자신의 혈기와 경솔함이 아닌 자기 속의 하나님의 영-숨이 말을 하게 만든다고 생각한다. 그는 과잉된 에너지와 터질 듯 분출되는 말이 곧 넘치는 영과 충분한 지혜라고 생각한다. 엘리후는 전능자의 영-숨이 '자동적으로' 이해를 보장하는 것이 아니라는 점, 즉 육신 안에 있는 루아흐가 '반드시' 지혜를 산출하는 것이 아니라는 점을 깨닫지 못한다.

따라서 미숙한 엘리후는 자기에게 영이 있다고 주장하면서도 재 위에 앉아 비탄에 빠진 욥을 격려하는 대신 오히려 힐난한다. 그의 말은 훈련이나 배움, 공부에서 나온 것이 아니다. 그의 말은 자신의 성급함과 충동에서 나온 것이다.

이스라엘의 문학에서 영의 개념은 엘리후의 생각보다 훨씬 더 기술과 지식을 연마하는 것과 밀접한 관련이 있다. 그것은 고통스러운 숙련의 과정과 이해를 위한 집념을 필요로 한다.

예를 들어, 요셉은 보디발의 집과 애굽의 감옥에서의 실습과 경험을 통해 지식을 습득한다. 거기서 그의 리더십은 몹시 탁월하여 모든 것이 그의 손에 맡겨진다. 이 경험은 바로의 꿈을 해석하고 기근을 미리 대비하는 전반적인 방책을 제시하는 요셉의 능력으로 결실을 맺는다. 이에 바로의 주된 반응은 요셉의 정교한 기술에 대한 칭찬이 아니다. 바로는 이 사람에게서 비할 데 없는 영과 완전한 지혜를 발견한다.[10]

영에 대한 이런 관점은 BCE 8세기 미가의 예언에서 부각된다. 미가는 자신이 영으로 충만하다고 주장한다. 그러나 영만이 아니다.

> 나는 여호와의 영으로 말미암아 능력과 정의와 용기로 충만해져서(미 3:8a).

미가는 힘과 권위가 일평생 구축한 명백한 신념에서 비롯된다는 것을 안다(미 3:1-8). 간단히 말해, '미가는 정의를 아는데', 이는 계시 때문이 아니다. 그는 정의를 배워서 알았기에, 주위 사람들에게 이렇게 도전하며 맞설 수 있다.

> 사람아 주께서 선한 것이 무엇임을 네게 보이셨나니, 여호와께서 네게 구하시는 것은 오직 정의를 행하며 인자를 사랑하며 겸손하게 네 하나님과 함께 행하는 것이 아니냐(미 6:8).

정의는 꿈이나 환상으로 나타나지 않는다. 정의는 토라에서 배운다.

또 이스라엘은 사막에 장막을 지을 때 중요한 역할을 했던 숙련공들, 즉 마음에 지혜 있는 자들의 조화도 기억했다(출 28:3). 이 숙련공들의 책임자 브살렐과 오홀리압은 단지 하나님의 영이 충만한 것으로 소개되지 않고

---

10 요셉의 전체 이야기는 창세기 37; 39-45에 나온다.

지혜와 총명과 지식과 여러 가지 재주를 갖춘 것으로 소개된다(출 31:1-5; 35:31-35). 뒤에서 그들은 "지혜의 영으로 충만"하고 "마음의 지혜로 충만"한, 곧 여러 가지 재주에 대한 지혜와 총명이 충만한 자들로 다시 소개된다(출 36:1-3, 나의 번역).[11]

다시 말해, 그들이 선택된 이유는 그들이 이스라엘에서 가장 숙달된 장인이기 때문이다. 광야에서 하나님이 그들에게 넘칠 정도로 영을 채우신 것은 그들로 하여금 새로운 기술을 습득하게 하기 위함이 아니라 그들이 이미 한평생 갈고 닦아 익혀 온 기술들을 가르치게 하기 위함이다. 영으로 충만하다는 사실이 일생의 배움을 집대성하는 것과 특별한 과업을 위해 그 기술을 사용하는 것임을 유례없이 강렬하게 보여 준다. 그것들은 지혜를 '통해' 지혜를 '넘어' 이동된다.

지혜와 영의 조화는 다니엘을 둘러싼 이야기에서 터져 나온다. 그는 외국인으로서 이방 왕궁에서 타협하지 않고 토라에 신실하게 단순한 삶을 추구하며 배움에 힘쓴다. 다니엘의 훈련의 결과는 놀랍다. 지대한 영향력을 가진 이방 통치자들이 대대로 다니엘 안에 있는 지대한 영과 지혜 모두를 인정한다(단 4:8-9[MT 4:5-6]; 5:11-14; 6:3[MT 6:4]). 또 다시 여기에는 강렬함이 있는데, 곧 지혜가 집중되어 있고 영은 과포화되어 있다. 본질적으로 영이 다니엘의 훈련에 결실을 맺게 한다.

루아흐를 평생의 영-숨으로 보는 이런 개념은 은사(charisma)에 대한 확고한 이해를 약속한다. 이 관점에서 영의 선물은 외부에서 부여된 것이라기보다는 오랫동안 배우고 익힌 기술의 발현이다. 유대인 성경에서 루아흐에 관한 이런 이해는 기독교적 관점에서 판넨베르크가 한 주장을 반영한다.

---

11 또한, 다음을 보라. [출 31:1-5; 35:30-36:7]

넓은 의미에서 창조 때(창 2:7) 우리 모두에게 이미 주어진 생명의 숨은 하나님의 영이 부여된 것이라고 볼 수 있을 것이다. 이를 넘어, 삶의 과정 속에 나타나는 특별한 현상들은 하나님의 영의 독특하고 보다 강렬한 형태의 부여를 보여 준다. 여기에는 통찰력, 예술적 은사, 예언적 영감, 리더십 카리스마와 같은 특별한 능력들이 있다.[12]

매우 중요한 요점은 이것이다. 즉, '영-숨의 부여는 이따금 통찰력, 예술적 기술, 예언, 리더십을 강화한다.'

심지어 영이 누군가에게 강림할 때조차, 다시 말해 그것이 꼭 평생 동안 지속되는 하나님의 영-숨이 아닐 때조차도 지혜와 영의 조화는 고스란히 남아 있다. BCE 8세기 후반, 이사야 선지자는 그 위에 영이 강림하게 될 영감된 총명한 통치자를 상상했다.

> 그의 위에 여호와의 영 곧 지혜와 총명의 영이요 모략과 재능의 영이요 지식과 여호와를 경외하는 영이 강림하시리니(사 11:2).

지혜, 총명, 모략, 재능, 지식, 여호와에 대한 경외감에 대한 이 이상을 강조하는 것은 "루아흐"라는 단어이다. 이 모두는 강력한 통치의 본질적 요소이다. 이사야의 상상에는 지성과 영감의 구분이 없다. 강림한 영의 현존이 지혜와 지식과 총명의 근원이다. 이사야는 이런 영의 강림이 오랜 시간 연마한 기술들을 완전히 무시함으로써 통치자의 지성을 어떤 식으로든 배제한다는 점에 대한 조금의 암시도 주지 않는다.

정의에 대한 열정적 헌신과 결부된 총명, 지혜, 모략, 지식과 같은 단어들이 많이 나타나는 것으로 보아, 이사야 11장에서 영의 역할이 배움과 연

---

[12] Pannenberg, *Systematic Theology*, 3:9.

관되어 있다는 점을 놓치기는 어렵다. 이것들은 준비 없이 받는 선물과 같은 의미에서의 은사적 부여가 아니다. 통치자가 정의에 대한 마음을 가지고 영에게 나아온다고 보는 것이 더 적절할 것이다.

결론적으로, 이는 양자택일의 문제가 아니다. 그것은 은사도 아니고, 효과적인 통치를 위한 인간의 준비도 아니다. 영의 역할이 끝나고 인간의 노력이 시작되는 지점과 인간의 배움이 끝나고 영감이 시작되는 지점을 정확히 짚을 수 없다.

마지막으로, 우리는 유대인 성경의 뜻밖의 부분, 역대기에서 아마새(대상 12:18), 아사랴(대하 15:1), 야하시엘(20:14), 스가랴(24:20-22)를 마주친다. 역대기의 시작에 나타나는 따분한 수많은 계보는 차치하고서라도, 그들의 이름은 거기서 영감을 발견하는 데 방해가 된다.

그렇지만 이 전설적인 네 사람 모두 영을 받고 권력자들에게 말한다. 그들의 영감을 묘사하는 형식은 영이 해방의 영웅적 위업을 감동시키는 사사기에서 바로 차용된 것이지만, 이 후대의 화자들은 군대를 소집하거나 전투를 준비하지는 않는다.

역대기에서 영감된 화자들은 전통에 대한 인용과 암시로 가득찬 연설을 하는데, 야하시엘의 경우는 제사장적 지시의 맥락을 상정한다. 저자는 이런 화자들에게 영이 임하거나 입혀질 때 정확히 무슨 일이 일어나는지 알려 주기를 꺼린다. 거기에는 사울이 영을 체험할 때와 같은 구체적 묘사가 없다.

그러나 영이 감동시키는 주된 목적이 이스라엘이 학습된 전통을 현대적 상황에 적용하는 데 있다는 사실을 보여 주는 단서는 충분하다. 이렇듯 역대기에서는 성경의 전반적 관점이 그런 연설들에 녹아든다. 그리고 바로 그 연설들이 구체적 상황의 요구에 따른 감동되고, 교훈적이고, 영의 인도를 따른 성경에 대한 아주 세밀한 해석이다.

6. 신성한 벽을 넘어서

유대인 성경을 진지하게 연구할 때 얻는 또 다른 깨달음은 너무도 분명해서 지금쯤이면 말할 필요도 없을 것이다. 바로 성경에는 기독교인 말고도 영을 받은 사람들이 있다는 것이다. 영은 기독교인이 아닌 사람들에게 기운을 넣고, 강림하고, 머물고, 부어지고, 채워지며, 그들 사이에 서고, 그들을 이끈다. 교회가 탄생되기 훨씬 전부터 이스라엘 사람들은 영, 심지어 '거룩한' 영에 대한 권한을 뚜렷하게 주장했다.

이스라엘의 핵심적 인물들이 영을 소유했다. 그들이 영을 소유했던 까닭에 그들은 지혜로웠으며, 유능하였고, 지식이 가득하였으며, 능숙했다.

요셉의 해몽하는 능력, 보다 현실적인 수준에서는 기근을 다루는 전략을 수립하는 능력이 바로로 하여금 그 안에 있는 하나님의 영을 보게 했다.

브살렐은 지식과 총명과 더불어 하나님의 영으로 가득했기에, 광야 한 가운데 하나님의 임재를 위한 장엄한 장막을 세우기 위해 필요한 정확한 지식을 장인들에게 가르칠 수 있었다.

다니엘은 아주 오랫동안 자기 속에 '영'을 최고조로 가질 수 있었기에 삼대에 이르는 이방 통치자들이 그에게 최고조의 '지혜'가 있음을 인정할 수 있었다.

사사들과 이스라엘의 초대 왕, 사울은 영을 받았으며, 자기 백성을 해방시켰다(삿 3:10; 6:34; 11:29; 14:6, 19; 15:14; 삼상 11:6). 제자였던 여호수아와 엘리사는 그들의 스승들에게서 영을 받았다(민 27:18; 신 34:9; 왕하 2:9, 15-16).

미가, 이사야, 에스겔, 포로기 선지자(사 40-55)와 같은 선지자들은 다양한 형태로 영을 주장하며 아주 명쾌하게 말했기에, 그들 자신들의 시대에서는 저항에 부딪혔지만 그들의 말은 후대 편집자들에 의해 널리 받아들여졌다. 심지어 이 선지자들 가운데 한 사람은 그 위에 영이 강림할 천부적 통치자를 약속했다(사 11:1-9).

이스라엘 국가 전체가 또 다른 약속, 곧 영이 부어질 것이라는 약속을 받았다(사 32:15; 44:3; 겔 39:28-29). 그 변화는 엄청나고, 말문이 막힐 정도로 현저한 변모일 것이다. 국가 전체가 새롭게 될 것이다.

비록 스가랴는 영의 부어짐을 이스라엘 사회의 지도층으로 한정하지만, 이는 그들에게 특권이 되는 것이 아니라 그들을 비통하게 만들어 궁극적으로는 화해를 이루게 한다(슥 12:10).

또 다른 선지자 요엘은 모든 육체에 영이 부어지는 일을 상상했다. 이는 이스라엘의 국경 너머 온 세상을 아우르는 곳으로, 여종이 예언을 하며, 늙은이와 젊은이가 함께 이상을 보고 꿈을 꾸는 곳이다(욜 2:28-32; MT 3:1-5). 이는 교회나 교리, 신조나 공동체로 한정된 세상이 아니다. 부어진 영이 벽을 허문다.

오순절 신학자 프랭크 마키아(Frank Macchia)는 이 본문들이 폭로하는 잘못된 전제들을 탁월하게 포착한다.

> 따라서 대체로 구약의 성령은 그리스도를 통해 주어진 초자연 성령에 대한 잠깐의 불충분한 전조, 순간적이고 눈에 띄는 자질로 강조된 전조이지만, 일반적으로 그리스도를 통해 오신 성령의 충만함을 기다리는 동안 상대적으로 영적 결핍의 상황 속에서 경험된 것으로 여겨진다. 우리가 구약에 존재하지만, 신약에 잘 나타나지 않는 영적 충만함에 대한 풍성한 이해를 간과해 왔을 가능성은 우리에게 생각할 여지를 남긴다.[13]

유대인 성경의 증거에 반하는 기독교적 실체로서의 영에 대한 이런 관점을 유지하기 위해서는 신약과 구약 간의 구분을 도입하는 일이 필수적이다.

---

13 Frank Macchia, "The Spirit of Life and the Spirit of Immortality: An Appreciative Review of Levison's Filled with the Spirit," *Pneuma* 33 (2011): 72.

예를 들어, 유대인 성경의 영은 오직 '간헐적' 존재로만 여기고 신약의 영은 '영구적' 존재로 여기는 식이다. 유대인 성경의 수많은 본문들에 비추어 볼 때 이런 관점은 타당하지 않다. 몇 가지만 언급하면, 장인들이 일평생 연마한 지혜로운 영이 광야에서 맺은 결실(출 28:3), 다윗의 영의 소유(삼상 16:13), 이사야가 상상한 영이 임재한 통치자(사 11:1-9), 이스라엘 가운데 서 있는 영에 대한 학개의 확신(학 2:5) 같은 본문이다.

이처럼 똑같이 편리하지만, 잘못된 구분, 즉 구약에서의 영을 '힘'으로, 신약에서의 영을 '인격'으로 여기는 구분은 이사야 63:7-14의 탄식시 앞에 힘을 잃고 사라진다. 거기서는 영이 이스라엘을 약속의 땅으로 인도하는 하나님의 임재의 천사의 역할을 맡는다. 이와 비슷한 방식으로, 학개의 약속은 이스라엘 가운데 서 있는 영을 초창기에 이스라엘을 이끌고 보호했던 기둥들처럼 묘사한다(학 2:5).

영에 관한 기독교만의 고유한 주장을 보존하려는 그릇된 노력의 일환에서 그런 힘과 인격의 구분을 사용하는 일이 가능하기야 하겠지만, 그렇게 하기 위해서는 구약의 핵심 본문들을 고의적으로 무시해야 할 것이다.

이런 이유로, 마키아는 모든 기독교인과 관련된 그의 오순절 공동체를 향해 간절히 호소한다. 그는 이렇게 말한다.

> 부흥사로서 우리는 거듭난 기독교의 빛으로 목욕하고 믿음으로 그리스도를 포용한 자들에게 주어진 선물로서의 성령의 임재의 초자연적 특성을 그 어떤 복음주의자들보다 훨씬 더 강조한다. 성령 충만의 초자연적이고 종말론적 본질에 대한 이런 강조는 그 자체로는 문제가 되지 않지만, 문제가 되는 것은 이를테면 '아래로부터' 인간의 지혜와 덕을 감동시키는 성령을 무시함으로써만 이를 강조할 수 있다고 생각하는 우리의 경향이다. 그래서 우리는 그리스도 바깥의(또는 이전의) 삶을 어둡고, 상실되고, 성령이 없는

것으로 보려 한다.[14]

이스라엘에는 어둠이 있었다. 상실감도 있었다. 그러나 이스라엘은 기운을 불어넣고, 임재하고, 머물고, 전달되고, 부어지며, 채우고, 서고, 안내하는 영의 능력에 대한 믿음을 강력히 붙들었다.

영에 대한 어떤 단일한 인상이 지배적이지는 않았지만, 하나님이 영을 통해 존재하셨다는 이음매 없는 확신이 어둠 속에서의 이스라엘의 경험을 꿰고 있었다. 실제로 이 확신은 어둠이 이스라엘을 삼키려 위협하던 혼란의 때에 더욱 자라났다.

자기들이 추구하던 정치적 동맹의 불완전성을 알지 못했던 무지하고 야심찬 왕들에게 저항했던 이사야는 영감된 통치자를 약속했다. 바벨론에서 상실감에 젖은 에스겔이 다른 어떤 단일 저술가보다도 많은 영의 빛줄기를 모았다. 포로에서 귀환하여 절박한 심정의 학개가 이스라엘 가운데 영의 서 있음을 약속했다. 헬라 군주들에 대한 두려움에서 탄생한 다니엘서는 훈련되고 감동된, 영이 있고 현명한 한 사람에 대해 세 장을 할애한다.

그렇다. 이스라엘은 어둠을 알았다. 그렇다고 그 어둠이 해방하고, 활기를 주고, 오염된 나라를 정화하는 영의 능력에 대한 믿음을 가리지는 않았다. 오히려 그 어둠은 지금이 아니라면 언젠가 영이 이스라엘에 다시 임할 것이라는 영원한 확신을 낳은 것으로 보인다.

---

14 Macchia, "Spirit of Life," 71.

7. 영성을 넘어서

우리는 이런 루아흐가 오도하는 이분법을 분쇄한다는 점을 살펴보았다. 숨과 영의 구분은 유지될 수 없다. 남성과 여성의 구분도 마찬가지다. 창조 대 구원, 즉 "스피리투스 비비피칸스"와 "스피리투스 상티피칸스"도 마찬가지다. 배움과 영감의 대조도 루아흐 앞에서 허물어진다. 아마도 이 루아흐가 허용하지 않는 가장 두드러진 이분법은 종교와 정치의 구분일 것이다.

간략히 말해, 영은 특정 교구적, 개인주의적, 자기중심적 방식으로 '영적인 것이 아니다.' 이스라엘 성경을 대강 훑어만 봐도 영을 사적 영역에 가두려는 그 어떤 시도도 거짓임을 알게 된다. 영은 공적 삶, 정치, 사회 속의 어디에나 존재한다. 연이어 나오는 동사들이 영의 '공적' 임재에 대한 광범위한 증언을 해 준다.

1) 임하다

유대인 성경의 인물들에게 영이 임할 때 일어나는 일은 예외 없이 공적이다. 발람은 발락 왕의 압박과는 반대로 약속의 땅에 나아갈 준비가 된 신생 국가를 축복한다(민 24:2). 성경의 사사들은 군대를 소집하여, 또는 기드온처럼 그들 중 몇을 가려내 이스라엘의 압제자들을 이긴다(삿 3:10; 6:34; 11:29; 14:6, 19; 15:14).

사울에게 영이 임하자 그는 군사 지도자로서의 역할을 한다(삼상 11:6). 심지어 역대기의 네 인물은 군사적 해결책이나 전략을 삼가면서도, 이스라엘의 생존을 위해 공적 발언을 한다(대상 12:18; 대하 15:1; 20:14; 24:20-

22).[15] 이처럼 개인에게 영이 임할 때 일어나는 일은, 그것이 축복이든 전투이든 간에 공적인 것이다. 영은 사적 경건 활동에 불을 붙이지 않는다.

2) 강림하다

광야에서 72인의 장로에게 영이 강림한 것은 애굽에서 나온 다루기 힘든 난민들을 관리하는 모세를 돕기 위함이다. 그는 도움이 필요하다. 비록 일시적이라고 하더라도, 이스라엘의 장로들은 시내산에서의 이전 경험을 떠오르게 하는 환상을 함께 경험하며 모세의 권위를 재확립한다(민 11:16-30). 강력한 예언이 있는 본문에서, 이사야의 상상에 나오는 영이 강림한 이새의 뿌리는 동물의 세계에 이르기까지 공평한 통치가 펼쳐지기를 갈망하기에, 이리가 어린 양과, 표범이 염소와, 송아지가 사자와, 암소와 곰이, 젖 먹는 아이가 독사와 함께 눕는다(사 11:6-9).

다윗 혈통의 왕으로 인해 우주의 변화, 세계 질서의 전복이 일어난다.

> 공의로 가난한 자를 심판하며 정직으로 세상의 겸손한 자를 판단할 것이며 그의 입의 막대기로 세상을 치며 그의 입술의 기운(루아흐)으로 악인을 죽일 것이며 공의로 그의 허리띠를 삼으며 성실로 그의 몸의 띠를 삼으리라(사 11:4-5).

이는 결코 성령의 갱생 사역으로 인한 영혼의 변화에 대한 사적 환상이 아니다. 그 범위는 우주적이며, "그의 위에 여호와의 영 곧 지혜와 총명의 영이요 모략과 재능의 영이요 지식과 여호와를 경외하는 영이 강림"한 왕의 사역이다(11:2).

---

[15] 역대상 24:20-22은 이 형식에 맞지 않는 유일한 예외일 수 있다.

이와 똑같이 영감된 종의 관심도 공적이다. 종은 단지 이스라엘에게만이 아니라 섬들에게도 정의를 시행할 것이다(42:1-9).

> 그는 쇠하지 아니하며 낙담하지 아니하고 세상에 정의를 세우기에 이르리니 섬들이 그 교훈을 앙망하리라(사 42:4).

이와 같은 맥락에서 이사야서 후반부에 나오는 선지자는 영으로 기름 부음을 받았다고 주장하며 이렇게 말한다.

이는 "가난한 자에게 아름다운 소식을 전하게 하려 하심이라. 나를 보내사 마음이 상한 자를 고치며 포로된 자에게 자유를, 갇힌 자에게 놓임을 선포하며 여호와의 은혜의 해와 우리 하나님의 보복의 날을 선포하여"(61:1-2) 시온에서 슬퍼하는 자들이 황폐했던 시온을 다시 일으킬 것이다. 이 또한 화관과 기름과 의의 나무로 우거진 공적 사건이다(61:1-4).

영이 강림할 때의 영향을 사적 영역으로 밀어 넣을 수 없다. 이렇듯 영이 정치적이기도 하고 예언적이기도 한 독특한 지도자들에게 강림할 때, 이스라엘의 가난한 자들에서부터 먼 나라와 적대적인 동물의 세계에 이르는 존재의 전체 영역은 독특한 조화를 이루게 될 것이다.

3) 전달하다

심지어 한 사람에게서 다른 사람에게 영이 전달되는 일도 완전히 사적인 일이 아니다. 모세는 여호수아에게 안수하며 여호수아가 이스라엘을 인도할 수 있도록 영을 전달한다(신 34:9). 그래서 여호수아는 열정적으로 약속의 땅을 삼등분하여 점령한다.

어떻게 한 사람에게서 다른 사람에게로 영이 옮겨질 수 있느냐며 미심쩍어하며 시드기야가 이믈라의 아들 미가야의 뺨을 치며 조롱할 때, 문제가 된 것은 왕에게 한 말이다. 사실 그 말은 옳지 못한 전쟁에서의 임박한 왕의 공적 죽음에 관한 것이다. 영은 전쟁을 일으키려는 전략을 비난하기 위해 시드기야로부터 미가야에게로 옮겨 갔다(왕상 22:24-25).[16]

엘리사가 엘리야의 영의 갑절을 받자, 제자는 스승보다 훨씬 더 놀라운 기적을 이스라엘에 일으킨다(왕하 2:9-14). 한마디로 영은 엘리사를 감동시켜서 이스라엘의 선지자, 즉 엘리야가 그랬듯이 왕과 여왕에게 능숙히 저항하는 열정적인 공적 인물이 되게 한다.

4) 부어지다

영의 국가적이고 국제적인 영향은 영의 부어짐을 예견하는 구절들에서 명백하게 나타난다. 초기 예언에서 이사야는 황폐와 비탄을 예견하며 말한다.

> 마침내 위에서부터 영을 우리에게 부어 주시리니 광야가 아름다운 밭이 되며 아름다운 밭을 숲으로 여기게 되리라 그때에 정의가 광야에 거하며 공의가 아름다운 밭에 거하리니 공의의 열매는 화평이요 공의의 결과는 영원한 평안과 안전이라(사 32:15-17).

포로기의 기대는 이 주제에 대해 그들만의 특별한 변화를 가져온다. 이사야 문하의 선지자가 "나의 영을 네 자손에게, 나의 복을 네 후손에게 부어 주리니"라고 한 것은 전통적 희망처럼 보이지만 타인, 즉 '이방인'이 이스라엘의 이름을 가지게 될 가능성도 함께 제시한다(사 44:3-5).

---

16 미가야는 풍성한 역설로 시드기야에게 답한다. "네가 골방에 들어가서 숨는 그날에 보리라." 왕의 죽음에 대한 미가야의 공적 발언은 임박한 전투에 관해 잘못 알았던 시드기야가 은신처로 후퇴할 때 할 일과 대조된다.

에스겔에게 희망은 국가적 범위이다. 하나님은 이스라엘 족속에게 영을 쏟으실 것이며, 이스라엘을 고국 땅으로 모으실 것이며, 자신의 침묵을 깰 것이라는 약속에 따라 더 이상 하나님의 임재-얼굴을 가리지 않으실 것이다. 이 계시는 이스라엘에 한정되어 있다고 하더라도 굉장히 크며 하나님의 광대함을 나타낸다(겔 39:28-29).

요엘 선지자는 이 이상을 반대 방향으로 가져간다. 즉, 이스라엘이 아니라 모든 육체. 영은 광야에서의 모세와 장로들의 이야기에서처럼(민 11장) 소수의 사회 지도층에게만이 아니라 젊은이와 늙은이 모두, 심지어 "남종과 여종에게"까지 한계 없이 예언과 꿈과 이상으로 감동시킨다. 그날에는 하늘에도 대재앙이 있을 것인데, 이는 시내산에서의 연기와 불을 생각나게 하는 현상이다. 그러나 이제는 "누구든지 여호와의 이름을 부르는 자는 구원을 얻"을 것이다(욜 2:28-32; MT 3:1-5).

마지막으로, 가장 편협하면서도 아마도 가장 극적으로, 은총과 간구하는 영이 바사의 작은 지방 예후드에 있는 예루살렘 주민과 다윗의 집에만 부어질 것이다.

그러나 이 부어짐의 영향은 얼마나 대단한가!

강포한 범죄를 선동했던 정치 지도자들이 그들이 찔러 죽인 이를 위해 외아들을 잃은 자처럼 애통할 것이다(슥 12:10). 한마디로 영은 공적, '정치적' 화해를 가져올 것이다. 이 부어지는 영의 예언은 각기 고유한 색채를 띠고 있지만, 하나의 예외도 없이 부어진 영이 정치와 영성이 충돌하는, 혹은 보다 완곡하게는 그 둘이 동시에 일어나는 공공 영역에 엄청난 영향을 미친다는 신념을 가지고 있다.

5) 충만하게 하다

개인에게 영이 충만할 때, 그 영향은 언제나 공적이다.

유대인 성경의 가장 이른 시기와 늦은 시기를 어느 정도 대표하는 요셉과 다니엘은 서로 거울상이다(창 41:38; 단 4:8-9[MT 4:5-6]; 5:11-14; 6:39[MT 6:4]). 두 영웅적 인물은 모두 적대적 환경에서 인상적으로 살아남으며, 모두 비견할 바 없는 탁월한 지혜로 이방 왕실의 최상위 계층으로 상승한다. 결과적으로, 이스라엘의 내부자가 아닌 애굽, 바벨론, 메대의 이방 통치자들이 요셉과 다니엘 안에 있는 영을 인정한다.

또 영은 광야에서의 공적 행동, 즉 장막을 세우기 위한 여러 다른 기술을 위해 장인들을 채운다. 그들이 건설을 할 수 있도록 영은 넘칠 만큼 가득 차고, 브살렐과 오홀리압의 경우에는 다른 이들에게 건축 기술을 가르칠 수 있도록 영이 찬다(출 28:3; 31:1-5; 35:30-36:7, 특히 가르침에 관하여는 35:34). 생산품은 물리적이며, 결과는 물질적이다. 이는 광야의 장막, 하나님의 임재의 감지할 수 있는 표식, 하나님의 영광의 유형의 거처이다. 이에 더하여, 자기 속의 영에 대한 자전적 주장도 있다.

정의를 위한 미가 선지자의 소명은 예언적 소명에 근거한다.

> 오직 나는 여호와의 영으로 말미암아 능력과 정의와 용기로 충만해져서 야곱의 허물과 이스라엘의 죄를 그들에게 보이리라(미 3:8).

영이 감동시킨 공적 소명이 미가의 신념의 핵심이다. 이믈라의 아들 미가야처럼, 미가는 자신의 명예를 걸고 정의를 위해 호소한다. 이 모두가 공적이다. 심지어 영이 개인들의 가장 깊숙한 곳에 있을 때에도 그 목적은 공적이다. 이방 왕실을 다스리고, 광야에 장막을 세우고, 정의를 선포하며, 이스라엘의 죄를 폭로한다.

6) 정결하게 하다

심지어 이런 식의 행위도 사적인 일이 아니다. 새 마음과 새 영에 대한 에스겔의 약속은 이스라엘의 완고함과 얽혀 있다. 국가 전체의 운명이 위태롭다(겔 11:17-21; 18:30-32; 36:22-28). 이는 사적 문제가 아니다. 개인적 참회인 시편 51편조차 완악한 왕의 간청으로 여겨졌다.

곧 다윗이 밧세바를 취하고 그 남편을 살해했던 사건이 그 배경이 된다. 이제 왕은 용서와 정결과 온전함을 구한다. 이 시를 다윗에게 귀속시키는 것은 전통에 불과하지만, 그럼에도 불구하고 지극히 사적인 시가 어떻게 지극히 '공적인' 결과를 가져오는지 보여 준다.

7) 서서 안내하다

공공 영역은 학개의 약속과 이사야 63장의 탄식시에서도 분명히 드러난다. 실제로 학개의 약속의 요점은 영이 공적이라는 사실에 있다. 즉, 출애굽의 기둥처럼 이제는 영이 예루살렘 재건을 위해 부름받은 사람들 가운데 서 있다(학 2:5).

마찬가지로 영의 공적 임재가 이사야 63장의 탄식시의 중심이다. 여기서는 이스라엘을 애굽에서 약속의 땅으로 인도했던 하나님의 임재의 천사가 이스라엘 가운데 있는 성령으로 곧장 동일시된다. 이스라엘이 그들을 인도했던 천사를 거역했을 때 그들은 성령을 거역한 것이었다. 그렇지만 이제 이 영은 하나님의 임재와 마찬가지로 이스라엘을 쉬게 한다. 이보다 더 공적일 수는 없다. 이는 보이지 않지만 감지할 수 있는 하나님의 임재 징표이다(사 63:7-14).

유대인 성경에 따르면, 공적 참여에서 물러나게 하는 영성은 결단코 진정한 영성이 아니다. 영은 국가에, 심지어 온 세계에, 늙은이부터 젊은이까지, 남성부터 여성까지, 지도층에서 빈곤층에 이르기까지 엄청난 영향을 미친다. 적어도 유대인 성경의 관점에서는, 이 세상의 궤적을 정의로 향하게 만들지 않는 영의 경험은 결단코 진정한 경험이 아니다. 그런 종류의 영성은 영의 영속적 특성, 즉 영이 갑자기 임하고, 강림하고, 전달하며, 부어지고, 충만하게 하고, 안내자와 보호자로서 서 있음을 통해 세상을 변화시키는 것과 상관없는 도피에 불과하다.

공공 영역에서 영을 분별하는 과정은 당황스럽고, 불안하고, 곤혹스러울 수 있다. 그러니 영을 사적 영성의 영역에 가둬 두는 것이 더 안전하다. 공공 영역에서 영을 분별하는 일은 훨씬 더 까다로운 작업이다. 지도자들은 각기 다른 방향으로 나아가고, 정치인에게서 진정성이란 찾아보기 힘들며, 대체로 선택은 선악의 문제가 아니라 차악의 문제이다. 그러나 바로 그곳이 영이 거침없이 영향을 미치는 영역이다. 따라서 그 모든 애매함과 제기될 수 있는 난처한 윤리적 문제들에도 불구하고, 이것이야말로 독자들이 구약에서 마주치는 "루아흐"이다.

8. 결핍을 넘어서

욥의 젊은 친구 엘리후는 영이 자연스레 지혜로 새어 나가지 않는다는 사실을 안다. 새어 나가지 않을 딱 그 정도로, 그런 힘으로 존재하는 영은 지혜자를 볼모로 삼아 그를 옭아매고 있다. 그의 마음은 터지게 된 새 가죽부대와 같다(욥 32:8-20).

비록 엘리후의 주장은 잘못되었을 수 있지만, 영에 대한 이스라엘의 믿음의 근거라 할 수 있는 것을 드러낸다. 자료가 충분하지 않기 때문에 이것에 대해 말할 때는 신중해야 하지만, 동시에 그런 이유로 영이 어떤 종류의 물질적 존재로 이해되었다는 암시까지 무시해서는 안 된다.

엘리후는 말하지 않으면 터져 버릴 것 같다고 느끼는데, 이는 영-숨이 그를 옭아매고 있기 때문이다. 미가의 입에는 많은 말이 담겨 있지만, 거짓 선지자들은 손으로 자기 입을 가렸기 때문에 그 입에는 영-숨이 없다(미 3:7-8). 장인들과 그들의 스승, 브살렐과 오홀리압은 이 영-숨을 넘칠 정도로 가진 것으로 여겨진다. 이는 그들이 모든 종류의 기술에 정통하고, 눈에 띌 정도로 능숙했기 때문이다(출 28:3; 31:1-5 35:30-36:7).

모세가 안수할 때, 모세에게 있는 활기(물리적이고 감지할 수 있는 활기)를 여호수아도 받을 수 있다(신 34:9). 엘리사는 스승인 엘리야에게 갑절의 영을 요구한다(왕하 2:9). 마지막으로, 다니엘의 탁월한 지혜는 그 안에 넘치는 영-숨과 동일시된다(단 4:8-9[MT 4:5-6]; 5:11-14; 6:3[MT 6:4]).

궁극적으로 영을 특출난 재능이 있는 개인들을 채우는 물질적 존재로 여겼든지 그렇지 않든지 간에, 엘리후의 강박감은 선택된 이스라엘 사람들이 영이 충만한 것으로 묘사되는 이유를 설명하는 데 큰 도움이 된다. 이것이 아주 풍성한 언어인 까닭은 그 개인들이 하나님을 미온적으로 따르는 자들이 아니기 때문이다.

예를 들어, 미가는 자신의 상대편의 입과 대조된다. 미가의 관점에서 그런 선지자들은 공허한 세상을 살아가는 자들이다. 그 세상에는 이상도, 태양도, 하나님으로부터의 대답도, 입술에 말도 없다. 이와 반대로, 미가의 세상은 여호와의 영과 능력과 정의와 용기로 가득하다. 이런 미가서의 병렬이 가진 힘은 입에서 나오는 숨이 없고 그들의 손으로 입술을 가린 텅 빈 입의 선지자들과 비교할 때 더욱 풍성해진다(여호와의 영, 능력, 정의, 용기).

요셉이 있는 자리에서 바로가 던진 질문은 요셉 안에서 나온 풍성한 이면, 풍부한 바탕을 암시한다.

이와 같이 하나님의 영에 감동된 사람을 우리가 어찌 찾을 수 있으리요(창 41:38).

애굽의 현인들과 점술가들은 그들의 무지를 절감한다. 요셉 홀로 바로의 꿈의 수수께끼를 풀고, 외부의 도움 없이 공공선을 도모하는 생존을 위한 성공적인 전략을 적극적으로 수립한다. 애굽의 모든 지도자 중에 요셉만이 식견과 지혜로 가득한 하나님의 세상을 보여 준다.

이러한 영의 풍성함은 이스라엘의 완고함과 광야의 적막함 가운데서도 계속된다. 광야에서 이스라엘 민족은 필요 이상으로 자원하는 예물을 바쳐 모세는 그만 가져오도록 명령해야 했다. 거기서 그들은 마음이 움직이고 영이 고양되어 광야에 하나님의 성막을 건설하기 위해 필요한 것보다 훨씬 더 많은 예물을 바친다(출 36:1-7).

거기에는 지혜의 영이 충만한 마음이 지혜로운 사람 곧 장인들도 있다. 그들이 엮어 짜고 두드리는 재료들은 화려한 색채와 생생한 색감, 놀라운 세부 사항으로 묘사된다. 이것이 장막을 구성하는 풍성한 직조물들의 모든 부분으로, 시내 광야의 공허함, 이스라엘의 성급함, 금송아지 사태와 대비되는 화려한 장면이다(출 32-40장).

과잉의 언어만이 이스라엘 역사의 다시 없을 유일한 순간을 채우고 있는 이야기 속에서 탁월하고 광범위한 기술을 가진 사람들을 묘사할 수 있다. 그들의 지도자 브살렐과 오홀리압이 하나님의 영과 마음의 지혜로 충만했다는 묘사는 놀랄 것이 없다.

이에 더해 줄줄이 이어지는 화려한 찬미의 병행도 마찬가지다. 그 내용인즉슨, 브살렐은 하나님의 영과 지혜와 총명과 지식으로 충만했다는 것이다. 험준한 시내 광야에는 설명할 수 없는 과잉, 엄청난 관대함, 놀라운 기술의 집약, 탁월한 솜씨를 보여 주는 능숙한 장인들에게서 드러나는 충만함, 가르칠 준비가 된 마음이 있다(출 28:3; 31:1-5; 35:30-36:7).

"그 안에 영이 머무는 자"라는 여호수아에 대한 아주 간략한 묘사조차도 요셉의 위대함을 떠올리는 방식으로 그의 특징을 나타낸다(민 27:18). 다른 나머지 간략한 묘사에서는 모세가 여호수아에게 안수할 때 지혜의 영이 아마 처음으로 그에게 충만하게 된 것을 보여 준다(신 34:9). "나이 백이십 세였으나 그의 눈이 흐리지 아니하였고 기력이 쇠하지 아니하였더라"고 할 수 있는 모세에게서 여호수아는 승계를 받았다(신 34:7). 모세가 여호수아를 안수하는 감동적 장면에서, 젊은이는 고령의 스승에게서 넘칠 듯 치솟는 생기, 활력, 지혜, 루아흐를 받는다.

이방 궁정에서의 다니엘의 이야기는 이런 맥락에 활기를 띠게 한다. 능력과 정의에 대한 미가의 주장이나 브살렐에 곤한 묘사에서처럼 병렬이 있는 것은 아니지만, 연이은 세 왕조에 관한 연속된 세 이야기는 그의 특출한 지혜와 지식을 주목하게 한다. 이런 이야기 전체에서, 그는 큰 칭송을 얻는다. 이는 그가 요셉처럼 불가해한 것을 해석하는 독보적인 인물이자 탁월한 행정가이기 때문이다.

그 이유는 무엇인가?

바로 그 안에 하나님이 주신 영이 지극히 가득하기 때문이다. 지식과 지혜의 원천이 되는 하나님의 생기가 놀라울 정도이다.

풍성하고 무성함. 심지어 과잉. 순수한 과잉. 이것이 영의 세계이다. 오바댜는 영이 나타날 때, 엘리야 같은 선지자도 끌려가서 다른 산에 함께 던져질 수도 있다는 사실을 안다. 이것은 이상하게 재구상된 세상이다.

영이 사람들에게 갑자기 임하자 그들은 어떤 중요한 일을 한다. 적들에 맞설 군대를 소집한다든치(삿 3:10; 6:34; 11:29; 삼상 11:6), 권력자들에게 한 전략적인 말에 있는 전통을 수집한다든지(대상 12:18; 대하 15:1; 20:14; 24:20-22) 하는 일이다. 이것은 풍성히 재구상된 세상이다.

영이 강림할 때, 세상의 축이 변하여 이리와 어린 양이 함께 눕고(사 11:1-9), 교훈의 빛은 해안 지역 섬들 훌쩍 너머어 그림자를 드리우며(42:1-9), 가난한 자가 승리의 화관을 쓴다(61:1-4). 이것은 우리 안에서 안전한 야생 동물과 반쯤 빛이 드리운 동굴과 먹다 남은 음식을 먹는 갇힌 자들의 세상이 아니다. 이것은 위에서부터 아래로 풍성히 재구상된 세상이다.

영이 부어질 때, 광야가 아름다운 밭과 숲이 되며(사 32:15; 44:3), 죄인들이 애통하고(슥 12:10), 여종들이 예언을 한다(욜 2:28-32; MT 3:1-5). 이것은 아래에서부터 위로 풍성히 재구상된 세상이다.

남자와 여자가 새 마음과 새 영을 받을 때는, 그들은 어느 정도 깨끗하게, 즉 살짝 광택을 낸 정도가 아니다. 그들은 물에 첨벙 담겨 깨끗이 닦인 것이다. 그들의 가슴에서 굳은 마음이 제거되어, 그들은 경건한 마음이 박동하는 부드러운 마음을 받을 수 있다(겔 36:22-28). 이것은 안에서부터 바깥으로 풍성히 재구상된 세상이다.

이스라엘이 난관에 봉착했을 때, 그들이 겁에 질렸을 때, 오래 전 애굽 군대의 맹렬한 추격으로부터 이스라엘 난민들을 보호하고자 기둥이 해변에 굳게 섰던 그날들(정확히는 그 하룻밤)처럼 영이 보초를 선다(학 2:5). 심지어 이스라엘이 그 영을 갈망하던 때조차도, 그 기억은 흐려지거나, 떠나거나, 사라지지 않는다. 그들의 반역에도 불구하고 끊임없이 이스라엘을 약속의 땅으로 인도했던 성령에 대한 기억은 생생하다(사 63:7-14). 이것은 시작부터 끝까지 풍성히 재구상된 세상이다.

영의 이런 차원은 "루아흐"라는 단어의 의미(의미론적 범위에서)에 조금이라도 더 가까이 갈 수 있게 해 주지 않는다. 그것은 어떤 상황에서 루아흐를 숨, 바람, 영, 또는 성령으로 이해해야 하는지 분명히 보여 주지 않는다. 그것은 이스라엘의 예언에 수반된 현상(무아경이든 아니든)을 분명히 설명해 주지 않는다. 그것은 이스라엘 민족이 영을 뚜렷한 물질적 실체로 이해했는지에 관한 질문을 궁극적으로 해소해 주지 않는다.

그것은 포착하기 어려워도 영에 관해 무언가를 말해 준다. 영의 존재는 결핍의 시절에 풍성한 결실을, 절망의 시절에 풍성한 희망을, 비참의 시절에 풍성한 기억을 가져다준다.

엘리바스의 악몽의 영처럼 영은 고통의 가장자리에서 임재하고, 강림하고, 전달되며, 부어지고, 채우고, 서고, 안내할 태세를 갖추고 있다. 그래서 에스겔이 심히 많고 아주 마른 뼈들이 가득한 절망의 골짜기에서 예언할 때, 영-바람은 조금의 지체도 없이 급히 불어와 걸컹이던 그 뼈들을 거의 부활시킨다. 마지막 남은 한 조각, 필요한 모든 것은 바로 단 한 번, 최후의 영-숨이다. 그리고 그 마지막 조각이 채워질 때, 생명을 얻은 것은 단 몇 개의 뼈 조각들이 아니다. 그 결과는 풍성하여, 뼈로 가득한 골짜기 전체가 덜컹거리며 큰 군대로 살아날 정도이다.

어쩌면 그런 풍성함은 원치 않는 신학적 탐구의 대상이 된 실패자가 앉은 잿더미 위에 감추인 채로 다가올 수 있을 것이다. 질그릇 조각을 가져다가 자기 몸을 긁으며 거기 앉아 있는 욥은 아내에게는 고통이요, 친구들에게는 역병이다. 그의 호흡은 약하고 그의 영은 가슴에 얕게 남았지만, 이런 말을 하지 못할 정도로 약하거나 얕지는 않다.

> 나의 호흡이 아직 내 속에 완전히 있고 하나님의 숨결이 아직도 내 코에 있느니라 결코 내 입술이 불의를 말하지 아니하며 내 혀가 거짓을 말하지 아니하리라(욥 27:3-4).

그가 틀릴 수도 있겠지만, 그는 진리를 배반하지 않을 것이다. 그가 실패할 수도 있겠지만, 그는 자신의 온전함을 잃지 않을 것이다. 여기에는 뚜렷이 보이는 영의 과잉은 없지만, 결의, 끈기, 진리에 대한 사랑, 온전함, 정직이 있다. 그리고 이것 자체가 영의 소박한 부어짐이다. 비록 욥에게 그 영이 많이 남지 않았다고 하더라도, 그는 절망의 절벽 아래 어두운 그림자 속에서도 그 영감이 살아남을 것임을, 심지어 번영할 수 있음을 안다.

A Boundless
GOD

CLC의 성령 주제 도서

1. 그리스도의 영
앤드류 머레이 지음 | 임석남 옮김 | 328면

2. 성령과 설교
니스 F. 킨러 지음 | 정일오 옮김 | 168면

3. 성령과 율법
최갑종 지음 | 국판 | 408면

4. 성령받는 생활(장성춘목사 설교집10)
장성춘 지음 | 신국판 | 412면

5. 성령 세례
D. M. 로이드 존스 지음 | 정원태 옮김 | 신국판 | 280면

6. 성령 은사론
리차드 개핀 지음 | 권성수 옮김 | 국판 | 160면

7. 예수 교회 성령
최갑종 지음 | 국판 | 148면

8. 바울의 성령 이해 (신학박사 논문시리즈 5)
김정주 지음 | 홍성희 옮김 | 국판 | 336면

9. 오순절 성령강림에서 밧모섬까지
크레이그 L. 블롬버그 지음 | 왕인성 옮김 | 신국판 양장 | 888면

10. 보혜사 성령 (신학박사 논문시리즈 20)
유정선 지음 | 신국판 | 240면

11. 주를 뵈올 때
로이 헷숀 지음 | 정갑중 옮김 | 사륙판 양장 | 152면

12. 지금 충만을 받으라
로이 헷숀 지음 | 정갑중 옮김 | 사륙판 양장 | 104면

13. 구약성경의 성령론
레온 우드 지음 | 이순태 옮김 | 신국판 | 216면

14. 성령론(기독교정통교리)
조영엽 지음 | 신국판 양장 | 384면

15. 말씀과 성령
손석태 지음 | 신국판 | 208면

16. 바울의 성령 이해(신학박사 논문시리즈 5)
김정주 지음 | 홍성희 옮김 | 국판 | 336면

17. 복음과 성령충만 Ⅰ
임덕규 지음 | 신국판 | 296면

18. 복음과 성령충만 Ⅱ
임덕규 지음 | 신국판 | 300면

19. 오순절 성령충만
앤드류 머레이 지음 | 임석남 옮김 | 사륙판 양장 | 200면

20. 개혁주의 성령론:개정증보판
김재성 지음 | 신국판 | 592면

21. 존 칼빈 성령의 신학자
김재성 지음 | 신국판 | 512면

22. 성령론의 바른 이해
안영복 지음 | 신국판 | 156면

23. 성령의 기름부음(성경신학으로의 여행 시리즈 5)
존 D. 하비 지음 | 황의무 옮김 | 신국판 | 312면

24. 성령세례 다시 해석한다
손석태 지음 | 사륙판 양장 | 192면

25. 성경적 관점에서 본 성령론
최병수 지음 | 신국판 | 416면

26. 기독교 성령론
유창형 지음 | 신국판 양장 | 408면

27. 간추린 성령론
강근호 지음 | 신국판 | 192면

28. 성령의 초대에 응답하라
몰리 T. 마샬 지음 | 박 사무엘 옮김 | 국판 변형 | 300면

29. 성령의 주권적 사역
마틴 로이드 존스 지음 | 정원태 옮김 | 신국판 | 198면

30. 꾸란과 성령(신학박사 논문시리즈 17)
소윤정 지음 | 신국판 | 288면

31. 성령의 능력 받아 땅끝까지
이창수 지음 | 신국판 | 352면

32. 영혼아 성령의 외침을 들으라
요한네스 타울러 지음 | 이준섭 옮김 | 국판변형 | 572면

33. 성령 세례의 새로운 해석
손석태 지음 | 국판 변형 | 220면

34. 성령 기도 훈련
어윤희 지음 | 국판변형 | 268면

35. 찰스 해돈 스펄전의 성령 메시지
찰스 해돈 스펄전 지음 | 소행선 옮김 | 신국판 | 364면

36. 신앙 정체성과 성령의 삶
톰슨 매튜 지음 | 전요섭, 주영광 옮김 | 신국판 | 268면

37. 성령을 통한 하나님의 사랑
케네스 로이어 지음 | 류재성 옮김 | 신국판 | 396면

38. 성경이 말하는 성령뱁티즘과 방언
김승진 지음 | 신국판 | 552면